10剛與自己和解的幸福練習

正因爲人生無法盡善盡美，
才會懂得珍惜每分每秒的小確幸！

在這物欲橫流、紙醉金迷的世界裡，

現代人該如何守護自己心中的一方淨土？

夜深人靜的時候，不妨問問自己：你，幸福嗎？

幸福，不是透過與他人比較、相互爭鬥得來，
唯有始終保持一顆平靜開放的心，才能眞正抓住幸福的尾巴。

王郁陽，劉萍 編著

目 錄

目錄 ————————————————————

目錄

法則 9　合理安排工作和生活

法則 10　隨時隨地播種幸福

目錄

前言

走在熙熙攘攘的大街上，你是否會突然產生一種深刻的孤獨感？在都會裡早出晚歸地奔波，你心中是否會湧起一股莫名的傷感？「很無聊」、「這樣的生活真沒意思」等類似的想法，是否讓你的生活蒙上一層陰影？

為什麼日益充足的物質生活，沒有增加我們的幸福感，反而讓我們有種遠離幸福的感覺？記得某個心理學家說過一句話：「幸福是深刻而長久的滿足感，想要獲得幸福，最重要的是要勇於做自己幸福的建築師，善於做自我幸福的管理員。換句話說，幸福感來自於自己能否建立和調整。」

是的！在這個忙碌的世界裡生活久了，人們的心會變得迷茫，幸福感也會逐漸消失。幸福是一個謎，讓一千個人來回答，會有一千種答案。有人說，幸福是擁有一個美滿的家庭；有人說，幸福是一生平安；有人說，幸福是衣食無憂；有人說，幸福是一生健康；也有人說，幸福是每一天都快樂……

所以，幸福應該是一個人心靈深處真真切切的感受。當你頹喪無助時，路人的一個微笑、一句問候，都會帶給你幸福；幸福是你口渴時一捧甘甜的泉水；幸福是你困倦時一張鬆軟的大床；幸福是你孤寂時一封遠方的素箋；幸福是你噩夢後一張慈祥的笑臉。幸福是一種心態、一種感覺。其實，幸福時時刻刻都伴隨在我們左右，重要的是我們如何去發現它、理解它、感受它、創造它。

幸福不在於你擁有什麼，而在於用自己的能力去努力創造，去用心感受。幸福是要靠自己創造的。瑪里‧居禮（Marie Curie）、舒伯特（Franz Schubert）、巴爾札克（Honoré de Balzac）等人，為了人類的進步和文明貢獻了畢生的精力，他們都是幸福的人。

然而，更多的人無法認清自己所擁有的幸福，往往在幸福的時候未能把

前言

握，讓幸福過早地離開自己。有的人甚至把自己的幸福建立在別人的痛苦之上，這樣的「幸福」更不可能長久。幸福也會讓人忽視未來的危機，有不少人在幸福中沉淪。「塞翁失馬，焉知非福」，也許是對幸福最好的詮釋，也許這樣我們才可以擁有更多幸福的心靈和更長久的幸福時光。

因此，幸福完美的人生不會從天而降，不要埋怨先天的不足，也不要懊惱先天的缺陷，因為這一切都無法改變。走過的已是歷史，走近的將是明天；面對現實，改變自己。掌握現在是我們唯一的選擇，把握明天是我們唯一的補救措施。這樣，我們的生活才不會失去光彩。

本書從塑造個性、生活技巧、生活態度、生活方式、生活細節、人生規劃、心態調整、人生交際等方面，運用積極健康的生活方式和思維全面傳達新的幸福理念，告訴我們如何以新的生活方式去生活以及走向成功。透過閱讀本書，你會變得更堅定，更有信心，讓自己更幸福。

編者

法則 1　尋找幸福的鑰匙

　　幸福是什麼？幸福的鑰匙在哪？每個人都在尋找答案。有時候，做個幸福的人很容易，不因事業的成功失敗而歡喜傷神，不因情感的波瀾起伏而患得患失，不為日常繁雜的事物所困擾等等。但是為什麼有那麼多的人看不到幸福？他們豐富而敏感的內心為太多的世俗名利所累，沒有了天高雲淡、風清月朗的悠然，幸福也就越來越遠，遙不可及。

幸福是一種好心態

在日常生活中，也許會有很多人覺得生活壓力太大，日子太平淡，活著太累。其實，這是一個如何認識生活，如何調整心態的課題。

有這麼一個三口之家，男人擺攤車修鞋，女人有輕微智力障礙，他們有一個兩歲的兒子。每天，男人腳踩三輪車，載著妻兒和滿車的工具從 10 公里外的鄉下來到鎮上修鞋。女人整天蓬頭垢面，在男人不遠處就地坐著，看著從身邊走過的行人，懷裡抱著和她一樣黑黝黝的兒子。沒客人時，男人就逗兒子玩，兒子哈哈笑，女人也哈哈笑。男人修好一雙鞋，收到錢，女人接過去，跑去買來兩條地瓜，一家三口不洗手也不剝皮愉快地吃著，吃完用手把嘴巴一抹。一天就這樣過去了。男人踩著三輪車，載著妻兒，唱著歌回家。無論春夏秋冬，一直如此。雖然他們夏天沒有冷氣降溫，冬天沒有暖氣取暖，可是內心卻充滿了快樂和幸福。

另一個人的命運卻正好相反。同在一個小鎮，有個有錢家庭，唯一的獨生女是父母的掌上明珠，有著令人羨慕的工作。但結婚不久她卻離婚了。父母為她蓋了一棟別墅，又招贅了一個新女婿，家裡有保姆，出門有專車。再婚後生了一男孩，丈夫英俊，兒子可愛，父母疼愛，經濟富足，應有盡有，按理說是夠「幸福」的了。但是，這富家女卻整日抽菸喝酒，愁容滿面。後來聽說她得憂鬱症自殺了。她的行為讓很多人不解，其實，她缺少的就是好的心態，她沒有真正用心去體會、去感受她所擁有的幸福。

所以，很多時候，幸福只是一種心態。所謂心態就是內心的想法。心態決定人的情緒和意志，也決定人的行為和生活品質。一個人，無論身處何種的境地，只要有好的心態，幸福就在身邊。

生命，需要鼓舞與希望；心靈，需要溫暖與滋潤。幸福並非來自物質的

富足與傲人的成就，而是一種用心感悟得來的愉悅和滿足。它的滋味，就在心裡。

　　一個不能靠心態改變命運的人，是不幸的，也是悲哀的。因為他沒有把命運掌握在自己手中，反而成為命運的奴隸。對絕大多數人而言，缺少的並不是獲得幸福的智慧，而是獲得幸福的良好心態。

　　良好的心態能孕育靈魂和精神的力量。著名心理學家馬斯洛（Abraham Maslow）說：「心若改變，你的態度跟著改變；態度改變，你的習慣跟著改變；習慣改變，你的性格跟著改變；性格改變，你的人生跟著改變。」悲觀的心態，使人灰心喪氣；樂觀的心態，使人充滿活力。幸福與心態息息相關。心態決定人生，心態決定命運，心態決定幸福。「禍兮福之所倚，福兮禍之所伏。」在挫折、不幸、災難或厄運降臨的時候，我們要保持樂觀的心態，而不能被消極悲觀的心態所左右，更應該以「得意時淡然，失意時坦然」的心態面對人生。我們左右不了世界，但我們可以掌控自己的心態，掌控好自己的心態，也就擁有了美麗而寧靜的精神世界，幸福就會像潮水一樣湧來。

　　有時候，幸福就像一隻蝴蝶，你追它時追不著，當你靜下來時，蝴蝶就會棲息在你身旁。有好心態的人，始終以積極的方式回應生活中的酸甜苦辣和旦夕禍福。好心態是獲取幸福的法寶，是一生享用不盡的財富。

　　對於尚未感覺到幸福的人來說，培養平和樂觀的幸福心態，更加重要。

　　舉個故事為例，曾經有個人，為了得到無止盡的幸福，不惜跋山涉水，去尋找傳說盛產於某座高山的幸福藤。歷盡千辛萬苦，他終於來到了那座山，在險峻的山崖上，找到了幸福藤。可是，他雖然得到了幸福藤，卻發現自己並沒有得到預想中的快樂，反而感到一種空虛和失落。

法則1　尋找幸福的鑰匙

　　這天晚上，他在山下一位老人的家中借宿。望著皎潔的月光，他發出一聲長長的嘆息。老人說：「年輕人，什麼事讓你這樣嘆息呀？」於是他說出了心中的疑問：「為什麼我已經得到了幸福藤，卻依然沒有得到快樂，感覺不到幸福呢？」老人一聽，笑著說：「其實，幸福藤並非這座山才有，而是人人都有，只要你有幸福的根，即使走到天涯海角，也能得到幸福。」老人的話讓這個年輕人精神一振，又問：「什麼是幸福的根呢？」老人說：「心就是幸福的根。」

　　是啊！老人說得多好呀，心就是幸福的根，心態不好的話，幸福又從何而來？所以才有人說，幸福與貧富無關。

　　清人石成金曾在一首詩中寫道：「偶時薄酒飲幾杯，經常好書讀幾篇，散步常在明月下，時常高歌好花前……無榮也無辱，快活似神仙。如此足矣，更何望焉？」是的，在人生的每一個季節，幸福都要靠感知，要靠捕捉，要靠良好的心態去品味、尋找。

　　可見，幸福是一種積極樂觀的心態，而積極樂觀的心態同時也是獲得幸福的保障。

幸福是一種感覺

　　幸福是一種感覺，它沉澱在每個人的內心深處。

　　生活中，或許你沒有優渥的物質與名利，但只要你擁有好的心情，那麼你就是幸福的。當你用樂觀的心態對待生活的時候，幸福就會如同影子一樣出現在你的身旁。

　　人生在世，每個人都希望自己能夠快快樂樂、開開心心地過一輩子。也許人對幸福的理解各不相同，但渴望擁有幸福的願望卻是共同的。有的人認為幸福是考上理想的學校，有的人認為幸福是找到一個知心愛人，有的人認

為幸福是兒女們常回家看看……其實，幸福是一種感覺，是享受生活中那份自然和恬淡，是萃取點滴快樂之後的滿足。

且聽我講一個真實的故事：

在一個夏日雨後的黃昏，我騎著自行車載著兒子上街，行人不多，街面低陷處還存著一窪一窪的雨水。

從大馬路向河邊一拐，沿河堤向南是進入市區的一道斜坡路面，自行車快速地滑行而下，濕潤清涼的風迎面而來，只聽身後的兒子喊道：「啊！媽媽，我好幸福啊！」

聽了這句話，我先是一愣，而後便開心地大笑起來。幸福！是啊，幸福！有位名人曾說過：「人類一切追求的最終目的，就是為了獲取幸福。」世上不知有多少男男女女苦苦追尋，甚至不惜以生命做代價。然而大多數得到的往往不是幸福，而是苦痛和失望。幸福是一個房間。金錢可以讓你富，權勢可以使你貴。然而，金錢和權勢都不是打開幸福這個房間的鑰匙。所以富貴也就不能等同於幸福了。

然而，幸福卻又是輕易可得的，我的兒子就是在我的自行車短暫快速的滑行中，在那一縷清風中，伸開雙臂抱住了幸福的脖頸。

那麼，幸福到底是什麼呢？許多人或許會問。

其實，幸福什麼也不是，幸福只是一種感覺，是一種拈花微笑的禪意。同樣，一朵紅花在不同的心靈中會引發不同的感受。只有心地無私和知足常樂者才會時時看到幸福在向他招手微笑。只有覺悟了人生真諦的智者才能在生活中時常滿足和舒暢，貪婪者則永遠被關在幸福之門的外面。

杜甫在〈狂夫〉中說：「萬里橋西一草堂，百花潭水即滄浪。」杜牧也在他的〈不寢〉中說：「莫言名與利，名利是身仇。」詩人們告訴我們：名利是貪不得的，身居草堂也一樣清心明志，可獲取人生的真情趣。

法則 1　尋找幸福的鑰匙

俗話說：「知足者常樂。」佛教「八大人覺」中，我覺得其中的「知足」，是人生極重要的一項。「八大人覺」要義中，「大人」就是修行佛道的人，他們在修行中，固守著自覺的八大方法，即少欲、寂靜、精進、不妄念、禪定、修智慧、認識和知足。知足者，身貧而心富；不知足者，身富而心貧。所以知足的人才是世界上最富有的人，也是最幸福的人。也許這種觀點有些消極，會讓人不思進取。其實這是完全不同的兩件事，對此也沒有爭辯的必要，所以李白才有詩曰：「笑而不答心自閑。」

並非只有在古詩和宗教中才能找到這樣的幸福觀。在當今社會中，也不乏向自己的內心尋找幸福的人。

我們經常看到一些平凡的人，他們雖然不富有，也沒有權力和地位，更沒有漂亮的衣裳，每天騎著自行車上下班，但是他們悠閒地吹著口哨，哼著歌，日子過得平安、踏實。我們能說他們的人生不美滿，生活不幸福嗎？

有一個富翁，什麼都有，卻總是悶悶不樂，覺得生活裡還少些什麼。一天，他經過市集，看見一個衣衫襤褸的乞丐，便很輕蔑地向他扔了一枚硬幣，並調侃道：「像你這樣一無所有地活著有什麼意思？」

「喔！先生，我雖然沒錢沒權，可我有一樣您沒有的寶貝。」

「哦！你有什麼寶貝？我可以出高價向你買，快說，快說！」

「只怕您買不起。」

「開玩笑！我不信天下還有我買不起的東西。」

「這樣東西不能賣，因為它是一種感覺 —— 幸福！」

所以，幸福其實很容易，也很簡單，幸福只是一種內在的感覺。只要用心去體驗、去感悟，幸福便會在心底油然而生。

當我們饑腸轆轆時，得到一片麵包，就是幸福；當我們陷入迷茫時，一個路標的出現，就是幸福；當我們傷心落淚時，一句安慰的話語，就是幸福……

　　從前，一個年輕的王子整天生活在王宮裡，他覺得生活很寂寞、單調，過得並不幸福。王子聽管家說，幸福是一隻很會唱歌的青鳥，如果能找到它，並把它放進一個黃金做的籠子裡，就可以得到想要的幸福。於是，王子決定去尋找這隻青鳥。雖然國王和王后苦苦挽留，但王子還是執意離開王宮，去尋找他想要的幸福。

　　一路上，王子抓到過很多會唱歌的青鳥，但這些青鳥放進黃金籠子不久後都死了。王子知道，這些一定不是他想要尋找的幸福。當王子找了許多年，已不再年輕時，他決定回去看望父母。等他回家後，才發現早已物是人非，父母因為過度悲傷和思念王子已離開了人世，王國的百姓因為沒有國王的統治也都離開了王國。

　　後來，王子在荒涼的街頭遇見王宮的老僕人。老僕人從破舊的口袋裡掏出一樣東西交給王子，並讓他好好珍藏，因為那是國王和王后留給他的。王子把東西拿在手裡，才發現那是小時候父親為他雕的一隻木黃鶯。剎那間，所有的回憶都在他腦中湧現，王子把這隻木黃鶯緊緊地抱在懷中痛哭，因為這讓他想起當年在王宮裡度過的幸福時光。哭著哭著，王子突然感到懷裡的木黃鶯動了，並且叫出聲音。原來，木黃鶯變成了一隻青鳥。直到這時，王子才明白，幸福一直就在自己身邊，只是自己身在福中不知福。

　　幸福是一種心情，人之幸福來自於心之幸福。自知，就是要認識自己，了解自己。常言道：「人貴有自知之明。」自知，才能知道自己的幸福所在；自知，才能擁抱每一個幸福。或許你沒有優渥的物質生活與顯赫的名利，但只要你擁有美好的心情，那麼你就是幸福的。

打開人生的另一扇門

俗話說：「失之東隅，收之桑榆」。成功的道路不止一條，當一扇門關上時，你千萬不要把自己關在裡面，因為世上一定還有另外一扇門等著你去打開。

有一個男孩從小喜歡文學，從小學到高中，作文成績總是滿分，後來因為考試落榜，一時又找不到適合自己的工作，於是，他決心走一條文學創作之路，像鍾理和、劉墉、焦桐、魯迅、老舍一樣，成為作家。接下來，他真的那麼做了，而且很勤奮，一篇篇地投稿。一年，兩年，三年……轉眼，男孩已經長成了一個壯實的青年，而他的文學夢卻依然遙遙無期。他感到很沮喪。

一天，父親一位從事建築的朋友來家裡作客，聽說了他的情況，開導他說：「年輕人，寫小說、編故事誰都會，但能成名當作家的畢竟是少數，與其浪費青春，不如另闢蹊徑，和我一起去從事建築行業吧！」年輕人同意了。他從基層工人做起，每天滿身泥汗的推磚、拉沙袋、砌牆，幾年下來，所有工地的工作都被他做過一遍，他也終於成了一名技術工人。再後來，他有了自己的施工隊伍，成了工頭，並且成家娶了妻子。兩年後，他又成立自己的公司，當上總經理，不僅在市區裡買了房子，還開漂亮的跑車。

在我們的身邊，這樣的例子不勝枚舉。年輕人當初只是開錯了一扇門。是啊！人生之旅，我們不也常常開錯門嗎？打開人生的另一扇門，也就是要求我們換個角度思考問題。有些人沒有工作不去找，卻整天待在家裡愁眉苦臉，覺得自己是個既沒能力，又很失敗的人；有些人卻不這樣認為，只覺得可以另外去找一份更加適合自己的工作，這樣才有希望。

一件事的發生，不同的人看待它的態度也完全不同。同樣的半瓶酒，悲觀主義者說：「這麼好的酒，怎麼就剩半瓶了？」樂觀主義者說：「這麼好的酒，還有半瓶呢！」我們何不以樂觀的態度去選擇開心、選擇幸福呢？

　　比如我的鄰居，家裡有個盛水的瓦罐，用了十多年，父親一直捨不得扔掉。一次，兒子倒開水時，一不小心把瓦罐摔在地上，摔出了一條長長的裂縫。兒子想，這下父親該把瓦罐扔掉了吧？可是父親沒有，而是把它好好地收著，說以後也許能派上用場。

　　過了一段時間，父親在陽臺上種了很多盆花，其中一盆花長的特別豔麗。兒子一看花盆，正是那個有裂縫的瓦罐。父親見他疑惑不解的樣子，說：「瓦罐有了裂縫，不能用來盛水，但用來養花最適合。花盆裡的水一旦多了，就會順著裂縫自動滲透出來，讓花盆不至於積水，花也就有了一個良好的生長環境，所以長出來的花也更美麗。」

　　如果你在生活中不幸遭遇失誤或者挫折，千萬別「破罐子破摔」，只要靈活運用，揚長避短，發揮潛能，生命之花照樣可以盛開。

　　人生的道路有很多條，當一條路走不通的時候，不要喪氣，因為我們可以嘗試其他道路。上帝總在關上一扇門的同時，又會為我們開啟另一扇門，只要我們用心去尋找，就一定會找到屬於自己的出路。

　　再舉個故事為例：

　　這一天，49 歲的伯尼‧馬庫斯（Bernie Marcus）像往常一樣，提著公事包去上班。在 20 多年的職業生涯中，他勤勤懇懇、兢兢業業，才做到今天專業經理人的位置，其中充滿了艱辛。他只要再這樣工作 11 年，就可以安安穩穩地拿到退休金了。可是，他萬萬沒有想到，這將是他在公司工作的最後一天。

　　「你被解僱了！」

　　「為什麼？我犯了什麼錯？」他驚訝地問。

　　「不，你沒有過錯，公司發展不順利，董事會決定裁員，僅此而已。」

　　是的，僅此而已。一夜之間，他從一名受人尊敬的公司經理人成了一名

法則 1　尋找幸福的鑰匙

無所事事的失業者，繁重的家庭開支迫使伯尼‧馬庫斯必須找到經濟來源。那段日子，他常常去洛杉磯的一家咖啡廳，一坐就是幾個小時，以此化解內心的痛苦、迷茫和巨大的精神壓力。

有一天，他遇到了自己的老朋友 —— 和他一樣，同是經理人，現在也同樣遭到解僱的亞瑟‧布蘭克（Arthur Blank）。兩個人互相安慰，一起尋求解決的辦法。

「為什麼我們不自己創辦一家公司呢？」

這個念頭像火花一樣，在伯尼‧馬庫斯心中一閃，點燃了壓抑在他心中的激情和夢想。於是兩人就在這家咖啡廳裡，策畫建立新的家居倉儲公司。兩位失業的經理人為企業制定了一份發展規劃和一個「擁有最低價格，最優選擇，最好服務」的制勝理念，以及在企業發展中求得成功的一套管理制度。然後，就開始著手創辦企業。

這就是美國家得寶公司。僅僅 20 多年的時間，公司就發展成擁有 775家分店，16 萬名員工，年銷售額 300 億美元的世界 500 強企業，成為全球零售業發展史上的一個奇蹟。這個奇蹟始於 20 年前的一句話：你被解僱了！

是的，「你被解僱了！」是我們每個人在人生旅途中最不願聽到的一句話，但正是這句話，改變了伯尼‧馬庫斯和亞瑟‧布蘭克兩個人的一生。如果不是被解僱，他們無論如何也不會躋身世界 500 強企業！如果不是被解僱，他們現在只是靠每月領取退休金度日的老人。

是金子總會發光的，不管是什麼人，也不管多麼平凡，只要不被失敗和挫折埋沒了才華，就會脫穎而出，像一顆璀璨的明珠閃閃發光，照亮人生的道路，開啟人生的另一扇門。

換個角度看殘缺

生活是陽光和陰影的結合。雲彩用自己的陰影遮住太陽，地球也用自己的陰影來保護另一方的人。如果沒有了陰影，永遠都是烈日，那麼陽光還會那麼美好嗎？

每個生命都會有殘缺，不必做太多的比較；每種生活都有其樂趣，不必要求完全統一。寬心的接受，並享受過程的美好，因為，我們尚能擁有生命。人生不必太圓滿，有個缺口未必不好；人生也不必擁有全部，這樣當苦難來臨時，我們會顯得更加從容不迫，更能坦然地體會生命的缺口。

當我們回首往昔的傷口，痊癒的地方就會長出新的想法。

喬治·康貝爾出生時，雙目失明，但是父母的愛心和信心讓他生活的很幸福。身為一個小孩，他還不知道他失去了什麼。

於是，在喬治6歲時，發生了一件他所不能理解的事。一天下午，他正和自己的兄弟比爾玩耍。比爾忘了喬治是瞎子，拋了一個球給他：「當心！球要擊中你了！」

這個球確實擊中了喬治 —— 此後在他的一生中再沒有發生過那樣的事。喬治雖然沒有受傷，但他覺得非常迷惘與不解。後來他問母親：「比爾怎麼在我之前就知道將要發生什麼事？」

母親嘆了一口氣，因為她所害怕的事情終於發生了。現在她覺得有必要說出真相：「你是盲人。」她是這樣告訴喬治。「喬治，坐下。」母親溫柔地說道，同時伸手握住他的一隻手，「我無法向你解釋清楚，你也可能無法理解清楚，但是我努力用這種方式來解釋這件事。」她慈愛地把喬治的一隻小手握在手中，開始計算手指頭。

「1、2、3、4、5，這些手指頭代表著人的五種感覺。」她講道。同時用她的大拇指和食指依次捏著喬治的幾根手指。「這根手指表示聽覺，這根手

指表示觸覺，這根手指表示嗅覺，這根手指表示味覺，」然後她猶豫了一下，又繼續說：「這根手指表示視覺。這五種感覺中的每一種都能把訊息傳送到你的大腦。」

她把那根表示視覺的手指彎起來，按住，讓它彎曲在喬治的手心裡。

「喬治，你和別的孩子不同。」她說。「因為你僅僅使用了四種感覺：一是聽覺，二是觸覺，三是嗅覺，四是味覺。但是，你並沒有使用你的視覺，現在我要給你一樣東西，你站起來。」她溫和地說。

喬治站了起來。母親拾起他的球。「現在，伸出你的手，彷彿你將抓住這個球。」母親說。

喬治伸出了雙手，一會兒，手接觸到了球，他把手指合攏，抓住了球。

「好，好。」母親說。「我要你永遠不忘記剛才所做的事，喬治，你能用四根而不是五根手指抓住球，如果你不斷努力，你也能用四種感覺代替五種感覺抓住豐富而幸福的生活。」喬治的母親用了一個生動的比喻，用簡單的數字讓兩個人的思緒得到了最快、最有效地交流。

喬治不會忘記「用四根手指代替五根手指」的信條，這對他來說意味著希望。每當他因生理的障礙而感到沮喪時，就用這個信條來激勵自己。這成了他自我暗示的一種方式，在需要的時候，它總會在下意識裡出現。

喬治發覺母親是對的，如果他運用所有的感覺，確實能抓住完美的生活。

現實生活中，任何事情都不可能完美無缺，與其一味地鑽牛角尖去挑剔那些缺陷，讓自己陷入無止境的困擾，甚至做出失去理智的行為，倒不如退一步，把心放寬，微笑著去包容、去享受那些不完美。

小胡是系上有名的才女，30 歲被升為副教授，不到 40 歲就坐到學校系主任的位置，同時還獲得了許多獎狀。每次她出現在頒獎臺上時，臺下的人

都一雙雙充滿羨慕和敬佩的眼神看著她的身影，看著她洋溢著幸福的笑臉。很多人都認為，這是一個事業成功、生活幸福美滿的女人，她的人生一定是完美無缺的。

其實，了解內情的人都替她感到惋惜，她唯一的兒子患有先天腦性麻痺，13歲了生活還不能自理，吃、喝、拉、撒以及復健訓練都需要人協助。面對這樣不如意的人生，許多人都認為是缺憾，但小胡卻有自己的想法，她覺得上帝對每個人都是公平的，讓你在此處失去，必會讓你在彼處得到。事實也是如此，因為兒子的殘疾，讓她在事業和家庭上比別人付出的更多，一分耕耘一分收穫，她用不懈的追求換來事業上的成就，用辛勤的汗水贏得了家人和朋友的尊重，既增添了生活的樂趣，也彌補了人生的缺憾。

她說：「感謝生活的不圓滿與不如意，因為有缺憾，才激發了我人生奮鬥的熱情；感謝殘疾的兒子，是兒子堅強不屈的意志鼓舞著我去晉升、去努力；感謝家人的支持，讓我有時間和精力去授課、做研究，取得今天這樣的成績；感謝同事和朋友的厚愛，因為有大家的關心和幫助才讓我和孩子看見了人間真愛，懂得許多做人的道理。」她還說：「人生的不完美，讓我真正體會到什麼是親情、友情和愛情。也正是人生的不完美，讓我們夫妻關係更親近，鄰里關係更和諧，朋友關係更親密了。」所以，不必苛求人生的完美，只要有一顆永不放棄的心，生活一樣開心快樂。

其實，不完美的人生才是真實、大氣的人生。斷臂的維納斯，殘破的古長城，蜿蜒曲折的長江、黃河，都不是完美無瑕的，但卻以它們堅強不屈、雄偉壯麗和勇往直前的精神，彰顯了不朽的靈魂。所以，我們只要用坦蕩的心境、開闊的胸懷來面對生活中的坎坷不平，不完美的人生一樣可以煥發出迷人的光采。

讓夢想伴隨你

心愛的東西不見了，可以再買；錢沒有了，可以再賺；唯獨夢想，若是丟失了，則難以找回。人類因夢想而偉大！

小時候你一定被老師或家人問過：長大了要做什麼？相信沒有一個女孩子會說：嫁人、生孩子、煮飯、打麻將；更沒有人會說：我生來就是受苦的。每個人都是伴隨著希望和喜悅來到這個世界的，但為何人生的結果卻如此不同？

美國某間小學的作文課上，老師訂的作文題目是「我的夢想」。

一位小朋友非常喜歡這個題目，他在作文簿上飛快地寫下了自己的夢想。他希望自己將來能擁有一座占地 18 公頃的莊園，在廣闊的土地上種滿如茵的綠草，蓋無數的小木屋、烤肉區及一座休閒旅館。除了自己住在那兒外，還可以和前來參觀的遊客分享自己的莊園，並供他們歇息。

完成的作文經老師過目，卻被老師在作文簿上畫了一個大紅「×」後發回到他手上，老師要求他重寫。小朋友仔細看了看自己所寫的內容，並無錯誤，便拿著作文簿去請教老師。

老師告訴他：「我要你們寫下的是自己的夢想，而不是這些天馬行空的白日夢，我要的是實際的志願，而不是虛無的幻想，你知道嗎？」

小朋友據理力爭：「可是，老師，這真的是我的夢想啊！」

老師也堅持：「不，那不可能實現，那只是一堆空想，我要你重寫。」

小朋友不肯妥協：「我很清楚，這才是我真正想要的，我不願意改掉我的夢想。」

老師搖頭：「如果你不重寫，我就不讓你及格了，你要想清楚。」

小朋友也跟著搖頭，不願重寫，而那篇作文也就得到了個「E」。

30 年之後，這位老師帶著一群小學生到一處風景優美的度假勝地旅行，

在盡情享受無邊的綠草、舒適的環境及香味四溢的烤肉之餘，他望見一名中年人向他走來，並自稱是他的學生。

這位中年人告訴他的老師，自己正是當年那個作文不及格的小學生，如今，他擁有這處廣闊的度假莊園，真的實現了兒時的夢想。

老師望著這位莊園的主人，想到自己 30 餘年來的教師生涯，不禁感嘆：「30 年來，我不知道用成績改掉了多少學生的夢想。而你，是唯一保留自己的夢想，沒有被我改掉的！」

由此可見，夢想在生命中是多麼重要。只有夢想可以讓我們充滿希望，只有夢想可以讓我們保持豐富的想像力。如果當初那個小朋友沒有夢想，他不可能在 30 年後成為莊園的主人。正是因為有了夢想，才有了努力奮鬥的目標；也正是因為有了夢想，生命才變得如此美麗。

堅持夢想，即使夢想很卑微；堅持夢想，即使實現夢想的過程可能很艱難；堅持夢想，即使夢想不一定能帶給你富足和名譽，但請相信，夢想會讓你心靈滿足。

一百多年前，一位窮苦的牧羊人帶著兩個幼小的兒子替別人放羊為生。有一天，他們趕著羊群來到一個山坡上，一群大雁鳴叫著從他們頭頂飛過，很快消失在遠方。牧羊人的小兒子問父親：「大雁要往哪裡飛？」牧羊人說：「它們要去一個溫暖的地方，在那裡安家，度過寒冷的冬天。」大兒子眨著眼睛羨慕地說：「要是我也能像大雁那樣飛起來就好了。」小兒子也說：「要是能當一隻會飛的大雁該多好啊！」

牧羊人沉默了一會兒，然後對兩個兒子說：「只要你們想，你們也能飛起來。」

兩個兒子試了試，都沒能飛起來，他們用懷疑的眼神看著父親，牧羊人說：「讓我飛給你們看。」於是他張開雙臂，但也沒能飛起來。可是，牧羊

法則 1　尋找幸福的鑰匙

人肯定地說：「我因為年紀大了才飛不起來，你們還小，只要不斷努力，將來就一定能飛起來，去想去的地方。」

兩個兒子牢牢地記住了父親的話，並一直努力著，等他們長大後 —— 哥哥 36 歲，弟弟 32 歲時 —— 他們果然飛起來了，因為他們發明了飛機。

這兩個人就是美國的萊特兄弟（Wright brothers）。

這個故事告訴我們，只要有夢想，並堅持和努力，就可以實現。人生，就怕沒有夢想。

有個女人和一位智者聊天，他們談到了幸福。

女人說：「我現在覺得有點迷茫，不知道明天要做些什麼，也不知道什麼時候才會得到幸福。」

智者答：「妳這是不知足！」

女人不解地問道：「什麼意思呢？」

智者答：「妳想一想十年前妳在做什麼？」

女人於是開始回想十年前在做什麼 ——

十年前她還待在一個偏僻小村莊內的國中教書。十年後她待在一個還算富庶的都市裡的高中教書。

十年前她的夢想是買一臺光碟機，聆聽喜歡的古典音樂，但小村莊卻是如此地缺乏音樂元素。十年後她實現了這個夢想，可以隨時聆聽大師的金色樂章。

十年前用的是手搖電話，打個電話還要跑去別人家借。十年後有了款式新穎的手機，溝通無處不在。

十年前她想擁有一臺彩色電視，了解天下大事。十年後她有了筆記型電腦，可以隨時隨地瀏覽國家大事。

十年前只能在都市裡買到書籍。十年後在網路上書籍應有盡有。

十年前學英語只有一本詞典，只能收聽廣播電臺或 BBC。十年後學英語有線上教材，還可以下載多如牛毛的軟體、影片在家自學。

十年前，從高雄去臺北要坐一整天車，風塵僕僕。十年後，搭高鐵只要一個半小時左右。

十年前她住在學校陰暗的宿舍裡。十年後住在都市寬敞明亮的房子裡。

十年前她煢煢子立，形影相弔。十年後她有了丈夫和兒子。

於是她恍然大悟 ──

十年前她有一個夢想，夢想十年後的自己一定會很幸福，所以這十年一路走來，她是幸福的！

十年後她又有一個夢想，夢想十年後的自己一定會更幸福，所以她將會用更好的心情去收穫更多的幸福！

對大多數人來說，生命在不經意中悄悄溜走，而冥冥之中又有一股神祕的力量賜予我們快樂。

在世風日下、物欲橫流的塵世中，掙脫物質的枷鎖，開闢屬於自己的精神家園，然後在這個家園裡冷靜的思考，堅持不懈地努力，你將會有這樣的感受 ── 其實，自己從來就沒有放棄過夢想。況且，每個夢想都讓自己深感幸福，從身邊流過的每一天都是幸福的，只是自己沒有用心真正感受而已。

人生不能沒有希望。夢在心就在，夢想著你就是自己心目中的完人，夢想著你人生所能達到的完美和精采。

幸福並沒有標準

　　幸福並沒有標準，每個人對幸福的認知也不一樣。幸福猶如市場上的商品，有真有假。真幸福讓人留戀銘記，假幸福卻讓人遺憾痛苦。金盆銀匙、錦衣玉食的人，未必幸福；粗衣布履、的人，未必不幸。這個世界的一朵花，一滴水，都可能成為幸福的泉源。幸福從來都與貧富地位無關，「人之幸福，全在於心之幸福」。

　　這就是說，幸福從來就沒有嚴格的定義和標準。當你飢寒交迫的時候，食物和衣服便是你最大的幸福；當你悲傷哭泣的時候，朋友遞上的紙巾便是你最大的幸福；當你筋疲力盡的時候，一張溫暖而厚實的大床便是你的幸福。

　　現實中，很多人雖然生活著，卻始終無法找到自己的人生座標，他們總是參考別人的標準活著。時常聽到有人讚嘆：「看，那傢伙有一輛跑車，多漂亮！」繼而又想：「要是我也能擁有一輛多好！到時我該有多幸福！」住豪華別墅，開高級轎車，穿名牌時裝，吃山珍海味……在許多人的心目中，這才是幸福生活的標準。

　　這是極其錯誤的想法。其實幸福一直都在我們身邊，人的致命弱點就是不知滿足，永遠把得不到的東西和失去的東西看做是自己的幸福，卻不知珍惜眼前所擁有的一切幸福。

　　曾經有位詩人遇到一位天使，天使說：「你現在最缺的是什麼？我可以馬上滿足你的願望。」詩人無奈地說：「我現在什麼都有，唯獨覺得缺少幸福，你能賜給我幸福嗎？」天使聽了這話覺得有些為難，但想了想以後，突然明白了什麼。於是天使立刻奪走了詩人身邊的一切：拿走了他的才華，毀了他的容貌，取走了他所有的財產以及他妻子的性命，然後便安靜地離開了。

　　一個月後，天使又找到了那位詩人，把當初奪走的一切又還給了他。詩人如同重獲新生一般，摟著他親愛的妻子，連連向天使表示感謝，因為他覺

得他找到了自己的幸福。

可見，幸福和快樂是沒有統一的標準，正如世界上沒有完全相同的兩片樹葉，也沒有完全相同的兩個人。對同一件事情每個人都會有自己獨特的感受，但許多人仍想建立幸福的標準，參考別人，跟別人比較，把自己擁有的當做糞土，而把別人手中的東西看成珍寶，暈頭轉向地跟著別人跑，隨手丟掉自己擁有的幸福，一直抱怨自己的不幸。

在現實生活中，所有的幸福模式，都不外乎舒適與享樂，而舒適享樂與幸福並沒有多少直接關係。所謂幸福的人各有各的幸福，不幸的人各有各的不幸。這是因為：幸福是沒有標準，無法類比的，真正的幸福更不可能是完全相同的。

有個富翁和漁夫的故事令人深思：在一個山清水秀的地方，一位漁夫在海邊釣魚，蔚藍的海洋，碧藍的天空，雪白的沙灘，漁翁守著半簍魚，悠閒地躺在漁船上唱漁歌。

一個富翁來到他旁邊說：「你這樣怎麼行呢？人生怎麼能這麼沒有目標呢？」

漁夫：「我應該怎樣呢？」

富翁：「你應該起來去釣更多的魚啊！」

漁夫：「這些已經夠我吃了，釣那麼多魚做什麼？」

富翁：「釣更多的魚去賣錢啊！」

漁夫：「要那麼多錢做什麼？」

富翁：「用釣魚賺的錢去買一條好船，到海裡捕更多的魚啊！」

漁夫：「捕那麼多魚做什麼？」

富翁：「捕更多的魚開一個罐頭加工廠，賣了魚罐頭，你能賺很多很多錢。」

法則 1　尋找幸福的鑰匙

漁夫：「要很多很多錢做什麼？」

富翁：「有很多的錢，你可以面朝大海蓋一棟別墅，你可以和我一樣找一個山清水秀的地方旅遊，可以每天沒事在海邊釣魚。」

漁夫：「那我現在不是這樣嗎？」

富翁愕然。

這個寓言告訴我們，人們很容易忘掉初衷。其實我們走了很多路，最後還是回到起點。幸福也是如此簡單，富翁和漁夫的最終目的，不都是為了追求幸福的生活嗎？

所以，幸福沒有一成不變的標準，沒有人能說清楚擁有多少錢或權算是得到了幸福，也沒有人能說清楚擁有多少親朋好友算是得到了幸福，更沒有人能說清楚擁有多少情感算是得到了幸福……幸福是一種心境，一種體悟，一種純粹的個人感受，是人們對生活和人生態度的總結。它與富貴、權利、地位不一定成正比，也不受人們的生活狀態決定，而是取決於人們的心態。因此，幸福永遠沒有一個統一的標準。有時，如果你刻意地尋找幸福，你會發現它在回避你，而當你嘗試著把幸福送給別人時，你反而發現幸福就在身邊。幸福並非遙不可及，高不可攀，它是那麼尋常，那麼平易近人，每個人都可以得到幸福，只要我們心中擁有幸福的陽光。

法國著名雕塑家羅丹（Auguste Rodin）說：「生活中從不缺少美，而是缺少發現美的眼睛。」同樣，生活中從不缺少幸福，而是缺少發現幸福的眼睛。一個人心裡能裝得下幸福，他就會有自己幸福的方式，就會擁有獲得幸福的能力，就會找到真正屬於自己的幸福。

幸福好似一道門檻，高低與否取決於自己的看法與定位。當你已經擁有了一切，卻感覺不幸福時，或許在別人眼裡那就是一種渴望已久的幸福。

善待今天，幸福一生

當你有意識地去品嘗生命的快樂時，幸福就會出現在你的生活中；當你積極地看待生活，並以此做為生活的重要組成部分時，你就會找到幸福的真諦。請記住，生活無法彩排，今天是你唯一能把握的。假如今天你只有1%的幸福，你不必奢望明天獲得99%的幸福。

有些人只看到明天的價值，而看不到今天的價值！要明白只有學會善待今天，善待眼前，才會得到更多的幸福。

幸福是一種累積，由無數個今天堆積而成！所以珍惜現在！珍惜今天！

有一名年輕人總是埋怨自己時運不濟，生活不幸，終日愁眉不展。有一天，走來一位鬚髮俱白的老人，問：「年輕人，為什麼不快樂呢？」

「我不明白我為什麼老是這麼窮？」

「窮？我看你很富有呀！」老人由衷地說。

「這從何說起？」年輕人問。老人沒有正面回答，反問道：「假如今天我折斷你一根手指頭，給你1,000元，你願意不願意？」

「不願意。」年輕人回答。

「假如斬斷你一隻手，給你10,000元，你願意不願意？」老人又問。

「不願意。」

「假如讓你馬上變成80歲的老翁，給你100萬元，你願意不願意？」

「不願意。」

「假如讓你馬上死掉，給你1,000萬元，你願意不願意？」

「不願意。」

「這就對了，你身上的錢已超過了1,000萬元啊！」老人說完笑吟吟地走了。

法則 1　尋找幸福的鑰匙

從這個故事中不難看出，這位年輕人沒有發現自身的價值，沒有看到自己擁有的幸福——年輕的資本。生活中，人們普遍有這種心理，總想擺脫現有的不快，抱怨自己的職位低，嫌棄自己的社會地位等等，不在現實中尋找快樂，而是在渺茫的未來中，憧憬快樂與幸福。其實，這是錯誤的做法。試問誰可以擔保，一旦脫離了現有的位置，就可以得到幸福？又有誰可以擔保，今天笑的人，明天一定會笑？

瑞典有句格言：「我們總是老得太快，卻聰明得太遲。」如果每個人都能早點明白幸福就在眼前，就在今天，我們或許就能把握好今天的每個時刻，去感受更多的幸福。

丹麥哥本哈根大學有一個學生叫喬根，有一年暑假，他去華盛頓觀光。喬根到達華盛頓時，在魏拉德旅館登記住宿，他在那兒的帳早有人支付了，這讓他非常高興。可是，當他準備就寢時，發現錢包不見了，錢包裡裝著他的護照和現款。他跑到樓下的旅館櫃檯，向經理說明情況，經理說：「我們會盡一切努力幫助你。」

第二天早晨錢包仍下落不明，喬根的口袋裡只有零錢，現在他孑然一身，飄零異邦，怎麼辦呢？打電話給芝加哥的朋友，告訴他所發生的事？還是到警察局坐等消息？驀地，他有所醒悟地說：「不，我不願意做任何沒有意義的事情！我要參觀華盛頓，錯過了今天，我可能再不會到這兒來了。我在這個國家的首都裡只能待上寶貴的一天。畢竟我還有去芝加哥的機票，還有許多時間解決護照和現款的問題。如果我現在不去參觀華盛頓，我就不會再有這樣的機會了。現在是很愉快的時候，我應該愉快地過好今天。」於是他步行出發了。他看到了白宮和國會大廈，參觀了一些氣勢恢弘的博物館，還欣賞了華盛頓紀念碑。雖然不能到華盛頓郊區以及他計畫中的其他地方，但凡是他到過的地方，他都看得格外仔細，心裡很興奮。

回到丹麥後，他回憶起在美國的這段旅程，總是很開心。因為他覺得，

他沒有因為錢包被偷而沮喪，失去一天的美好時光。事實證明他是明智的，在他回國後的第五天，華盛頓警察局幫他找回了錢包，物歸原主。

假如你能夠像喬根那樣，明白只有今天才是真實的，明白今天、昨天和明天的關係，你就不會沉浸於痛苦中不能自拔了。

幸福就在今天！這或許就是人生最大的哲理吧？我們來到這個世上一直在苦苦追尋：年輕時憧憬未來，年老時回憶過去，似乎我們要找尋的東西永遠也不會出現在我們面前。當生命從指端悄然滑落，我們所剩時日不多時，才開始珍惜每一個今天，於是驀然發現：一直苦苦尋找的東西就在每一個當下，每一個今天。

生活本來就是由許多個今天組成，我們唯一能真實感覺到的，就是今天。昨天，或者輝煌，或者暗淡，但都已經消逝；至於明天，誰能累積更多的財富，或是誰能走得更遠，這些都不重要，因為這些都是未知的，我們可以沉醉於對明天的想像中，但那卻如泡影般虛幻。無論我們沉醉多久，最終還是要回到當下。因此，學會珍惜今天，才是最重要的。

不可否認，回憶往往是美好的，美好的回憶也將是人生的一筆財富，但回憶畢竟是由每一個今天累積而來，要想為自己留下豐富美好的回憶，我們就應該過好每一個今天，讓幸福的今天成為記憶的片段。當然，美好的人生同樣需要理想，常常在腦中構想未來幸福生活的畫面，有助於激勵我們努力奮鬥。畢竟未來的成功和幸福的生活是由每一個今天的努力累積而來。如果一味地逃避現在，只能導致我們對將來過於理想化。也許我們會認為，在未來的某一美妙時刻，生活將有所改變，每一件事將安排得井井有條，我們將找到幸福的感覺，當我們面臨這一特殊時刻時，我們的生活將真正開始。但一旦這樣的時刻真的來臨，往往又會令人失望。這種時刻絕不會像我們想像的那樣美妙。我們唯一能做的就是把握每一個今天，付出更多的努力，那麼，明天自然就會朝著理想的方向發展。

只要想想，就可以知道，除了「今天」之外，確實沒有其他時刻是我們能把握的。「今天」便是一切，將來，只有真正來臨時，才能成為我們可以把握的另一個時刻。聰明的人應該把今天緊握在手裡，做為我們唯一的所有。

如果我們快樂，如果我們生活的每一時刻都有價值，那麼，我們便是一個幸福的人。

從今天開始，微笑著去感受雲卷雲舒的美麗畫面；微笑著去享受努力奮鬥的辛勤忙碌和寧靜自在的片刻悠閒所帶來的獨特心情，讓每一個今天都幸福。

幸福是一種能力與創造

人生，不是你走了多長的路，你就能體悟到多少幸福；而是，你能否從經歷的人生中去領悟，進而改變自己心態，去創造一條通往幸福的途徑，讓自己更親近幸福，擁抱幸福。一旦認定這個方向，在任何時候，你自然都能保持一種平和的心境，不會因外界的謬論而影響自己內心的安寧。這樣，你離幸福就近了，離煩惱就遠了。

總而言之，幸福的方向，其實就是趨向內心的安寧，獲取心靈的寧靜與從容，就是獲取簡單而真正的幸福和快樂。其實，每個人都擁有這種創造幸福的能力。只是，看你能否卸下那些壓迫心靈的的沉重頑石。

幸福是一種知足。在人生的道路上，人要有所追求，也要有所滿足，才是知足常樂。幸福是人生的一種知足，只要自己感到滿足、快樂，就是一個幸福的人。「暮春者，春服既成，冠者五六人，童子六七人，浴乎沂，風乎舞雩，詠而歸。」只有心靈安定寧靜者，才能享受這種高情雅致，這是超出世俗的幸福，不以物使，不為物役，天地哪有不快樂的事呢？

因此，幸福從來不在於你擁有什麼，而在於如何用自己的能力去努力創造，用心感受。

美國總統富蘭克林‧D‧羅斯福（Franklin D. Roosevelt）說：「幸福來自成就感，來自富有創造力的工作。」當你開始有創造力地做某項工作時，你就會找到快樂，感受幸福。因此，幸福是一種創造，一種能力。

有兩個和尚分別住在相鄰的兩座山上的廟裡。兩座山之間有一條小溪，溪水清澈見底，甘甜宜人。這兩個和尚每天都要下山去溪邊挑水，久而久之，他們便成了朋友。

就這樣，時間在每天挑水中不知不覺地過去了五年。突然有一天，左邊山上的和尚沒有下山挑水，右邊山上的和尚心想：「他大概睡過頭了，便沒有在意。」

哪知第二天，左邊山上的和尚還是沒有下山來挑水，第三天也一樣，過了七天，還是一樣。直到過了一個月，右邊山上的和尚終於忍不住了。他心想：「我的朋友可能生病了，我要去拜訪他，看看能幫上什麼忙。」於是，他爬上了左邊那座山，去探望他的朋友。等他到達山廟，看到他的朋友之後，大吃一驚。原來，他的朋友正在廟前打太極拳，一點也不像一個沒有水喝的人。

他充滿好奇地問：「你已經一個月沒有下山挑水了，難道你不喝水嗎？」

左邊山上的和尚說：「來來來，我帶你去看看。」於是他帶著右邊山上的和尚走到廟的後院，指著一口井說：「這五年來，我每天做完功課後，都會抽空挖這口井。即使有時很忙，但能挖多少算多少。如今我終於挖出了井水，再也不必下山去挑水了。我可以有更多的時間，練我喜歡的太極拳。」

看完這個故事，我們都會為挖井的這個和尚叫好，他透過自己的努力創造了奇蹟，再也不用天天下山挑水喝了，也就有了更多的時間去感受幸福的

生活。是啊！如果對眼下的處境不滿，那就用自己的能力去創造、去改變，就像挖一口井，無論挖多深，只要每天都堅持去挖，終會有奇蹟出現。

的確，幸福是一種能力，一種創造。生活對於每個人來說都是平等的，上帝不會偏愛任何一個人。有人會感到幸福，有人卻感到不幸，那是因為幸福是一種能力，是感謝生命賜予和現有生活的能力；是感受快樂，抵抗不良情緒的能力；是不斷反省自己，完善自我的能力；是一種調節身心平衡，調整人與社會平衡的能力。幸福是一種創造，創造屬於自己的一片天空。

海倫的故事也帶給我們很多啟示：

海倫是一個孤兒，在很小的時候被父母拋棄。長大以後草率地結婚，幾年後，匆忙建立起來的家庭又破裂了，她不得不一個人承擔撫養兩個孩子的責任。雖然有一份工作，但那點微薄的薪水怎麼能維持一家人的生計啊！她整天憂心忡忡，愁容滿面，開始為將來的命運擔憂。她一遍又一遍地問自己：「難道今生就只能做一個受苦受累的人嗎？難道就只能做一個含辛茹苦地撫養孩子，斤斤計較每一分錢的人嗎？難道自己的命運就不能自己掌握，要依靠上天去安排嗎？」「不！」海倫在心底發出吶喊：「我一定要堅強並振作起來，我相信，我有能力改變自己的生活，有能力創造自己的未來。」於是，她上夜校進修會計，很快就找到一份收入豐厚的工作。工作之餘，她又去大學讀夜間部。

有一天，海倫突然發現自己對居家設計十分感興趣，因此，她毅然決然地辭去了會計工作，做起了居家設計。她把工作室移到了自己家中，把家裡布置得很漂亮，並且經常舉行各種聚會，藉由聚會向在場的人展示自己的作品。無疑地，此舉獲得了成功。

不久，她成立了一個日用百貨進出口公司，經營沒多久，收益就非常好，但她並沒有因此而滿足。緊接著她又創立了居家裝潢公司，投入激烈的

競爭中。堅強自信的她能夠從容地面對一切困難，也因為經歷過苦難，所以現在的任何困難都不會將她擊敗，反而會使她更加堅強。

海倫成功了，許多企業都請她去演講，為大家傳授成功的祕訣。回顧海倫成功的原因，正如她所說：「我有能力改變自己的世界，有能力創造自己的未來。」海倫的成功正好說明，幸福是一種能力與創造。

每個人的幸福都不同，所以幸福學不來；每個人獲得幸福的能力也不同，所以幸福急不來。

幸福是一種能力與創造，是我們對人生的把握。生活中的甘苦和喜憂，需要我們自己承擔；生活中坎坷的道路，需要我們自己去踏平。堅強地面對一切，人生將會更加幸福。

幸福沒有終點

「幸福」，如何去定義這個詞，也許範圍真的很廣。有的人會花一生的時間去體驗它，有的人已經得到了他們想要的「幸福」，有的人卻還在為這兩個字奮鬥。在幸福的路上，始終沒有終點。

在平淡的日子裡，幸福是在困難時的撫慰之手。幸福是多予少取，幸福是有失必有得的滿足和認可。可是大多數人在談論幸福的時候，總會落入俗套，都認為幸福是一個目標，幸福是一個終點。

實際上真是這樣嗎？答案當然是否定的。為什麼很多人努力了一輩子去找尋幸福，可到頭來卻一無所獲呢？那是因為他們苦苦追尋的目標是一個空幻，一個影子，永遠都不可能得到！

沒有一條路能夠通往幸福，因為尋找幸福的過程本身就是幸福。幸福不是一個目標或終點，幸福是一個過程。幸福是在孜孜不倦地追求中所經歷的成功和喜悅。

法則 1　尋找幸福的鑰匙

　　我們往往以某個事件或某個結果做為幸福的標準，比如童話故事裡，公主和王子最後總會在一起，從此過上了幸福的生活；現實中，我們總是有種慣性思維，相信到了以後或者實現了某個夢想後會更幸福。小時候，總是煩惱有做不完的作業，家人和老師管得太嚴，嚮往上大學後的隨心所欲，總覺得上大學後就自由了；上大學後，目睹到一些醜惡的東西，悲哀的發現不得不長大，又開始嚮往工作後的成功；工作後，肩上的壓力漸漸沉重，又開始嚮往退休後的休閒。但當真正閒下來，卻又開始回憶以前了……當我們希冀的結果發生後，我們卻發現新的的問題和煩惱又會不斷發生，這就是人生。人生就是一段旅途，而不是目的。我們都希望早日到達幸福的終點，但往往，本來就沒有通向幸福的路，幸福就是我們走的這一段過程。

　　我們很多人都在追求幸福，總在想：等到有朝一日我達成了這些目標，有了車，有了房子，有了事業，有了伴侶……那麼我就有了真正的幸福。可是真正的生活根本就不是這樣的。如果我們等待某事的發生，如果我們靠外界因素決定自己是否幸福，那麼，我們就永遠不會有幸福。真正持久的幸福在於誠實、自尊、有效的工作以及這些給別人帶來的喜悅。在這個過程中，我們是幸福的。幸福是一個過程，這才是幸福的真諦！

　　人生的目標需要不斷地調整，一個目標實現之後，很快又能設立新的目標，然後找對方向，按照自己的思路前進，不管遇到怎樣的困難，都能勇敢地接受挑戰。過程雖然艱辛，但是，我們所體會到的卻是戰勝自我後的幸福與快樂。因此，幸福是沒有終點的。幸福猶如一場接力賽，只有一個一個地傳遞下去，幸福才會永存。

　　曾經有位身材瘦小、年過七旬的老婦人，本來她早已退休，可以安心地享受晚年生活，可是她對自己的晚年退休生活卻一直有所規劃。她曾當過教師，有豐富的教學經驗，退休後便到各個幼稚園去講故事。她的每一個故事

都是經過特別挑選的，而且用投影片來增加動畫效果。孩子們喜歡聽，她也因此覺得很充實、很幸福。得到別人的讚美和鼓勵後，她決定把講故事當做一項愉快的事業來經營。從中她也逐漸認識到，年齡不是障礙，相反的，由於多年的教學經驗和積極的心態，她反而能把故事講得更加動人。

她寫下更多的推廣計畫，內容包括許多為學齡前兒童設計的故事節目。她不僅用口頭講述，也用投影片向大家演示，因此很容易被人接受。另外，她富有戲劇性和充滿人情味的講述方法，贏得了大家的歡迎。現在，她已經把自己的熱情和信心送到了全國各地，把歡樂帶給了成千上萬個兒童。她沒有讓年紀成為障礙或偷懶的藉口，她了解自己的能力和經驗，並把構想付諸行動，她做得非常成功。這樣一位古稀老人，用她的實際行動延續著美好、燦爛的幸福過程。歲月沒有使她變老，幸福也注定伴她一生。

其實，我們追求幸福的過程遠比幸福到來的那一刻要快樂得多，因為我們在追求的過程中不僅使自己變得堅強、自信，還收穫了成功和喜悅。

幸福是人人渴望的，當你擁有了一份幸福時，還需要不斷地維護這份幸福，就像一對恩愛的夫妻，蜜月過後，仍然需要兩個人共同努力才能使幸福婚姻不斷延伸，永遠保持下去，永不褪色。

瓊絲曾經認為嫁一個疼愛自己的丈夫，就是她對幸福的全部要求。幸運的是，她實現了自己的這一願望。

一開始，瓊絲幸福極了，她認為自己已別無所求。可是，沒過多久，她又認為：如果能有一個自己的孩子，那人生就更完美了。兩年後，瓊絲真的生下了一個聰明漂亮的女兒。她想：這下自己該不再有所求了吧！可是，隨著時光的流逝，孩子一天天地長大，瓊絲又開始不滿足了。她想：自己就這樣整天待在家中，照顧丈夫，撫養孩子，沒有自己的事業，讓青春如此白白地消逝嗎？一想到這兒，瓊絲就很悲傷，覺得生活又不幸福了。是不是自己

太貪心了？上帝已經滿足了自己一個又一個願望，她認為這一次如果實現了自己的願望，她就會永遠覺得幸福。但事實卻並非如此，實現了一個願望，她又想著去追求另一個願望。

最後瓊絲想通了：並不是自己貪心，而是因為幸福沒有終點。想通了這一點，她就開始開心地追求自己的幸福了。

現在，瓊絲已經有了自己的食品加工廠，她還計畫著把這個加工廠擴大，讓自己的食品暢銷全美國和全世界。

許多人卻不像瓊絲那樣能夠醒悟，他們一直在追逐幸福，把幸福看成是人生的終點，目不轉睛地看著前方，絲毫不敢鬆懈，眾多疲累也隨之而來，卻忘了享受當下。遺忘了初心，也忘了每一個過程都是組成幸福的一個片段，只把幸福想像得那麼遙不可及，只想怎樣才能得到幸福，最後倦了、累了，才發現幸福就在不遠處。

這個故事告訴我們，幸福是一個不斷尋找與追求的過程，它沒有終點，只有不停地去尋找，幸福才能永遠在我們身邊。

法則 2　丟掉對幸福的誤解

　　擁有夢想就能體會到幸福的感覺。幸福是與進步、成就、夢想等緊密相連的。要重新認識「幸福」的定義，就必須和「幸福」建立更密切的關係。只有渴望幸福的人，才能得到幸福。有些人在幸福面前顯得猶豫，因為他們認為表達幸福的感覺是虛偽的行為，他們懷疑感受幸福、努力追求幸福是否就是逃避現實。這些疑問阻擋了他們追求幸福；這種態度也正是在逃避現實。有這種想法的人，應該儘快丟掉對幸福的誤解，從現在開始改變想法，關心和重視每一個細微的幸福，找到幸福的價值，才是真正的人生。

幸福其實很簡單

　　幸福究竟是什麼？無論是去物化它或是神化它，對大多數的人來講，它其實就是一些細節和瞬間。遺憾的是，我們看見有太多的人將目光聚焦在遙遠的憧憬裡，而忽略了自己身邊的幸福，有太多的人以數字來量化幸福，而忘了數字以外的意義。

　　許久沒見的同學忽然來電要聚會。我很納悶地問她是什麼緣由。她笑道：「想聚一聚非要一個理由嗎？如果要，我就告訴妳一個，我們家剛買了冷氣，今年可以有一個涼爽的夏天了，我覺得很幸福，值得慶祝一番，妳說呢？」

　　這樣的理由讓人無法拒絕。吃飯談笑中我和她說起一篇令人啼笑皆非的文章，內容跟分析目前一個家庭需要多少月收入才能算得上幸福相關。作者推斷至少要在 100,000 元左右。一時興論四起，有人說：「如果按這個標準我們別說幸福了，連痛苦都不夠標準呢！」這位同學是觀光飯店從業人員，丈夫從事汽修行業，有個上小學的小孩，一家三口住在市區公寓。月收入我沒有打聽，估計離那個幸福的標準應該還有些差距。但這並不妨礙他們一家人的幸福感，他們依舊會為小事情高興。回家的路上，我忽然覺得自己長期以來可能都陷在一種錯誤的想法中，以為幸福是需要拚命追求的，而幸福比追求更需要的也許只是一種感悟。

　　就像同學今天所描述的，幸福它是如此的簡單，卻無比地真實！幸福是簡單的，是樸實的，是瑣碎的，是觸摸不到的，但它卻是實實在在。只有我們用心去體驗，用心去追求，幸福就會與我們相伴。

　　大多數時候幸福都是自己給予的，拋開所有的不順心、不如意，用另外一種心情看待周圍，感受到的幸福會更多一些。生活內容可以豐富，但更多的時間是在平淡中度過，而真愛和幸福恰好是在這平淡中可以被感受。一杯茶，一聲問候，或是一個溫和的眼神，都能在平淡中體會出深情，浸透出真

實的幸福味道。用你的心靈去捕捉那讓你感動的點滴吧！你會在平淡中感受到幸福，真實卻又簡單。

兩位老人家蹣跚著手牽手過馬路，枯黃的樹葉飄落在老伴稀疏的頭髮上。老人家伸出手，輕輕地取下老伴頭上的落葉，這樣的關懷難道不幸福嗎？雖然他們不再年輕，也已不再把鮮豔的花朵插在滿頭銀髮上，但是緊牽的雙手會讓他們更加珍惜晚年。彼此攙扶著走過風雨人生，這就是人生最大的幸福，也是最簡單的幸福。

幸福其實很簡單：身邊的一縷清風，窗外的一彎明月，身邊的一首歌曲，朋友的一聲問候，工作的一絲進展，兒女的一份孝心，伴侶間的一點體貼……其實我們每一個人都有自己的幸福，幸福程度的深淺，全在自己內心的感受。

曾有一對夫妻，他們一起在一個工廠裡上班，兩個人每天都是出雙入對。不同的是丈夫每天都是凌晨 4 點 10 分起床，起床的第一件事就是點火熬粥。丈夫只會熬粥。而他們的經濟狀況也只允許他熬煮一碗粥。就是這樣一碗粥，居然把妻子滋養得面色紅潤，嬌美如花。

每天天還沒亮，丈夫就準時打開爐火，鍋中放水，米淘好了在水裡浸泡著。等水滾了，放入米，大火煮 10 分鐘後，放上少許鹽，然後改小火慢熬。白色的米粒在鍋裡不停地翻滾著，丈夫用一隻勺子緩緩地攪動爐火上的粥……大約 40 分鐘後，丈夫一手端一碗熱氣騰騰的粥，一手端一碟淋了香油的蘿蔔乾，走進屋裡喊妻子起床。

妻子翻個身，嘟囔了一句，又睡過去。聽著妻子香甜的鼾聲，丈夫不忍心再叫妻子。坐在床前，看看手錶，再看看妻子，再看看手錶。妻子卻突然從床上彈起來，看著手錶，急忙穿衣起床，嘴裡不住地埋怨：「要遲到了，你怎麼不叫醒我？」他把粥和蘿蔔乾遞過去：「別著急，還有時間，先把粥喝了。」

這樣的白粥，妻子喝了五年。兩人結婚時，家裡沒錢擺喜酒，兩人只是

法則 2　丟掉對幸福的誤解

住在一起，便算結婚了。新婚之夜，丈夫端過來一碗粥。白皙皙的粥，在燈下亮晶晶的。丈夫說：「妳胃不好，多喝點粥，養胃。」妻子便喝了，不冷不燙、清香淡雅的白粥，溫暖的不僅是胃，還有心。妻子感到由內而外的幸福。

後來，工廠經營不好，丈夫失業了，但他們沒有因此悲觀。丈夫拿出微薄的積蓄，妻子賣掉了母親留給她的金戒指，開了一家雜貨店。一個碗，一支掃帚，一個水壺，利潤不過幾塊錢，丈夫卻做得很用心。妻子下班也來幫忙打理店鋪。沒客人的時候，夫妻倆坐在一堆鍋碗瓢盆中間，幸福的憧憬著未來。

丈夫說：「等有錢了，我們來開連鎖店。」妻子說：「那時候，我就不上班了，天天在家變著花樣下廚給你做好吃的。」丈夫說：「哪裡還用妳下廚啊！想吃什麼，我們直接去餐廳吃。」妻子撒嬌道：「不要，我就想吃你熬煮的粥。」丈夫攬了妻子的肩膀，眼睛熱熱的。

丈夫仍然每天早上 4 點 10 分準時起床，點火熬粥。一邊熬，一邊盤算著店裡缺的貨。有時候會分神，粥便糊鍋底了；有時候太睏打個盹兒，粥便溢鍋了。有一天妻子早起，瓦斯爐上的白粥正咕嚕嚕地滾著，丈夫的頭趴在膝上，睡得正香，他實在太累了。妻子心疼的摸摸丈夫的頭，心底的幸福感，就像鍋裡翻滾的粥。

日子就這樣一天天地過著，轉眼到了第八年，他們有了一個女兒。丈夫依然開著他的雜貨店，每天天未亮時準時點火熬粥。妻子為了女兒不再上班，但她依然能在每天早晨準時地喝上丈夫端來的一碗白粥。看著妻子一邊摟著女兒，一邊津津有味地喝著白粥，丈夫眼裡溢滿了幸福和滿足。

從這個故事可以看出，那對夫妻的幸福不過是一碗白粥。幸福絕大多數是簡單的，因為幸福本身就是一種心靈的滿足感。生活中，很多人總是習慣把擁有財富的多少、物質生活的優劣、外在形象的美醜看得格外重要，以為這就是決定幸福的關鍵，卻不知幸福的泉源實際上只是一種簡單。別忘了，簡單會讓你感受到更多的幸福。

財富不一定等於幸福

　　閒暇之餘與朋友們一起聊天，談到了幸福。究竟什麼是幸福？有許多人提到了財富，認為金錢越多，生活就會越有品質，人的幸福指數就會越高。我卻不敢苟同，和朋友爭執了一番，始終固守著自己的觀點：財富固然是增加幸福指數的砝碼，但更重要的還有親情、友情、社會的認可度以及自己的生活方式。這種認識主要來源於之前聽過的一個故事：

　　有一個地主，家有良田萬頃，穿不完的絲綢，花不完的金錢，身邊三妻四妾，奴僕成群，要什麼有什麼。可是地主覺得自己活得並不快樂，反而覺得自己活得很累，今天為兒子不好好讀書發愁，明天為大太太和三太太爭風吃醋擔憂，後天又為採用什麼方法去對付那些交不出地租的佃農而絞盡腦汁……他經常反覆地琢磨：「我有這麼多財富，怎麼就感覺不到幸福呢？甚至不如隔壁賣豆腐為生的劉福一家快樂。」

　　劉福一家三口，每天早晨4點鐘起來做豆腐，上街賣豆腐，一天不賣豆腐第二天就沒飯吃，但他家的院子裡卻時常傳來歡笑聲，一家三口感情非常好，邊做事邊說笑，其樂融融。

　　地主怎麼也想不通這件事，就請教智者。智者道：「你依我說的去辦，三個月後，你就明白這是為什麼了。」地主依照智者所說，半夜偷偷把一大塊黃金扔到劉福的院子裡。第二天早晨，劉福一家磨豆腐的時候，忽然發現院子裡有一大塊黃澄澄的金子，大吃一驚，馬上偷偷地藏了起來，裝作若無其事的做事。幾大後，劉福夫妻二人發現沒人來找黃金，心裡才踏實些，偷偷地把黃金兌換成散碎銀子，分幾處藏匿。細心的地主開始發現：劉福一家慢慢發生了變化，有了錢後，兩人也開始享受起來，再也不起早貪黑地做豆腐了，有時夫妻兩人還為吃什麼吵架，院子裡也經常傳來孩子的哭聲。這下子，地主徹底明白了：原來我活得這麼累都是錢引起的，妻妾子女們沒事可

做，就會生出事端。

從這則故事我們不難看出：一個人如果只有財富，而沒有親情、友情，沒有自己所喜歡的事業，沒有實現自己的人生價值，那他無論擁有多少財富，也不會得到幸福。反而，財富越多，壓力就越大，生活也就越累。

這就是說明，財富不一定等於幸福！

也許，我們每個人都知道財富不一定等於幸福，但卻難以抵抗財富的誘惑。生活中，有些人在為財犯罪後才了解財富的真正意義，有些人至死都不忘對財富的追求，還有些人直到年老力衰時才為財富而悔恨。幸福的人生應該從正確的財富觀念開始，只要有正確的認知，就會幸福終生。

財富是幸福的物質基礎。那些鄙視財富的人，或者是已經占有了大量財富而故作清高的人，或者是不願意為財富努力工作而安於貧窮的人，他們對財富的態度都不是正確的。社會的發展有賴於財富的增加，如果每個人都藐視財富，社會就不可能進步；同樣，如果每個人心裡都想得到財富，卻又裝出一副不愛錢財的清高模樣，社會也不可能有所發展。

正確的人生應該是一個創造財富並享受幸福的過程。創造財富並實現幸福必須有兩個原則：一是「君子愛財，取之有道」。我們創造財富的行為不能踩到法律的底線，要遵守社會的道德規範。取財無道者，財富所帶來的不是幸福，而是無盡的痛苦。那些因貪污受賄入獄的官員，那些走私造假的商人，那些出賣靈魂的騙子，即使在他們最風光時，心裡也會有抹不去的恐懼纏繞。一個在恐懼中度日的人再有錢，也談不上幸福。另一個原則是不能貪得無厭。人的先天能力也許因遺傳的問題，也許是其他未知的原因而會有所不同。後天生長環境差異，家庭與社會教育不同，努力程度不同，機遇不同，這些因素都決定了每個人獲得財富的能力不同。「貪得無厭」指的是超越自己能力的財富需求。一個資質平凡且不願付出勞力卻想擁有和比爾蓋茲般財富的人，必是自尋煩惱，甚至最終走上「快速致富」的犯罪之路。「貪

得無厭」另一個含義是，即使能力再強，命運再好，對財富的追求也應該有所限度。對任何人而言，財富永遠是無限的。

有兩則新聞內容如下：

有位長官身居豪宅，出行高檔轎車代步，包養情婦，揮霍無度，可以說在物質生活上應有盡有，但後來經查明其財產多為貪污受賄所得，被檢察機關提起公訴。在失去自由後他懺悔道：「我被關進來後才想起親人的存在，才懂得自由的可貴，但一切都太遲了！」他還說：「如果有可能，我寧願放棄所有的財產，選擇自由。」可惜自由對他來說也許已經變成了永遠的夢，他面對的將是漫長的牢獄生涯。

在一件製造、販賣毒品的案件中，所有的犯罪分子都依毒品危害防制條例被判處有期徒刑。這些犯罪分子雖然曾經都擁有過大筆的財富，但也帶給社會和他人極大的危害，最終更帶給自己的是無盡的痛苦。這些被判處有期徒刑的犯罪分子們也說過：「希望自己的子女還有更多的人，不管再窮再苦也不要去沾毒品，因為沾上毒品就等於走上一條死路……」

雖然財富能改變人們的生活，但還是要量力而為，不要盲目地去崇拜金錢，也不要嫌貧愛富。只有透過自己勤勞的雙手和聰明的智慧創造出來的財富，才會令人心安理得，才能真正體會到財富給我們帶來的幸福和快樂。

正如美國總統羅斯福所說：「幸福不在於擁有金錢，而在於獲得成就時的喜悅以及產生創造力的激情。」

只為自己而活的人並不幸福

　　人都有一個共同的特點，就是渴望被人關心，被人欣賞。如果你願意多關心別人，把滿足和幸福帶給別人，別人同樣也會關心你。生活本身就是豐富多彩的，它會以多種的方式給予人無盡的快樂。只是有的人一開始就有些誤解，總以為只有從生活中獲取，只有自己心滿意足了才能幸福快樂。其實不然，站在生活這項課題面前，每個人都應該明白一個道理，那就是給予比接受更令人幸福快樂。

　　有個故事中的主角雖是個小孩，但他的言行卻值得讓成年人深思。

　　耶誕節的前一天，保羅從他的辦公室出來時，看到街上一個小男孩在他閃亮的新車旁徘徊，並不時地觸摸它，臉上滿是羨慕的神情。

　　保羅饒有趣味地看著這個小男孩，從衣著來看，小男孩家庭顯然並不富裕。就在這時，小男孩抬起頭，問道：「先生，這是您的車嗎？」

　　保羅說：「是啊！這是我哥哥送我的聖誕禮物。」小男孩睜大了眼睛問：「你是說，這是你哥哥送你的，而你不用花任何錢？」

　　保羅點點頭。小男孩說：「哇！我希望……」保羅直覺認為小男孩也希望有一個這樣的哥哥。但小男孩說出的卻是：「我希望自己也能當這樣的哥哥。」

　　保羅深受感動地看著這個小男孩問道：「要不要坐我的新車去兜風？」小男孩驚喜萬分地答應了。逛了一會兒之後，小男孩轉身對保羅說：「先生，能不能麻煩您把車開到我家前面？」

　　保羅微微一笑，他理解小男孩的想法：坐一輛大且漂亮的車子回家，在其他小朋友面前是很神氣的事。但他又想錯了。小男孩說：「麻煩您停在兩級臺階那裡，等我一下好嗎？」之後，他便跳下車，三步兩步跑上臺階，進入屋內。不一會兒他出來了，並帶著一個顯然是他弟弟的小男孩，他的弟弟

患有小兒麻痺症而跛著一隻腳。他把弟弟安置坐在下邊的臺階上，然後指著保羅的車子對弟弟說：「看見了嗎？就像我在樓上跟你講的一樣，很漂亮，對不對？這是他哥哥送給他的聖誕禮物，他不用花任何錢，將來有一天，我也要送你一輛這樣的車子，這樣，你就可以看到我一直跟你說的櫥窗裡那些好看的聖誕禮物了。」

保羅的眼睛濕潤了，他走下車子，將小弟弟抱到前排座位上，他的哥哥眼裡閃著喜悅的光芒，也爬了上來。於是三個人開始了一次令人難忘的假日之旅。

在這個耶誕節，保羅明白了一個道理：為自己而活並不幸福，為他人著想，為他人付出才是真正的滿足和幸福。

在我們的日常生活中，很多事情也是如此，當你為別人著想，為別人付出，給予別人關愛和滿足的時候，無論付出是否可以得到回報，都會從心底裡感到欣慰和幸福。

有句話說：「能讓自己快樂的人是聰明智慧的人，能讓別人快樂的人則是幸福而偉大的人。」一個只為自己而活的人，很難獲得別人的關心和幫助，更無法感受人間溫暖的真情。擁有熱情、善良、同情、懂得分享和付出的人，都是最富有的、也是最幸福快樂的。

從前，有一個男子坐在一堆金子上，伸出雙手，向每一個過路人乞討。

仙人走了過來，男子向他伸出雙手。仙人問：「孩子，你已經擁有了那麼多金子，難道還要乞求嗎？」

男子說：「唉！雖然我擁有如此多的金子，但是我仍然不滿足，我想乞求更多的東西，我還想乞求愛情、名聲、成功。」仙人從衣袋裡掏出男子需要的愛情、名聲和成功，送給了他。

一個月之後，仙人又從這裡經過，那名男子仍然坐在一堆金子上，向路人伸著雙手。「孩子，你所乞求的都已經有了，難道你還不滿足嗎？」男子

法則 2　丟掉對幸福的誤解

說：「唉！雖然我得到了那麼多東西，但我還是不滿足，我還需要快樂和刺激。」仙人把快樂和刺激也給了他。

一個月後，仙人又從這裡路過，見那名男子仍然坐在那堆金子上，向路人伸著雙手——儘管他身邊已有愛情、名聲、成功、快樂和刺激。仙人問：「孩子，你已經擁有了你希望擁有的，你還要乞求什麼嗎？」男子說：「唉！儘管我已經擁有了這麼多東西，但是我仍然不能滿足。老人家，請您把滿足賜給我吧！」仙人笑道：「你需要滿足嗎？孩子，那就請你從現在開始學著付出吧！」

一個月後仙人再從此地經過，只見這男子站在路邊，他身邊的金子已經所剩無幾，他正把它們施捨給路人。他把金子給了衣食無著落的窮人，把愛情給了需要愛的人，把名聲和成功給了失敗者，把快樂給了憂愁的人，把刺激給了麻木不仁的人。現在，他一無所有了。看著人們接過他施捨的東西，滿心感激離去，男子笑了。

仙人問：「孩子，現在你感到滿足了嗎？」「滿足了，滿足了！」男子笑著說：「原來，滿足是藏在付出的懷抱裡啊！當我一味地乞求時，得了這個，又想得到那個，永遠不知道什麼叫滿足，永遠在為自己而活，一旦我為別人付出時，我便從心底感到快樂和幸福。」

這個故事告訴我們一個道理：一個不願吃虧，不願付出關愛，不肯與人分享的人，即便真的得到很多，也不會幸福。人生需要豐富的體驗，多一些付出，多吃一點虧並非是壞事，至少讓我們體驗了人間的真情，同時讓我們達到了幸福的最高境界。所以，為自己而活並不幸福，與他人分享，給予他人滿足與快樂，才能讓我們真正擁有友情和信任，擁有人生最長遠的幸福。

幸福不分年齡

　　每個年齡層的人都有自己想追求的幸福，對幸福的定義也有所不同。幼小時能相依在父母的懷裡就是幸福，年輕時擁有事業與和諧的家庭則是幸福，年老時兒女孝敬便是最大的幸福。其實，一個人活在世上，不管在哪一個年齡層，只要常常擁有樂觀豁達的心態，經常為自己製造一種和諧愉悅的氣氛，時時保持一顆快樂純真的童心，笑看人生與世界，幸福就會無處不在；也就是說，生活的態度決定著幸福，幸福不分年齡。

　　在一個家庭聚會上，孩子們試圖讓他們年過六旬的外公、外婆和他們一起玩遊戲。外公說：「我年紀大了，不能和你們一起玩了。」說完就一臉落寞的坐在搖椅上。可是，外婆卻沒有拒絕，欣然加入孩子們的行列，和他們一起玩耍。看得出，她和孩子們一樣，玩得很盡興、很快樂，而且，她的動作輕盈靈敏，整個人彷彿年輕了幾十歲，眼睛裡閃爍著幸福的光芒。儘管和半躺在搖椅上的丈夫比起來，他們的年齡相差無幾，但她顯然是年輕的、幸福的。

　　在我們身邊，總有很多年輕人抱怨沒有一點幸福感，整天疲憊的為事業奔波，認為那些年紀大的人就沒有這種煩惱，有兒女供吃供喝，睏了、累了，隨時可以躺下來休息，還可以打打太極、唱唱歌，真是要多幸福就有多幸福。其實，這是一種誤解，他們也許還沒有真正感受到自己每天奔波勞碌的過程，就是一個追求幸福的過程，而這個過程本身就是幸福的。

　　曾有人說：「做自己喜歡的事，在幸福中悠然地變老。」

　　如果你做的正是你喜歡的事，那你就能體會到一種幸福的感覺。同樣，如果你從事的工作是你喜歡的，那你就會幸福地工作，從工作中得到很多樂趣。人生短短幾十年，幸福就是做自己喜歡的事。一早起來，可以看到明媚的陽光，那就是幸福；吃完飯後，可以悠閒的散步，那就是幸福；不開心的

時候，可以有朋友傾訴，那就是幸福；聽喜歡的音樂，讓那些音符如潺潺流水般的浸潤心田，那就是幸福……幸福就是享受你現在所擁有的一切，幸福就是做自己喜歡的事情並努力把它做好。這樣的幸福才真實。我們要享受幸福的過程，但也不能忽略幸福的結果。

「做自己喜歡的事，在感受幸福中悠然地變老。」這句話說得多好啊！許多人都害怕衰老，認為衰老就意味著失去了吸引力。衰老是一種自然規律，是生命的進程。如同春夏秋冬，花開花謝，小樹開始抽芽的時候就注定會有落葉的一天。如果我們不能接受童真的自我，不滿意過去和現在的自己，又怎能接受將來的自己呢？人生最簡單的幸福就在於把握現在，珍惜擁有。

在公園散步時，經常會看到祖孫三代人在一起的情景，還有什麼能比一家人在一起共享天倫之樂更幸福呢？當有一天，我們也老態龍鍾時，兒孫膝下承歡，這該是多麼的幸福！

人生應該是悠然的，悠然的人生是快樂的，而這個快樂一定是自己創造的。幸福不分年齡，只要做自己喜歡的事情，只要心地寬廣，誰都可以感受到幸福。

德國大哲學家路德維希‧安德列斯‧費爾巴哈（Ludwig Andreas von Feuerbach）說：「你的首要責任是讓你自己幸福。當你自己幸福，你就能讓別人幸福。幸福的人，會希望在自己周圍只看到幸福的人。」這句話還有另外一個意思，那就是，幸福不分年齡。

一位68歲的老太太竟然在退休多年後又找到「職場第二春」了，猜猜她做什麼？當DJ！她找到了前所未有的快樂。有人問她什麼時候退休，她卻笑著回答自己還沒有考慮過這個問題呢，因為她覺得自己充滿活力，而且很有「磁場」，也許這就是她找尋多年的幸福感吧！

　　把身段放低一點，幸福就在眼前。幸福不需要**轟轟**烈烈，是來自於內心最真實的感受。無論年輕還是年老，只要你感受到了幸福，你就是幸福的。

　　曾在一本書上看過一個故事：

　　再過兩天克林普就 30 歲了，但他卻對於踏入生命中的這個新階段感到不安，因為他擔心他最美好的時光即將不再。每天上班前去健身房運動是克林普的習慣之一，同時克林普也能見到他的朋友尼古拉斯。尼古拉斯是一個已經 79 歲，但卻十分矯健的老先生。在這個有些特別的日子，尼古拉斯注意到克林普沒有往日和他打招呼時那樣的有精神，就問克林普出了什麼事。克林普告訴了尼古拉斯他對邁入 30 歲所感到的困惑，克林普很想知道尼古拉斯這個年紀時會如何回顧自己的生命歷程，於是便問尼古拉斯：「什麼時候是您生命中最美好、最幸福的時光呢？」

　　尼古拉斯毫不猶豫地回答道：「當我在奧地利還是個孩子時，一切都被照顧很好，並在父母的細心呵護中長大，那是我生命中最幸福的時光。」

　　「當我進入學校獲得到我今天的知識時，那是我生命中最幸福的時光。」

　　「當我獲得第一份工作，拿到我努力後所得到的報酬時，那是我生命中最幸福的時光。」

　　「當我遇到我的妻子而墜入愛河時，那是我生命中最幸福的時光。」

　　「二戰爆發後，為了生存，我和妻子不得不離開奧地利。當我們一起安全地坐上了開往北美的輪船時，那是我生命中最幸福的時光。」

　　「當我們來到加拿大共同建立我們的新家時，那是我生命中最幸福的時光。」

　　「當我成了一名父親，看著我的孩子成長時，那是我生命中最幸福的時光。」

　　「現在，克林普，我 79 歲了，身體健康，感覺良好，而且依然深愛著我的妻子。所以，現在就是我生命中最幸福的時光。」

這個故事讓我們深刻地體會到：幸福沒有明天，也沒有昨天，它不懷念過去，也不嚮往未來，它就在我們每個人身邊，就在每個人眼前，時時刻刻陪伴著我們一天天變老。所以，幸福是不分年齡的。

貧寒也有幸福

　　除了提供物質享受外，財富並不能滿足人生的一切，尤其對人的精神生活來說，它只是無數工具中的一個。它不能帶來真正的愛情、友情、生命，以及內心的愉快和心靈的滿足。精神生活才是幸福的泉源，沒有精神上的快樂，任何物質本身都不能帶給我們幸福和滿足。

　　有一個富商經營一家大企業，他常感到又累且煩，因為他的生活都充斥著各種會議、報表、計畫，夜深人靜的時候，他還要合計帳務盈虧，一天到晚忙得不可開交。

　　他的鄰居是一戶貧寒人家，夫妻倆經營小生意，吃穿都不富裕，每天早出晚歸，風吹日曬，生活清貧而辛苦。然而，夫妻倆卻終日有說有笑，有時一顆蘋果，也是你咬一口我咬一日的共同分享，彼此臉上掛滿幸福的笑容，令人感動。富商的妻子非常羨慕，對丈夫說：「別看我們家有錢，可是我覺得還不如隔壁做小生意的夫妻，他們雖然日子窮了些，可是看起來卻比我們幸福得多。」丈夫一時說不出話來。

　　其實，幸福不是以財富的多少來衡量的。幸福是一種自我的感覺，一種源自內心深處的平和與協調，一個人過得好不好，不是看財富的多寡，而是能否用心去感受生活。也許有人會說，生活不可能一帆風順，總會有不盡如人意的地方。是的，但如果可以換個角度或換種心情來看待，也就沒有這些煩惱了。生活並非全部是外在物質構成，而要靠心靈去感受。如同一片葉子飄落，你能看見其中的詩情，也能感受其中的哀愁。用豁達、包容的心態看

待人生，即使生活再貧寒，也能感受到人世間的美好與幸福。

　　有位女生，30幾歲了才結婚，很多人都說她命不好、沒福氣，嫁給一位住鄉下而且家裡一貧如洗的男生。婚後，兩人一直過著拮据而清貧的生活，但她卻從貧寒的日子裡，感受著別樣的幸福。

　　秋天，夫妻倆人一起去田裡收玉米。「今年又是個豐收年啊！」望著碩大的玉米，夫妻倆的臉上掛滿了幸福的笑容。妻子說：「我摘玉米，你裝在車裡。」丈夫答應著，便開始了他們一天的農務。如此一來一回，摘下的玉米很快堆成一座小山。丈夫說：「別摘了，休息一會，我買了月餅和梨給妳吃。」妻子便停下來和丈夫一起坐到玉米堆上，邊吃邊計畫著何時能把農務做完。吃完了一塊月餅，丈夫又遞過來一顆梨：「來，再解解渴。」妻子接過來大口大口地吃著。丈夫在一旁看著她，臉上充滿著幸福。這時，妻子一翻身躺到丈夫懷裡，嘴裡不停地喊累，其實心裡早已如同打翻了蜜罐，幸福滿滿。

　　黃昏，他們收工回家。車子滿載，沒有妻子可以坐的地方，丈夫說：「妳坐在車頂上吧！天快黑了，我不放心讓妳一個人走路回去。」妻子說：「那麼高，我有點害怕。」丈夫說：「別怕，我抱妳上去。」說著便一把將妻子穩穩地放上去車頂。因為怕坐在車頂玉米堆上的妻子滑下，丈夫慢慢的開著車往前行駛。

　　剛開始車子搖搖晃晃的，妻子有點害怕，後來就適應了，心情也放鬆了很多。「你看我像不像《西遊記》裡〈天竺收玉兔〉那一集裡面騎著大象選親的公主？」妻子興奮地對丈夫說。「妳怎麼想到那兒去了？」丈夫逗得直樂。「你看我多麼高高在上啊，我比那個公主還要神氣，還要幸福呢！」第一次坐這麼高，妻子更興奮了。「妳跟我結婚後，我還沒讓妳過一天好日子呢？」丈夫眼圈紅紅的，有些慚愧。「我不覺得呀！我挺幸福的，我很滿

足，只要你對我好，我對你好，我就已經很知足了。」「等有錢了，一定買個 BMW 給妳坐！」「好啊！那我們就慢慢存錢吧！」

望著眼前這個她深愛，而他也深深愛著她的丈夫，妻子發自內心地笑了。

誰說窮人的日子就不開心呢？知足就是最大的幸福。夫妻倆人就是在貧寒的日子裡，感受著別樣的幸福。

可見，幸福的感覺與財富的多少並無必然的關係。簡單地說，就是不論貧寒還是富有，幸福都只是一種心理感覺，就看你自己如何感受。生活縱然有太多的誘惑、太多的追求和渴望，但只要正確把握，時刻都能感到幸福。生活中，幸福多到如身邊的空氣，充盈在你的周圍，而你卻懵然不知……好比時光老人給予的每天 24 小時一樣，每個人手上的幸福都是均等，只是因為每個人的態度不同而使幸福變得不公平。悲觀的人認為，幸福是那遙不可及的地平線，可望而不可即；樂觀的人認為，幸福就在身邊，就在眼前。開心地度過每一天，珍惜現在所擁有的，並把握時光，不留遺憾，這就是一種幸福。

一個人幸福與否不是因為所擁有財富的多寡，而是因為他計較得少，懂得發現和滿足。很多時候，得到幸福很容易，像上述故事中的妻子一樣，安心快樂地享受自己的生活，幸福便會像小草一樣蔓延，像空氣一樣散布於每個空間，只要你留意，幸福無處不在。

人所處的環境不同，往往福禍相依、苦樂參半，只要從容處世、看淡得失，積極努力地發掘生活中美好的一面，幸福的感覺就會接踵而至。幸福其實就在我們身邊、就在我們眼前、就在時空的分秒間，請記住，財富不是唯一的幸福，貧寒也有幸福。

平凡也是幸福

　　人一生下來，就要追求幸福。可以說，幸福是一種平常的、共性的觀念，而且幸福大多是相似的，但不幸則各有不同。

　　人類社會的進步與變化，固然需要英雄與偉人，但更多的是需要平凡而普通的人。人類的歷史是群眾創造的，是一個個平凡的人組成的群體。比如一塊磚，看似不起眼，但是任何一棟建築都是一塊塊普通而又平凡的磚蓋成。因此，平凡是一種幸福。

　　用心享受工作的快樂，用辛苦換得生活所需，雖然不能衣來伸手，飯來張口，但卻是一種平凡人的樂趣，也是平凡人的幸福。平凡地享受工作，才是平凡的幸福永恆的內涵。

　　心理學家說：幸福與心態積極密切相關。一個人如果堅持獲得幸福，那麼就幸福就會來臨。而心態消極的人，即使幸福悄悄的降臨，他也會毫無察覺，與幸福失之交臂。

　　誰都希望生活幸福快樂，快樂的人生是一趟成功的旅行，擁有快樂的心情會令人感到活著是美好的、幸福的。真正幸福美滿的人生不是過得如何舒適、活得如何安逸，而是要活得心安理得，快樂充實，在平凡的生活和工作中充分地將生命的價值發揮出來。

　　有一位在總統府的資深清潔人員，她說：「我的工作和總統府差不多，總統是在治理國家，我是在整理總統府，每天做好自己該做的事。」她說得那麼輕鬆怡然，令人感動，也令人深思。

　　生活中的我們也都在忙碌的「整理」中平凡地活著。往大處來看，是國家的事、部門的事；往小處來看，是家裡的事、鄰居的事，柴米油鹽等忙不完的事。平凡生活中的雜亂無章，是我們一生都整理不完的，有些甚至到生命結束，還要留下遺囑，讓後人們繼續。

法則 2　丟掉對幸福的誤解

或許她在達官顯貴面前，是地位低下、平凡的平民百姓，可是她並不自卑，而且還幽默地把自己的工作與國家最高執政者的工作相提並論，足見其心胸的豁達和坦蕩。世事滄桑，難道她在那種特殊的場合就一點感慨也沒有嗎？答案是否定的。只是她能透過表象，看到問題的本質，悟出人生的真諦。更重要的是，她在自己平凡的生活和工作中深深地感受著人生的幸福與美好。居廟堂之高也好，處江湖之遠也罷，只要每個人都做自己該做的事，平凡也是幸福，就像這位資深清潔人員一樣，每天都在認真地收拾府內的灰塵和垃圾，同時也把散落在心頭的苦悶和迷惘一併清潔。

然而，與這位資深清潔人員相比，生活中有很多人就不那麼安分，在權勢面前，他們自嘆不如；在金錢面前，他們汲汲以求。這些自卑者大都不滿足現狀，不甘於平凡，總抱怨生活不公平，悔恨生不逢時，但是面對到自己的工作卻一塌糊塗。這些人常常是小事不願做，大事做不來，結果往往是荒廢了自己的地，也沒種好別人的田。

其實，一個人活著從來不需要轟轟烈烈，平平淡淡才是真，不要期待過高，否則等待就是失望和煩惱。做人要面對現實，不要幻想那些浪漫的偶像劇情節，那些都是虛幻的，我們需要的是在平凡的人生中體驗真正的幸福。

平凡人的幸福，在於有一顆平凡人的心，這是易於滿足和獲得快樂的心，是寬容與善良的心，是樸實與感恩的心。有了平凡的心，就能維持本性，真實地生活，不會因汲汲名利而煩躁、苦楚。不被誘惑所擾，不為世態所累，無論風雨，都能享受到普照在心靈上的陽光。

平凡人的平凡生活並不排斥顯貴的生活和通達的仕途，而是面對生活始終能守住心靈的平凡，不讓無窮的欲念影響自己美麗的心情，不讓明天的煩惱在今天預支，是「夠用就好」、「活在當下」的平穩心態。有了這種平穩的心態，就能時常如沐春風，感受天倫之樂、友情之真、勞作之悅。快樂從

來不需要任何理由。正如著名哲學家尼采（Nietzsche）所言：「對於平凡人來說，平凡就是幸福。」

守住平凡，並不是在生活中的隨波逐流，更不是自我姑息與麻醉，而是能在紛繁複雜的世事中把持的一種智慧與釋然，是對人生追求但不苛求、知足但不滿足的積極心態，是善待自我、固守寧靜的閒淡灑脫，是保持高雅、心懷感恩的誠摯平和，是有著甘地（Gandhi）式的「簡樸的生活，崇高的思維」。

有一對幸福恩愛的小夫妻，他們本來過著節儉、快樂、幸福的生活，直到有一天，丈夫意外地拾到一條紅髮繩後，原有的幸福生活漸漸地離他們遠去了。

丈夫把撿來的髮繩繫在妻子的頭上後，大家都覺得他妻子比以前漂亮了。但丈夫很快的發現妻子的圍巾顯得有些土，於是又用家裡的積蓄為妻子買了新圍巾，大家都誇他的妻子更漂亮了。但丈夫又覺得妻子的上衣太舊了，於是又為妻子買了新上衣。就這樣，丈夫為妻子花光了家裡所有的積蓄還欠下了債務，但仍然滿足不了妻子日益增加的需求，甚至，大家覺得他和妻子有些不適合。於是，夫妻倆終日奔波在焦慮與無奈中。

小夫妻原本是一對過著屬於自己平凡且幸福快樂生活的人，但由於沒有經得住那個偶然的微小誘惑，那顆平凡人具有的平凡心被打碎了，從此走上了痛苦與煩惱的不歸路。

其實，把握住平凡和平凡人生的幸福很簡單，只要你善於發現生活中的點滴快樂，感受平凡中的美麗，久而久之，就會匯成幸福的涓涓細流，定調成你生活的底色。否則，就如古希臘學者蘇格拉底（Socrates）所言：「當我們為著侈的生活疲於奔波的時候，幸福的生活已經離我們越來越遠了。」

所以，擁有一顆平凡的心，感受平凡人的幸福，你會發現，平凡也是一種幸福。

幸福的人大都知足

知足就是對已經得到的生活或已經完成的願望感到滿足。知足就是認同已經實現的目標和願望，充分肯定目前的生活狀態，並始終保持愉快平和的心境。知足並不是安於現狀，不思進取，故步自封，而是加倍珍惜現有的收穫，充分享受已經取得的成果，也是充分發掘現有的潛力。

生活中，我們對生命即使有無限的企圖，也必須落實在有限的成就上，哪怕是今晚讀了一篇好文章，給精神一個小小的滿足，我們也都應該為此而感到幸福。

孔子盛讚弟子顏回：「一簞食，一瓢飲，在陋巷，人不堪其憂，回也不改其樂。賢哉，回也！」顏回對於生活的簡單，充滿著快樂，這實在是很高的境界，這也應該是每一個人快樂的底線。這不是故步自封，不是自命清高，不是小富即安，而是一種知足的幸福，一種簡單的快樂。

「外化而內不化」，躲開世俗的喧囂和誘惑，保持內心的一份寧靜，在簡單和知足中快樂而幸福。

在我們的身旁，有些人雖然沒有浪漫的際遇，但卻腳踏實地的生活；有些人雖然沒有美麗的容貌，但卻能以自己的真誠與善良贏得真愛；有些人雖然沒有過多的財富，但卻因自己的勤勞而自得其樂；有些人雖然沒有過人的天分，但卻以執著的信念攀上巔峰；有些人雖然沒有一帆風順的運氣，但卻以勇往直前的意志不斷前進……這些都是因為：他知足，他幸福。

要相信上帝永遠是公平的，祂關閉了你人生中的一扇門，但並沒忘記幫你點燃生命中的一盞燈。面對太多的不如意，無須怨天尤人，坦然面對成敗得失，在恬淡、平靜中學會知足並正確對待和把握人生。

舉個明末清初的故事為例：

杭州有個叫常樂的秀才，年約 30，卻沒有考中舉人。父母雙亡，孤身一

人，家中一貧如洗。靠賣字畫為生，遇到字畫賣不出去時，只能沿街行乞。

一個寒冬的傍晚，北風刺骨，寒氣逼人，衣衫單薄的常樂行乞回家，一路上冷直打顫，正好路過一座石橋，就鑽到橋下避風。橋下有一堆剛熄火，還在冒著青煙的灰堆散發出一股熱氣。常樂喜出望外，把凍僵的雙手靠進灰堆，身子立刻暖和起來。他高興得自言自語：「滿足乎？滿足也哉！常樂我知足者矣！」這時，恰巧一位告老還鄉的撫臺大人從友人處歸來，騎馬路過，聽橋下有人不斷吟唱「滿足、知足」，心想：「我在官場多年，爾虞我詐，貪得無厭者不勝枚舉，讚嘆滿足、知足的倒是極少。」便下馬到橋下瞧瞧。常樂不知來者身分，見他慈眉善目，衣著華麗，便施禮叩見。撫臺問他這麼冷的天氣，為何在此詠誦「知足」。常樂當即吟詩一首作答：「十年寒窗苦讀書，名不聞來功不就；家境貧寒無奢求，天寒見灰亦知足！」

撫臺被他「知足常樂」的精神所感動，便聘他為塾師，教導膝下一對子女，常樂自是十分樂意。

光陰似箭，半年多過去了。常樂有了安身立命之所，不愁吃穿，手上有了銀兩，生活也逐漸放縱。一開始是吃吃喝喝，後來又染上嫖賭的惡習，把束脩花個精光，還背了一身的債。債主上門追討，撫臺大人大怒，寫了封信，對常樂說：「明天一早，你不要授課，把這封信送到去年我們相見的石橋旁，交給一個叫喬尚觀的人。」第二天清晨，常樂帶著信按時來到石橋旁，等了半天，不見人影。太陽已經升到中央，常樂問了幾個路過的人，都說不姓喬，心中納悶，莫非是大人把時間或地點搞錯了。不由從懷中取出信來，一看「喬尚觀」三字，他靈機一動，「莫非是暗示我到橋上去觀此信？」便立刻走到橋上，抽出信箋看了起來。信裡原來寫著一首詩：「常樂先生不滿足，忘了橋下灰一堆；如今吃喝又嫖賭，樂不知足反生悲！」常樂知道這是辭退書，他咎由自取，只好垂頭喪氣地回到自己原來住的那間破房子，繼續過著窮困潦倒的生活。

這個故事告訴我們：知足是一種珍惜，珍惜自己當前得來不易的一切，珍惜自己生命中的一切可貴之物。知足，是一種清醒，也是一種沉澱。莊子講：「鷦鷯巢林，不過一枝；偃鼠飲河，不過滿腹。」誠然，知足就是摒棄浮華，拒絕誘惑，保持平靜，堅守淡泊，化繁為簡，悠然自得，在人生旅途中輕裝上陣，瀟灑前行。因為知足，你才能在坎坷的人生中步伐堅定，從容不迫；因為知足，你才能在曲折的征途中充滿自信，昂然前行。

　　幸福的人大都知足。如果懂得知足，那你就會是個很幸福的人。就像再綿長的河流，也有盡頭；再挺拔的高山，也有頂峰。人生只有一次，不能總是沉醉在永不滿足的欲望裡。太陽是無私的，以它的光亮照射在茫茫宇宙間；大地是無私的，用它的乳汁撫育著我們。人的生命不能因為永不滿足而去追求無窮無盡的物質利益。印度曾有一位哲學家說：「不知道滿足的人，是多麼不幸。」什麼是滿足？什麼是不滿足？滿足就是擁有的比想要的多，不滿足就是想要的比擁有的多。當你想擁有的更多，就會覺得自己生活中還有欠缺的地方，知足就會變成沒有盡頭。人們不幸的由來，來自看不見自己的幸運；不滿的由來，則是不知道自己早該知足。如果你不覺得自己是幸運的，你又如何感受到幸福呢？

　　幸福就是知足。知足的人，一定會幸福。

不要對幸福的人抱持偏見

　　經歷越多，教訓就會越多。但是，經歷過苦難不一定就會變得聰明。有些人，經歷過越多的苦難，脾氣變得越差，而認為幸福的人都比較幼稚，這也是一種偏見。

　　「幼稚」在字典裡有「想法和行為有不成熟」的意思。如果把一個大人的語言和行為評論為「幼稚」，那將是一件非常失禮的事情。站在被評論人

的立場上來看，這無異於是責備自己。但有些人卻習慣性地喜歡用這個詞。任何事情，如果有一點不滿意的地方，他們就會輕易地判定為「幼稚」。可惜的是，這些喜歡說別人幼稚的人，幾乎沒有一個人具有成熟的人格。

越是成熟和年長的人，越會注意自己的言行。那些喜歡說別人幼稚的人，特別是喜歡用「幼稚」來指責態度積極的人，對他們來說，不幼稚的事情就是絞盡腦汁貶低自己不喜歡的人。如果希望能有更好的人生，那就不要理會這些人的指責，而是成為一個「幼稚」的人，多和同樣「幼稚」的人交朋友。這些「幼稚」的人，往往會把世界想像成如同童話般純淨明亮。這不是因為他們不了解世間的艱難險惡，也不是因為他們的思想水準較低，當你和他們相處時就會發現，越是這樣的人，越具有寬闊的心懷。他們懂得，這樣的人生態度才可以讓自己在這個世界中更好地生存。和擁有這種「幼稚行為」的人相處時，與那些不考慮他人情緒、不懂事的人不同，完全不會產生不愉快的感覺。因為追根究底，幸福的本質不就像孩子一樣快樂，接近幼稚嗎？

多和懂得這些道理的人在一起，你也會成為雖然幼稚卻很幸福的人。因為，幸福都是會互相傳染的。更何況，幸福的人並不是閉上眼睛生活在這個世界，他們有自己接受事物的方式。

人們常用「溫室裡的花朵」來形容生活在幸福中的人，但很多時候，這個形容詞卻溫和地包裝了大家的嫉妒和偏見。事實上，我們都有一種期待，希望在不盡如人意的生活和經歷過的苦難中可以得到應有的補償。

如果這些期待能夠發揮積極的作用，讓我們認為「苦難終會過去，我要自信地努力生活」，那將是不幸中的萬幸。然而，奇怪的是，有些人卻喜歡以貶低別人的幸福來撫慰自己心靈上的創傷。

千萬不要讓自己沉浸在無人回應的獨斷指責中，勇敢地去接近並結識那些幸福的人吧！讓曾經因為辛苦和傲慢而忘記的幸福滋味，從那些幸福的人

法則 2　丟掉對幸福的誤解

身上感受到。如果你長久以來固執己見，與那些看起來幸福的人劃清界線的話，那麼，現在就該清除這條無形的界線，因為他們是值得交往的朋友。如果你是一個有很多抱怨和不滿的人，那麼，更應該向他們學習「幸福的技巧」。

至於如何學習幸福，結合專家的經驗總結如下：

第一，盡力改變看問題的角度，經常往好的一面看，別被消極或者痛苦的事情糾纏。

第二，要想解決問題的辦法，別老是專注在問題自身。

第三，聽一些放鬆而又鼓勵人心的音樂。

第四，每天空出一點時間讀幾頁鼓勵人心的文章或是書籍。

第五，留意思考方向。一旦想起了不好的事情，趕緊停止，轉念到高興的事情。

第六，每天都做點自己喜歡的小事，例如買一本書、吃點喜歡的食物、看喜歡的電視節目或者電影、在街上散步等等。

第七，每天至少做一件讓別人高興的事。可以是一句話來溫暖同事的心，也可以是開車時在路口對行人謙和的禮讓，也可以是在公車上讓座，或者給你喜歡的人一件小禮物。因為，在別人高興的同時，自己也開心，別人也會同樣回報你。

第八，不要嫉妒那些幸福的人，應當為別人的幸福而感到高興。

第九，與幸福的人來往，向他們學習，讓自己幸福。

一個人活在世上，與其花費精力嫉妒那些條件比自己優越，過得比自己幸福的人，不如專心追求自己的幸福。那些比我們幸福的人，不是我們的競爭者，而是我們應該學習者。

如果你目前的生活，離幸福還有一段很遠的距離，那麼，你更應該結交那些幸福的人，那些以某些人的標準來講是「虛偽」的人。學習他們「創造

幸福的心態」，總有一天你也可以得到幸福。

你要知道，讓你真正感受到幸福的，往往很細微的事，當你隨時把感受幸福的開關打開，你的人生就可以幸福。

林清玄曾經做過一次關於幸福的演講，他在演講中明確地號召年輕人「學習幸福」。他說，幸福是需要學習的。有一年，他到大學演講，晚上友人帶他去散步。看到好多年輕人在談戀愛，很浪漫，但友人告訴他，每年都有不少人為情自殺，而且以年輕人居多。他還說，有一次他在網站看到一篇短文，說日本的東京有一個年輕人想尋短，計畫在富士山上自殺，他的車可以坐 7 個人，一個人去自殺未免太孤單，於是想找 6 個願意跟他一起自殺的人。結果應徵者有 100 多人，最後沒辦法，他只好出一張考卷，考前 6 名的才可以一起自殺。

看到這樣的新聞，他心裡就很沉重、很痛苦，為什麼世界上有些年輕人會尋短？甚至就這樣死了，原因何在？那是因為這些年輕人都從來沒有真正地活過，所以會輕易地選擇死去。他說他從小到大都沒有想過自殺，因為活著的時間都覺得太短，哪有時間去自殺？他說他有一天在街上散步，走到一個街角，看到一個小孩子蹲到那裡，旁邊擺著兩個汽水瓶，那個小孩子臉上充滿了幸福的光芒，為什麼？小孩子坐在那兒打嗝。他到小學三年級還從來沒有喝汽水喝到打嗝。於是他很羨慕這個小孩子喝汽水喝到打嗝，多麼幸福啊！

生活中，我們羨慕別人是因為我們期待完美，期望可以活的更好。可是我們卻忽略了，每個人的處境都不同，別人永遠無法模仿。不過我們可以透過觀察別人的長處來修正自己的短處，與其仰望別人的幸福，不如注意別人經營幸福的方法；與其羨慕別人的好運氣，不如借鑑別人努力的過程。

林清玄的演講很令人感動。不要去羨慕，也不要去嫉妒別人，好好細數

法則 2　丟掉對幸福的誤解

上天給你的恩典，你會發現你所擁有的絕對比失去的更多。而缺失的那一部分，雖不可愛，卻也是你生命的一部分，接受它且善待它，你的人生會快樂、豁達，幸福許多。

不必去羨慕別人，更不必去嫉妒別人，守住自己已擁有的，想清楚自己真正想要的，我們才能真正地幸福快樂！記住，不要對幸福的人抱持偏見，幸福是能夠傳染的，也是可以學習的。

法則 3　每天保持精力充沛

　　人人都希望有充沛的精力，也都有過精力充沛的時候。然而現實生活中，不是每個人都能精力充沛，更不是每個人都可持續如此。如果想每天都能保持精力充沛，首先要熱愛生活。人們的充沛精力大多來源於對生活的熱愛和對美好未來的憧憬。一個人當只有覺得生活中處處充滿陽光、充滿歡樂、生活無限幸福美好時，才能保持積極向上的生活態度，經常以明智的思想、觀念來激勵自己，時時想到自己是幸福而充實的，保持心情舒暢，在寧靜而平凡的生活中享受最純摯的幸福人生。

訓練注意力高度集中

　　注意力的集中，需要透過訓練來獲得。那麼，如何訓練自己注意力，提高自己專注力？首先應該為自己設定一個提高注意力和專注力的目標，從現在開始時刻提醒自己，我比過去更容易集中注意力。不論做任何事情，一旦投入，就能夠迅速地不受干擾。這是非常重要的。例如，今天你對自己有這個要求 ── 在注意力高度集中的情況下，把新的工作事項內容基本上一次記下來。當你有了這樣一個訓練目標時，你的注意力本身就會高度集中，排除干擾。

　　在軍事上把兵力隨意部署，導致被敵人各個圍殲，這是敗兵之將。這與我們在學習、工作和事業中相同，將自己的精力漫無目標地隨意安排，永遠會是一個失敗者。學會在需要的任何時候將自己的注意力集中起來，這是一個成功者的優秀特質。培養這種特質的第一個方法，是要有這樣的目標。

　　保持良好的注意力，是大腦進行感知、記憶、思考等認知活動的基本條件。在我們的學習和工作過程中，注意力是打開我們心靈之門，而且是唯一之門。門開得越大，掌握的東西就越多。一旦注意力渙散了或無法集中，心靈之門就關閉了，一切有用的知識和資訊都無法進入。正因為如此，法國生物學家喬治‧居維葉（Georges Cuvier）說：「天才，首先是注意力。」

　　正常情況下，注意力讓我們的心理活動集中於某一事物，有選擇地接受某些資訊，抑制其他活動和資訊，並集中全部的心理能量用在所選擇的事物。因此，良好的注意力會提高我們工作與學習的效率。否則，將適得其反。

　　舉個故事為例：

　　戰國時期，有一位有名的下棋高手叫奕秋。由於他棋藝高超，聲名顯赫，各地慕名而來的學生不少，結果有些學生只學了半年，便成了下棋高手；可有些學了一年，甚至兩年，還是棋藝不精。有人便去問奕秋，這是怎麼一回事？

奕秋說：「下棋是個簡單的技藝，可是如果注意力不集中，不能專注仍然是學不好的。從前我收過兩個學生，一個學生聽我講解棋藝時注意力非常集中，又認真觀察我下棋，天天想的、看的、聽的、做的都是下棋，結果棋藝大有長進，只用了半年時間，就成了全國的下棋高手。另一個學生，我講解棋藝時，他端坐在那兒，看似在聽課，其實他的心裡早就胡思亂想了。他是總幻想天空中有一隻天鵝飛過，他正要拉開弓來射它呢！我的話，他根本聽不進去。我下棋時，他也不認真觀察，一會兒玩弄這個，一會兒張望那個，像這樣的學生，別說教他一年，就是教他十年，也是學不好下棋。」

「人世間有許多知識需要學習，但要能高度集中注意力才能學到；人世間又有多少事情要做，但只有專注才能做好，並不是只有下棋才這樣。」

奕秋這個故事給我們很深的啟發，說明再怎麼能幹的人，做事也要認真。所謂認真，也就是全心地投入，聚精會神，不受任何干擾，不分心。

在許多時候，考察一個人到底有多大的能力，不能只看他能不能做，還得看他是否具備高度集中注意力，可以排除各種干擾。生活中，我們經歷的許多失敗和挫折，不是我們沒有能力做，而是我們沒有高度集中注意力，在最需要認真的時候分神了。

培養自己注意力的方式是訓練自己能在各式各樣的環境下專心學習或工作。一旦確定了要做的事，就要有計畫、有目的地集中注意力，去做好它，不受其他事物的影響和干擾。曾有一位年輕人為了訓練注意力，常到喧鬧的場所讀書，而且不受周圍環境影響，堅持不論讀書學習，還是工作，都把它們當做鍛鍊注意力的機會和場合，久而久之，良好的習慣就逐漸形成了。

集中全部注意力是做好一件事情的基本條件。所謂集中注意力，也就是平常所說的專心。高度集中注意力，也就是專注，這是天才的重要特質。但這個特質是可以透過後天的訓練來培養和提高。

梅蘭芳先生從一個資質普通的小孩成為世界著名的藝術家，他的成功值

得我們深思。

　　眼神是演員的生命，梅蘭芳先生是如何訓練靈活的眼神呢？說來也有些戲劇性，他是透過放鴿子。

　　以前有許多人愛養鴿子，梅蘭芳先生小時候也非常喜歡養鴿子。鴿主每天把自家的鴿子放出去，讓鴿子在天空飛翔。鴿主在地面觀察與指揮，利用一根長竹竿，上面綁一條紅布條，指揮鴿子起飛，如果換成綠布條，就是要鴿子下降。鴿子也有一個有趣的習性，喜歡相互跟飛，如果自家鴿子訓練得不熟練，很有可能被別人家的鴿子拐走。梅蘭芳先生要手舉高竿，不斷搖動，發出訊號給鴿子，同時還要仰著頭，睜大眼睛注視著高空中的鴿群，極力分辨出裡面有沒有混入別人家的鴿子。長久訓練下來，眼皮下垂竟然治好了，呆滯的眼神變得靈活傳神，視力提高，臂力和腰勁提升，注意力也更加容易集中，學戲的效率提高，思考能力也增強。

　　這種做法之所以會產生如此好的效果，是有其道理的。當人的雙眼長時間凝視在某一點時，視野就會變得狹窄，那些容易導致注意力分散的事物也會被忽略，因此人的思考範圍也相對狹隘，從而注意力更加集中。

　　古代練習射箭的人，將一個中空的小銅錢掛在遠處，經常遠遠注視它，分辨銅幣的空心，練到一定程度的時候，再練習注視高空中的飛鳥，極力分辨鳥頭和鳥身與其他部位，長期堅持訓練，後來不僅增強了視力，而且還增強了集中注意力的才能。據說，這是訓練神箭手的方法。

　　在生活中，一旦選擇做某件事情就必須堅持下去，從入門開始逐步熟練，最後完成這件事。完成這件事後，能力也就培養出來了。每件事都能這樣從頭到尾堅持不懈，不但可以讓你的事業成功，生活愉快，更重要的是能夠讓你從中感受到無盡的幸福。

鎖定明確的目標

有位父親帶著三個兒子到草原上捕捉野兔。到達目的地，一切準備妥當，開始行動之前，父親對三個兒子提出了一個問題：「你看到了什麼呢？」

老大回答道：「我看到了手裡的獵槍，在草原上奔跑的野兔，還有一望無際的草原。」

父親搖搖頭說：「不對。」

老二回答道：「我看到了爸爸、大哥、弟弟、獵槍、野兔，還有茫茫無際的草原。」

父親又搖搖頭說：「不對。」

而老三的回答只有一句話：「我只看到了野兔。」

這時父親才說：「你答對了。」

這個故事告訴我們，漫無目的或目標過多，都會阻礙我們前進，只有認定目標，才能在成功的道路上少走彎路。要實現自己的願望，必須排除任何不切實際的幻想，否則最終可能一事無成。

目標是一個人對所期望成就事業的真正決心。目標不是幻想，因為一個確實可行的目標完全可以帶來實現的滿足感。一個沒有目標的人，如同盲人騎瞎馬，前途堪慮。但是，有了目標後，必須要認定它、鎖定它。因為模糊不清的目標無法帶給你想要的結果，反而會讓你陷入迷惑之中，讓你覺得成功太遙遠，可望而不可即。或者因為目標無法確定，而最終成為一紙空文。

有句英國諺語說：「對一艘盲目航行的船來說，任何方向的風都是逆風。」

沒有目標，夢想便是無的放矢，無處歸依。有了目標，才有鬥志，才能開發潛能，也才有可能實現願望。

法則3 每天保持精力充沛

生活一旦沒有目標，有可能放任自流，隨時都有觸礁或被巨浪吞噬的可能；工作沒有目標，就可能漫無目的，過得渾渾噩噩，遑論成功。所以，只有鎖定目標才能達成結果。

前美國財務顧問協會總裁路易斯沃克在接受一位記者採訪時被問道：「一個人不能成功的主要因素是什麼呢？」

沃克回答：「模糊不清的目標。」

許多成功人士都有過這樣的親身感受：明確的目標會帶給你激情的火花，它就像成功的推進器，會推動你向成功靠近或飛躍。一個人如果沒有明確的目標，就會失去崇高的使命感，同時也就喪失了進取的活力。

有了美好的理想，你就看清了自己想要獲取什麼類型的成功；有了明確的目標，你就會有一股無論順境還是逆境都勇往直前的衝勁，就能達成你一直努力的夢想！

某商學院的學生集體到野外登山，老師想讓這次活動更有意義，於是預先將一面旗幟插在隱蔽的地方，對學生們說：「在這座山上我插了一面旗幟，你們現在就出發去找它。最先找到的人將擁有這面旗幟。」於是學生們興高采烈地出發去尋找了，可他們越找越累，最終失去了興致，都在山上坐了下來。

老師鳴哨集合，對大家說：「現在我把旗幟插在下一座山頂上，從這裡到那兒有四、五條路，你們分成三組，各選一條路，哪一組能率先到達，那一組就能擁有這面旗幟。」於是三組學生各自推選了一名隊長，這三位隊長各選了一條路，同時出發。他們先後接近山頂，就在他們即將到達山頂時，都發現了那面旗幟，每個隊員都奮力向前，沒有人因為勞累和疲倦而抱怨和放棄。

登山結束後，老師意味深長地說：「山上的旗幟就是目標，在你們一生裡，每一次行動都要有明確的目標來指引，千萬不要漫無目的地到處亂跑，否則你們可能什麼也得不到。天底下所有的收穫都屬於那些有明確目標的人。」

要怎樣確定自己的目標呢？

首先要從自身需求入手。樹立明確的目標，需要你在自身需求上做出準確的判斷，根據自身的實際情況制定目標。成功大師拿破崙‧希爾（Napoleon Hill）說：「我們不能把目標放在虛渺裡，因為目標指引我們的注意力朝向問題的解決或機會的掌握。你必須依據自己的需要和希望，留意需要什麼。」隨著外界環境的不斷變化，一個人的欲望和需要也時時處於變化之中。因此，你必須經常審視自己的需要，修訂自己的目標與活動清單。最好每隔幾個星期就回顧一次。這樣，你的目標才不會偏離正確的軌道。

其次，目標不要過於籠統。清晰的目標應該具有「選擇性」，而非包羅萬象，涵蓋一切。如果你的目標過於籠統，就會限制你的能力的發揮。因為不管你多有能力，如果你的目標範圍過大，沒把精力集中到特定的目標上，這樣有限的精力就會被過度分散，降低工作績效。要想捕到鳥禽，就必須瞄準其中的一隻，而不是盲目向鳥群射擊。只有集中有限的精力，才能最大限度地做好自己的工作。

最後，要學會分化目標，各個擊破。偉大的目標必定是面向未來的。但這個目標往往距離現實太遙遠，在日常的工作生活中很難看到明顯的成果。而人們又有一個普遍的心理：如果工作到了一定的時間和程度，仍沒有看到進展，就會產生焦躁不安和厭倦的情緒，對手上的工作也失去興趣。這樣你就很難激發對工作的積極性，自然工作會停滯不前。在這種情況下，你可以透過把大目標細分成一個個小目標，利用設定分期目標來解決這個問題。相對於大目標來說，小目標容易呈現成績，它更容易讓你在較短的時間內看到成果。這對每個人來說都是最好的激勵。而當你一步步地完成這些小目標的時候，大目標也就實現了。

從某種意義上講，清晰的目標應該像火車的時刻表。時刻表上明確地說

法則3　每天保持精力充沛

明某班火車幾點幾分自某地發車，幾點幾分抵達某地。有了清晰的目標，還必須規定出明確的完成期限以及應該達到的標準。盯住目標，不要讓自己被其他事分神。有了明確的目標後，你還需要有具體的實施計畫。只設定了目標是不夠的，因為設立目標時考慮的只是「是什麼」的問題，而實現目標則需要考慮「如何進行」。

在實現目標的過程中，最重要的是盯住目標。只有緊緊地盯住目標，將全部精力集中在目標的完成上，才能更快、更好地完成任務。如果你隨意地選擇，結果只能是「事倍功半」，甚至是「徒勞無功」。

有一個老師說一個故事給孩子聽：有三隻獵狗追一隻土撥鼠，土撥鼠鑽進了一個樹洞。這個樹洞只有一個出口，不一會兒，居然從樹洞裡鑽出一隻兔子。兔子飛快地向前跑，並爬上另一棵大樹。兔子在樹上，倉皇中沒站穩，掉了下來，砸暈了正仰頭看的三隻獵狗，最後，兔子終於逃脫了。故事講完後，老師問：「這個故事有什麼問題嗎？」有人說：「兔子不會爬樹。」還有人說：「一隻兔子不會同時砸暈三隻獵狗。」直到再也沒有人能挑出毛病了，老師才說：「還有一個問題你們沒有提到，土撥鼠哪去了？」

獵狗追逐的目標是土撥鼠，可牠們的注意力卻被突然冒出的兔子吸引走了，而忘了最初的目標。在追求目標的過程中，經常會半路衝出隻「兔子」，分散你的精力，擾亂你的視線，讓你中途停下來，或者走上岔路，而放棄了自己原先追求的目標。例如，本來要進一步完善策劃方案的，卻發現自己的著裝總不招人喜歡，於是潛心研究服裝搭配，再不理會策劃方案的不足和缺陷了。

因此，鎖定目標是提高績效的基礎。只有盯住「土撥鼠」，盯住目標，你的奮鬥和努力才會有意義，工作能力才會隨著目標的逐步實現不斷增強。

掌握良好的情緒

　　情緒是一種心理感受，是個人對外界刺激主觀的、有意識的體驗和感受等一系列主觀認知經驗的通稱，引起這些反應的刺激可能來自體內、內在的思緒或環境。我們無法直接觀察內在的感受，但是可以透過其外顯的行為或生理變化來進行推斷。在生理反應上最普遍、通俗的情緒行為，包括喜、怒、憂、思、悲、恐、驚七種。行為在身體動作上表現得越強，就說明其情緒越激烈，如喜時會手舞足蹈、怒時會咬牙切齒、憂時會茶飯不思、悲時會痛心疾首等，都是情緒在身體動作上的反應。

　　情緒不可能被完全壓抑，但可以進行有效引導、有效管理和適度控制。只有控制好自己的情緒，才有幸福生活的可能性。

　　心理學家把人類的煩惱和痛苦分為兩類：一類叫做「必要的痛苦」，如喪父（母）、喪偶、喪子等，無論誰遇到了都會痛苦；另一類是「自找的痛苦」，人們在生活中嘗到的很多痛苦都是自找的。

　　對於那些必要的痛苦，我們必須學會接納它，與它和平共處，這樣才能控制它。人們在面對不好的情緒時，越是害怕它、關注它，就越是在不斷地給它能量，它就越會變本加厲，如同小孩子調皮，大人越生氣，有些小孩子反而越來勁。對於一些不好的情緒，我們要忽略它，如果整天提心吊膽，擔心它的出現，它反而會找各種理由出來。

　　快樂和痛苦都是相對的。任何事情都一體兩面，好壞都有。當我們感受到事物壞的一面，我們就會痛苦；但我們感受到事物好的一面，我們就會快樂。在生活中，如果總是從消極面去看事物，我們就永遠享受不到快樂。

　　另外，我們在經歷一件事情的時候，兩種截然不同的情緒體驗可能同時存在。在網咖裡上網聊天，一方面感到很開心，另一方面又覺得浪費時間。任何事物對我們來講都是利弊皆有，如果我們兩方面都能感受得到，但又不

能處理地很好，情緒就會是矛盾的，而這種矛盾的情緒正是心理疾病滋生的溫床。有些人一邊花錢享受，一邊心疼後悔，我們稱這類人「享受能力低下」。其實可以這麼說，人們奮鬥的原因就是為了享受生活。

我們的行為常常會由情緒來驅動，很多行為是受情緒左右的。例如，有的人一輩子就是為了愛，追求自己所愛的人；有的人一輩子都在奮鬥，就因為從小受到他人的歧視，一定要爭一口氣。情緒來得越高，對行為的驅動就越強，到最高點時我們的行為就會完全失去理智，出現衝動行為。

例如，有的人越害怕女朋友不忠，就越容易發現一些「蛛絲馬跡」；越害怕同學反感，就越容易感受到同學的排斥。

一種情緒產生之後，常常伴有能量的累積，累積的能量就需要釋放出來。如果總是累積而不釋放，就會鬱積成病。所以，我們有了情緒就要表達。該如何表達呢？

一、向自己表達。所謂向自己表達就是向自己的內心表達，讓自己很清楚地認識到自己累積情緒狀態及其來源。平時，人們很少關注自己的情緒，所以，患憂鬱症的病人，通常不是一開始就尋求身心科就診，而是到其他科別就診。人們在不高興的時候，常常不是用自己的語言來表達，而是用身體來表達，比如一個人生氣了，他可能意識不到生氣，但卻感覺到胸悶氣憋。如果想要控制自己的情緒，首先就要學會關注自己的情緒，時常審視自己，看看自己是怎樣的情緒狀態，緊張、焦慮、生氣，或者是失戀了等等。常常不關注或否定自己的情緒，這是最糟糕的。

二、向他人表達。你可以找人聊天，找你的親人和朋友，向他們表達；還可以向專業的諮商心理師表達。

三、向環境表達。當你不高興的時候，去跑步、去旅遊。當站在山頂俯望山谷，或者站在海邊看日出，你就會覺得那些不高興的事情沒什麼大不了

的。你還可以到深山裡去高喊，或者把自己關在屋子裡打沙袋，如果你願意的話還可以用頭去撞牆，當然要輕一點。這些都是向客觀環境表達。

歌德失戀以後，將自己失戀的痛苦體驗轉變成一種藝術創作的泉源，把當時那種悲痛的情緒轉變成一部不朽的藝術作品——《少年維特的煩惱》——留傳下來。真正有生命力的藝術作品，都是作者內心真實的情感寫照。《命運交響曲》，也正是貝多芬感嘆命運滄桑之時創做出來的。當然，如果你實在沒有藝術創作的天賦，你可以去欣賞藝術。藝術作品的欣賞和創作，既可以把自己的情感表達出來，同時也不傷害別人。

情緒不好對我們的身心都是一種損害。比如我們焦慮的時候，認知能力就會下降。還有一些人會注意力下降、記憶力減退等等，其實他們不知道這實際上是憂鬱或焦慮情緒的表現。

所以，要想獲得幸福，我們必須隨時隨地學會調整自己的情緒，如何調整，要根據個人的情況而定。有些專家列出了以下一些建議，值得關注。

一是意念控制。當氣憤難平的情緒即將爆發時，要用意志力控制自己，提醒自己應該保持理性，還可進行自我暗示：「別生氣，生氣會傷身體」。有涵養的人一般能做到意志力控制。

二是自我鼓勵。用某些哲理或名言安慰自己，鼓勵自己與痛苦、逆境對抗。自我鼓勵，會使你的情緒好轉。

三是語言控制。語言是影響情緒的強有力的工具。當你悲傷時，朗誦有趣的語句，可以消除悲傷。用「息怒」、「忍」、「冷靜」等自我提醒、自我命令、自我暗示，也能調整自己的情緒。

四是環境制約。環境對情緒有重要的調整和制約作用。情緒壓抑的時候，到外邊走一走，可以調整情緒。心情不舒服時，到遊樂場玩玩遊戲，會消愁解悶。情緒憂慮時，最好的辦法是去看看喜劇電影。

五是安慰。當一個人達不到所追求某項目標時，為了減少內心的失望，可以找一個理由來安慰自己。這不是自欺欺人，而是偶爾做為緩解情緒的方法。

　　六是轉移。當怒氣上升時，轉移話題或做其他事情來分散注意力，可讓情緒得到緩解。打打球、散散步、聽聽流行音樂，也有助於轉移不愉快情緒。

　　七是宣洩。遇到不愉快的事情及委屈，不要放在心裡，向知心朋友或親人訴說出來或大哭一場。這種發洩可以釋放內心鬱積的不愉快情緒，有益於保持身心健康，但發洩的對象、地點、場合和方法要適當，避免傷害別人。

　　八是幽默。幽默是一種特殊的情緒表現，也是人們適應環境的工具。具有幽默感，可使人們對生活保持積極樂觀的態度。許多看似煩惱的事物，用幽默的方式面對，往往可以使人們的不愉快情緒蕩然無存，立即變得輕鬆起來。

　　現實生活告訴我們，一個人的情緒如果能得到有效紓解，幸福自然不會遙遠。

養成良好的習慣

　　習慣在無形中影響著我們的一舉一動，在不知不覺中左右著我們的行為，影響著我們做事的結果。好的習慣將幫助我們更快地成功，獲得幸福，而一個壞習慣足以把我們全部的努力付諸東流。有人說：「性格決定命運。」這句話另一含意是說：性格決定習慣，習慣決定細節，細節決定成敗。之所以要養成良好的工作習慣，是因為性格是個虛無的概念，可以理解領會，但是看不見。只有習慣這個東西，我們能看得見，可以左右。

　　我曾經認識一個臨時工。雖然他的教育程度不高，可是辦事一板一眼。每次外出回來都要彙報詳細的情況 —— 詳細到誰請他吃飯，說了什麼話，

交代他辦的事情更是彙報得一清二楚。其實他的老闆也沒有要求的這麼細，可他就是習慣這麼做。反觀其他人，即使老闆要求詳細彙報，但卻簡單化多了。後來他被某企業家挖角，事業有成，過著幸福的生活。所以要養成良好的工作習慣，良好的工作習慣雖然不能保證每件事情都能圓滿完成，但可以保證不會因個人的疏忽大意而耽誤。

以下例子可說明良好的習慣可以獲得事半功倍的效果。

三個人正在把顏色各異的珠子按照客戶的訂單要求串成項鍊。第一個人，習慣於把所有珠子放在一個大盒子裡，需要什麼顏色的珠子就去盒子裡找，找到一個立刻串起來，接著再找下一個；第二個人，習慣於把不同顏色的珠子分別放在不同的盒子裡，這樣在找某種顏色的珠子時就不用從所有珠子裡面找，節省了很多時間；第三個人，習慣於把不同顏色的珠子分別放在不同的盒子裡，由淺到深地按順序擺放，並且按照訂單的要求先把所需的珠子都配齊並按順序擺好，然後一次性將項鍊串起來。這三人串項鍊的效率高低立現，第一個人效率最低，第三個人效率最高。

英國傑出的哲學家培根（Francis Bacon）說：「習慣是人生的主宰，人們應當努力求得好習慣。」可見良好的工作習慣對人生有多麼重要。許多企業老闆要求自己今日事今日畢，同時也督促員工都這樣做。凡事不拖泥帶水，這就是一種良好的工作習慣。

良好的習慣包括良好的生活習慣和工作習慣。前面所說的大都是工作習慣，其實生活習慣也很重要，比如我們平時要養成用心體會的習慣，要正確認識生活，不論是收穫、喜悅、勞累、辛苦，甚至是辛酸，都是生活賜予的寶貴財富。如果我們能用心去體會生活的每一天，會發現陽光比想像的更加燦爛！

培養幽默快樂的習慣。如果你對生活的不如意都能夠一笑置之，或者用幽默快樂的心情去對待，那麼你將發現這些不如意會離你遠去。世界上有很

法則 3　每天保持精力充沛

多人覺得不快樂，因為他們以為等到自己找到好工作以後、買下房子以後、孩子大學畢業以後，完成某個任務或取得某種勝利以後，就會快樂起來。這些人恐怕始終都無法快樂。快樂是一種習慣，一種心理狀態，如果不從現在就開始嘗試與享受，將來也永遠體會不到。快樂不是在解決某種問題後得到的，因為一個問題解決了，還會出現另一個問題。生活本身就是由一系列的問題組成。

養成運動健身的習慣。因為身體是工作的本錢，不論你擔任哪種工作，從事何種職業，身體健康是工作的基礎和前提。健康絕對是與你相伴一生的朋友，所以一定要隨時注意你的身體健康。另外，運動可以提高工作效率。如果你是個大忙人，而且忙得連運動的時間都沒有，那你可要注意了。因為沒有任何事情比健康更重要。如果你有時間看電視，卻找不到時間去游泳或慢跑，你就違背了時間管理的最基本原則。財富買不到健康，但是健康卻可以換來財富。例如，養成按實早晨和晚上做運動，吃適合自己且不過量的食物，每天步行半小時，休假時去享受大自然的空氣和陽光，做一些會使自己感覺更好的簡單體操。

當然，在生活上你還要養成按時休息的習慣。即使工作非常繁忙，我們仍然要有足夠的休息時間以及適合自己的休息方式。大多數成年人每天平均睡眠時間在 7 至 7 個半小時左右，超過這個時間不一定對健康有益。

這是工作和生活上的好習慣。另外，在為人處世上，我們也要養成好習慣，這樣才能使我們的工作更順利，生活更幸福。

首先，要養成謙虛為懷的好習慣。謙虛永遠不是壞事，只有這樣，你才會發現自己的不足，才會發現自己之外尚有強手。老子曾經告誡世人：「一個不自我表現的人，反而顯得與眾不同；一個不自以為是的人，會超出眾人；一個不自誇的人，會贏得成功；一個不自負的人，會不斷進步。」

　　列夫·托爾斯泰（Leo Tolstoy）曾有一個巧妙的比喻：「一個人對自己的評價像分母，他的實際能力像分數值，自我評價越高，實際能力則越低。」

　　其次，要有平凡低調的好習慣。月盈則虧，當你覺得自己一帆風順、志得意滿的時候，也許就是你最危險的時候。所以，要學會隱藏自己的鋒芒。面對成功，不用狂喜，更不要盛氣凌人，把功名利祿看得輕些、淡些，如此，才能知道人生真正的喜悅在何處，你對人生將會有另一番感觸與體悟。

　　人要有接受成功、失敗的精神底線。成功了要時時記住，世上的任何成功或榮譽，都有賴於周圍的其他因素，絕非一個人的功勞。失敗了不要一蹶不振，只要曾奮鬥、努力了，就可以問心無愧。

　　最後，要養成時時激勵自己的好習慣。在這個競爭激烈的社會，我們都會感到自己的壓力太大，有些來自於生活，有些來自於家庭，更多則來自於工作。我們不能退縮，也不能躲避。如果對自己鼓勵一番，也許情況就會不同。

　　你應當有堅強的信念，因為信念是一切奇蹟的萌發點，所有成功的人士，最初都是從一個個信念開始的。信念是免費的，任何人都可以透過自己的信念描繪出自己未來生活的藍圖，只要相信自己，堅持信念，奇蹟就隨時可能發生。

　　生活中，平庸的人會經常失敗，主要是心態和觀念有問題。遇到困難，他們總是更容易選擇倒退之路。「我不行了，我還是退縮吧！」結果陷入失敗的深淵。成功者遇到困難，仍然會保持積極的心態，用「我要！我能！」「一定有辦法！」等積極的信念鼓勵自己，於是便能想盡辦法，不斷前進，直至成功。

　　所以，養成良好的習慣對我們自身是很有幫助的。但是要養成良好的習慣並不是一件輕而易舉的事，因為人並不是單純地受理性支配，還要受自

己思考和行為慣性的影響。所以要養成良好的習慣首先需要克服這些慣性作用。

　　如何克服這些慣性呢？建議：一要認識養成的良好習慣的意義。清楚一旦養成這個習慣後，將對你意味著什麼，這樣會激起你養成該習慣的強烈願望。一旦有了這種強烈的願望，你就可以把這些意義和願望都寫下來，貼在自己經常看到的地方以提醒自己。二要制定習慣養成計畫。完成這個計畫要有足夠的時間，要想在兩三天內養成一個好習慣是很不可能的，一般至少要訂一個三週以上的計畫，計畫要隨身攜帶，以督促自己的行動。每天要求自己在固定時間和固定地點按照計畫重複某一行為，若做到了就在計畫上畫個記號，體會一下完成任務給自己帶來的樂趣。定時和定點對養成習慣是非常必要的。三要為自己養成良好的習慣創造有利的條件。如果你想養成運動的習慣，就要為自己創造易於運動的條件，如平時要穿運動裝、運動鞋，並把運動器材放在自己觸手可及的地方，這樣行動起來也比較方便，自然容易養成習慣。

　　總之，養成良好的習慣對人生的意義非常重大，每一個良好習慣的形成都會為你開拓一方精神樂土，把你帶到一個嶄新的境地，你渴望有一個良好的習慣嗎？那麼就不妨按照上述方法試一試吧，你會從中享受到一種別樣的幸福和快樂。

不要到筋疲力盡時才去休息

要想維持精力充沛，千萬不要到了筋疲力盡之後才休息。誰都知道疲勞的感覺不好，也都知道休息能夠消除疲勞，可是不少人一忙起來，常到了疲憊不堪之後才肯休息。對於這種精神我們可以讚美，但不提倡。這也是一些知識分子英年早逝的主要原因之一。

正確的做法應該是按時休息，即使不疲勞也要小憩一會兒，這不但對自己的身心有好處，更是預防疲勞、保持旺盛精力的訣竅。

如果你手頭有兩項工作要做，那麼掌握好時間交替進行，可使左右腦在交換工作中獲得休息。進行與你疲勞原因相反的事，如果因運動而產生疲憊，就停下來休息；因長時間靜坐而疲倦，則可以運動來放鬆。當你因事情的忙碌而頭昏腦脹時，不妨換成自己最有興趣的事，如整理盆栽、打掃房間，或一些消遣性藝術的享受，如看書、電影、聽聽歌曲等，都可以達到休息的目的。

在事業上取得成功的人，往往不是那些時時刻刻埋頭苦幹的人，你若看到一個總是在忙碌，好像他是全世界最辛苦的人，那人未必是成功人士。一個生活謹慎的人，他會有著強烈的生命力去抵抗各種疾病，並能度過各種難關與打擊；相反地，一個在平日裡把氣力耗盡、活力用竭的人，常常就會經不起來自生活的一點點打擊。

不會休息的人往往以某些名人做為自己的榜樣，認為只要廢寢忘食、夜以繼日地工作，就一定能取得優異的成績，並以犧牲休息為榮。其實這種觀點是非常不正確的。

不會休息，很有可能是一種不成熟的表現。在繁忙的工作之餘，要做到學會休息，善於休息，這樣你的生活才會更加多姿多采，人生才會更加輕鬆和幸福。

法則 3　每天保持精力充沛

有很多人可能會覺得奇怪，休息難道還要學習？事實上確實有許多人只知道工作，不懂得休息；只知道緊張，不知道輕鬆；只知道辛勞，不知道安樂。他們常常加班，甚至連續加班數天數夜，嚴重消耗自身的體力與精力，結果弄得健康存摺透支，甚至導致病魔纏身，你能說這種人會休息嗎？

許多名人之所以在工作中取得驚人的成績，並非他們以犧牲休息為代價，恰恰相反，而是因為他們當中許多人很重視休息，贏得健康的體魄和旺盛的精力後，才能夠更好地、全身心地投入到平日的工作中，這正是他們成就事業的基礎和本錢。

英國首相邱吉爾在任期間，所擔負的責任極其重大，工作繁忙程度可想而知，然而他對於休息卻十分重視。第二次世界大戰期間，已經 70 歲的他仍然日理萬機，但總是那麼精力充沛，情緒高漲。這主要得益於他能注意休息，在工作之餘能放鬆自己，充分抓住點滴的時間進行休息。在一般情形下，他每天中午都要休息一個小時，晚上 8 點吃飯之前也要休息兩個小時，即便是在乘車的時候他也會趁機小憩。

有人曾問過他身體健康、精力充沛的祕訣，邱吉爾說：「我的祕訣是，當我卸下制服時，也就把責任一起卸下了。在家裡，我就像一隻破襪子那樣放鬆。」唐代詩人白居易有詩曰：「一覺閒眠百病除。」說的就是睡眠對人的健康是多麼的重要！

有些人對工作素以努力著稱，但決不允許別人影響他的睡眠，哪怕是再重要的事情也不行。1908 年美國總統選舉候選人威廉‧霍華德‧塔夫脫（William Howard Taft），當選舉結果公布出來的那天晚上，辛辛那提的許多政商名流在凌晨 1 點左右拜見塔夫脫，但當他們到了他的住所，僕人卻對他們說：「主人現已入睡，臨睡時他曾再三叮嚀，無論是否當選美國總統，今晚不再見客。」塔夫脫雖然身任總統，亦不願耽誤自己的睡眠。

有人認為休息與否無所謂，即使少休息一點也沒什麼，殊不知人的精力和體力是有限的，無休止地工作，不但不能提高工作效率，反而會嚴重地傷害健康，反而得不償失。沒有健康的體魄，哪能談到工作效率呢？正確的態度是勞逸結合、動靜結合，工作時就要聚精會神地工作，休息時就應盡量放鬆，哪怕工作再忙，也要確保必要的休息。這樣不但能提高工作效率，而且精神愉快，有益健康。

不斷加快的生活節奏和日益加劇的競爭壓力，迫使現代人必須學會休息。科學研究證實，休息是迅速恢復精力與體力，提高工作效率的最有效的方法。要想工作效率好，就必須要有足夠的休息，兩者相輔相成。休息絕對不是浪費時間。每天要保持精力充沛，千萬不要有筋疲力盡的時候。

把工作當成樂趣

近幾年，常聽到很多人抱怨：有做不完的工作、做不完的家事，更頭痛的是還要應付那些複雜的、沒有止境的人際關係，如朋友、家人、同事，以及工作、生活……難得有屬於自己的時間和空間。

也看到很多人，平常已加班工作，生活忙碌，但就連外出休閒旅遊，也是毫不「怠慢」，分秒必爭，但在他們的身上卻絲毫看不到對生活的倦怠之意。他們熱愛工作，熱愛生活，而且總是那麼快樂。

每個人的工作都有很大的壓力，不論你優秀還是平凡，也不論你職位高低，但要把工作做好，心態是很重要的。很多勤奮工作並且生活幸福快樂的人，他們的感受就是：要把工作當成一種樂趣，這樣才會不被工作所綁住，才能開心地去完成每一項工作任務，然後在工作完成後，才能輕鬆地去過屬於你的生活。

法則 3　每天保持精力充沛

不要把工作看成一種謀生的手段，而應該把工作當成一種樂趣，這樣你才能投入工作，所有的困難也都會變得輕鬆起來，因為工作已經成為一種樂趣和享受。

國外有間報社曾舉辦一次有獎徵答，題目是「在這個世界上誰最快樂？」從數以萬計的答案中評選出的四個最佳答案是：

1. 作品剛完成，吹著口哨欣賞的藝術家；
2. 正在築沙堡的兒童；
3. 忙碌了一天，幫嬰兒洗澡的媽媽；
4. 千辛萬苦開刀之後，終於救了病危患者一命的醫生。

看來，工作中的人是最快樂的。正確來說應該是：正從事自己喜愛工作的人是最快樂的。從另一個角度來說，不快樂的人，往往是生活中沒有從事到自己喜愛的工作的人。

人們常常認為只要準時上班、按時工作、不遲到、不早退就是完成工作，就可以心安理得地去領薪水。但是我們沒有想到，我們雖然是依著時間點上下班，可是我們的工作很可能是無活力、被動的。其實，工作就是工作，它永遠不可能像休閒度假一樣充滿了新奇和喜悅，關鍵在你如何在其中尋找並創造樂趣。

很多時候人們所感覺的累不一定是生理上的累，而是心理上的累。因此，一切都「從心」開始吧！把工作當成一種樂趣，應是熱愛工作的最高境界；把企業當成個人生存和發展的空間，事業發展的舞臺，應該是個人工作和生活的動力泉源。

工作每天都會重複，生活也是如此，可能你每天都要去面對同一件事情，同一個面孔。很多人總是一心想要證明自己的才華，但總是停留在夢想之中，從不願意從簡單的、重複的工作做起或做了但不能持之以恆，以至於

失去了一次次成功的機會。他們常抱怨上天為什麼不給他們機會，其實上天給每一個人的機會都是平等的，而是他們自己沒有好好去把握而已。真正優秀的人，他們同樣也有夢想，不同的是他們願意將自己更多的時間付諸實際行動，重複做簡單的事情，並堅持把簡單的事情做好。

其實，每個人的工作背後都背負了很多來自於生活的壓力：車子、房子、金錢，以及金錢帶來的物質享受……許多人也熱愛自己的工作，卻因為壓力過大，不知不覺讓心情產生產生了變化，為了權力和地位他們費盡心機、不擇手段，當他們得到名利和地位的同時，卻失去了快樂，也失去了工作的樂趣。到了最後，他們自己也不知道自己那麼努力、那麼辛苦到底是為了什麼。

所以，人在工作中難免會遇到一些問題，但一定要保持樂觀的心態，用心去發現工作的樂趣，你就會發現原來工作是件美好的事情。既然工作是我們生活中必不可少的一部分，那何不讓我們用多一些的開心去做好它呢？

有人說，如果你不快樂，那不是工作的錯。這話說得很有道理。蘇聯作家高爾基（Maxim Gorky）說：「當你把工作當成一種樂趣時，生活就是一種享受；當你把工作當成一種義務時，生活則是一種苦役。」

「快樂工作」是人們積極樂觀的一個口號。事實上，心態是左右你對工作感受的重要因素。如果你在工作中感受不到快樂，那絕不是工作的錯。你如果視工作為享受，那麼就會努力地工作，並從中得到快樂，感受到幸福，這種快樂和幸福會讓你更加投入地工作，形成一種良性循環；而你如果把工作當做一種痛苦的歷程，便會心生不滿，敷衍了事，最終一事無成。

工作占據了人生的大部分時間，如果把工作看做苦役，尤其是從事自己不喜歡的工作，那麼工作對於你來說就是一種折磨。一旦當你沒有任何事情可做的時候，你感受不到愉悅，反而會覺得更加痛苦。

愛爾蘭作家薩謬爾‧貝克特（Samuel Barclay Beckett）說：「幸福有三個不可或缺的因素：一是有希望，二是有事做，三是有人愛。」有事做不是造成不幸的因素，而是讓我們感到幸福的一個不可或缺的要素。當一個人身心投入到自己所熱愛的工作之中時，就會感到前所未有的興奮與滿足，這就是一種幸福。牛頓、愛因斯坦、瑪里‧居禮……這些偉大的科學家在投入地工作的時就體會到了創造的樂趣，這對他們來說無疑是一種莫大的幸福享受。

學會放鬆自己

五一勞動節那天，在網路上看到這樣一條資訊：全世界的勞工們都在這一天放鬆自己。

仔細想想這句話，很有意思。在這個忙碌的世界，每一個人確實都要學會放鬆自己。勞動自古就有體力和腦力之分，在今天，無論你從事的是體力勞動還是腦力勞動，在你感到疲累時，你都要讓自己放鬆一下。

當你在工地揮汗作業時，你會抬起頭來，看一下天空，靜靜地喝口水；

當你在田裡辛勤耕耘時，你會直起腰來，揮一把汗珠，朗朗地笑一聲；

當你在公司制訂目標時，你會推開鍵盤，伸一下身體，輕輕地吐口氣……

這，就是放鬆。勞動是辛苦的，勞動也是快樂的。人的一生大部分時間是在勞動，勞動是苦樂交會的，勞動者的身體更是寶貴的。因此，要學會放鬆自己。

不僅是在休假日和放假日放鬆，在你工作中的每時每刻，你都可以讓自己放鬆。

當然，放鬆也不需要太多的技巧，也不需要太多的時間。喝一口水、開懷一笑、吐一口氣，這些都可以放鬆。

工作需要放鬆，生活也需要放鬆。笑，是放鬆的最好方法。

或許，你會說沒什麼可以快樂。是的，工作壓力大，生活瑣事多，社會上還存在不盡如人意的現象，你快樂不起來。只是你一定不清楚，憂慮只能帶來煩惱，悲傷只能帶來疾病，而笑聲卻是你最好的夥伴。哪怕仰天長嘯，也是一種放鬆，一種快樂。

要想自我放鬆，首先是要自我安排。每天利用工作閒暇，雙目微閉，內視鼻尖，鼻對口，口問心，氣沉丹田。腦中浮現自己喜歡的景色，將身心地融入其中，調意、調身、調息。

其次是暗示法放鬆。這種方法適用在長時間的工作之後。例如，連續幾個小時報告沒休息，累了就自我暗示：我渾身很輕鬆，正在進行的報告很輕鬆、很愉快，再幾個小時也照樣輕鬆愉快。這樣暗示自己，心理便產生輕鬆愉快的感覺，疲勞很容易就會消失。比如，幫學生上課時利用這種自我暗示，就容易輕鬆愉快地上課。寫文章也是如此，暗示自己寫文章很輕鬆、很愉快，思緒透過筆端在紙上流淌著，心靈借助文字在彈撥著、訴說著。

最後要做的，就是全心全意地做每一件事。不得不分心的時候，也要分得愉快，分得輕鬆。

我們的工作，有時候的確很繁雜。一天下來，也是頭昏腦漲，身心疲憊。不妨放鬆自己，工作就會輕鬆愉快且高效率。

其實，生活就像一個萬花筒，五顏六色。由於人們的經歷不同、生活方式不同，所以對待生活的態度和方法也各不相同。不管怎樣，在競爭日益激烈的今天，或許大家的認知都相同，在生活中學會放鬆，平和自己的心態，對健康是有積極的作用。以下為心理學家對學會放鬆自己的意見：

法則 3　每天保持精力充沛

1. 對自己不要有過高的要求：人們在生活中總會有自己的目標，要把目標和要求定在自己能力可及的範圍內，這不僅有利於實現，而且心情也更容易舒暢。

2. 對待他人期望值不要過高：生活中人人都是一個獨立的個體，千萬不要把希望寄託在他人身上，如果對方達不到要求時，你也才不致於大失所望。

3. 須讓步時學會寬容，後退一步：一個有涵養、品德高尚的人，一個能做大事的人，處事會從遠處著眼，適當時刻讓步，胸懷開闊，容納百川。

4. 要善於疏導憤怒的情緒：千萬記住，人在發怒時，特別容易失去理智，好事易成壞事。為此，在情緒憤怒時要控制自己，嚴防做出蠢事。

5. 找人傾訴，讓人聆聽你的煩惱：遇到挫折時，將抑鬱和不快放在心裡，只會讓自己煩悶沮喪，如果將內心的煩惱告訴親人、同學、同事、師長等，就能改變心情，讓心情舒暢。

6. 多為他人做些事，對人要友善：幫助別人不僅可以讓自己忘卻煩惱，而且還可以了解自己存在的價值和意義，更能獲取友誼，交到知己，得到更多朋友的關心和關愛，心境也會平靜祥和。

保持精力充沛的祕訣

現實生活中，不是每個人都能精力充沛，更不是每個人都可持續如此。由於種種原因，人們會覺得生活乏味、心情憂鬱、行動懶散，對周圍漠不關心。很明顯，若沒有足夠的精力，要完成想要或需要做的事情一定會非常困難。

因此，在自我改善的過程中，增強體能和增強智慧同等重要。因為，它提供了我們工作上所需要的大部分精力。有人會說，智力提高可以使我們精力充沛。但為什麼不增強你的體能，讓你的精力最大化呢？

在現代社會中，激烈的社會競爭，快速的生活節奏，導致人們的社會生存與發展壓力過大。尤其是中階主管，在高壓力、高競爭的工作環境下，備受煎熬。曾有機構做過專業經理人壓力大調查，結果顯示出生存狀況堪憂。在這種情況下，保持旺盛、充沛的精力，對於中階主管來說更為重要。

然而，如何才能保持精力充沛呢？在此分享以下祕訣：

1. 擁有高品質的睡眠

    怎樣才能擁有高品質的睡眠？重點是要熟睡的絕技。熟睡與淺眠是有區別的。為什麼有些人在工作強度不大、壓力也不是很大的情況，經常會感覺精力不足呢？而有的人卻可以連續高強度地工作？為什麼很多明星、學者、經理人或企業家，即使日夜兼程，也絲毫不會感到疲憊，始終保持著旺盛的精力？當被問及「保持精力充沛的祕訣」時，他們大多數都會不約而同地回答：「睡眠」。尤其是一些明星藝人，幾乎每天在電視、雜誌上現身，有的甚至通宵達旦地拍戲。但就是因為處在這種不規律的生活中，所以往往練就在任何環境下都能熟睡的「絕技」。而經常感覺疲倦的人，往往是太過淺眠。

    睡眠分兩種模式，在整個睡眠過程中交替出現：一種是淺層睡眠，睡眠

期間眼球轉動活躍，還會做夢；另一種是深層睡眠，也叫深度睡眠，睡眠期間眼球靜止不動。理想的睡眠因人而異，各個年齡段也不盡相同。所以無須追求長時間的睡眠，只要白天神清氣爽，即代表睡眠充足。

如何擁有高品質的睡眠？有幾個值得注意的地方：

· 飲料。咖啡中的咖啡因在 30 分鐘後開始提神，並持續 4 ～ 5 個小時。因此，晚上睡眠不好的人士，在午飯後喝咖啡較適宜，之後可選擇不含咖啡因的花草茶等飲料。睡眠不足的人，可以考慮睡前吃一些助眠效果的食物，如食用醋、糖水、牛奶、柑橘類水果、麵包、蓮子、葵花籽等。

· 體溫。睡意只有在體溫下降時才會出現。因此白天盡可能多地活動，讓體溫上升，晚上體溫就能下降，變得更容易入睡。

· 泡腳。這也是提升睡眠品質的方法，要留意的點是適宜的水溫和時間。泡腳的水溫以 38 ～ 40 度為宜。雖說這個溫度有些人並不覺得暖和，但這種舒適感會誘導睡眠。泡腳的時間以睡前 1 小時左右為佳。

· 思緒。躺到床上後，就要把各種思緒都放到一邊。很多人認為一旦深度睡眠，大腦就不運作了。事實上，睡眠是心靈的保養時間。清醒時所搜集到的資訊在淺層睡眠中，才會被分為必要的和不必要的，而只有必要的資訊才會被做為記憶保存。有一種解釋說，夢是由回憶的「碎片」編織而成的，用來釋放現實中無法消除的壓力。此外，思慮重重的入睡，還會加深眉間皺紋。據說皺紋往往是睡眠中形成的。消除雜念入睡，與保持年輕有很大關係。請養成「上床後不想心事」的好習慣吧！

- 睡眠時間。雖然不提倡睡懶覺，但一定要確保睡眠盡興，這個標準就是要有合理的睡眠時間，這樣才能為肌膚與身體充電。請記住，保證精力充沛的捷徑，是充足的睡眠。正常來說，每天保持 6 小時的睡眠，都是足夠且合適的。

- 午休。每天中午小睡 15 ～ 30 分鐘，對保持精力有極佳的效果。當然，小睡也要注意以上幾個要點，如小睡前不喝提神飲料、把思緒放一邊等。這樣，小睡的品質才高。

2. 活躍一天「精神」

- 早起喝一杯水。經過一整夜的睡眠，身體已經缺水，起床後喝一杯白開水（250 毫升左右），既可以補充水分，又可以輔助排毒。水的溫度也有講究，夏天最好與室溫相同，冬天則宜喝溫水，過冷和過熱的水都不適宜在早上喝。

- 早餐營養配。早餐是大腦活動的能量來源，如果不吃早餐，人體內就沒有足夠的血糖供消耗，人就會無精打采，感到疲勞，注意力不集中。

- 上班防脫水。從清晨到上班的過程，時間是很緊湊的，身體容易出現脫水現象，因此到公司最好先喝一杯白開水。

- 餐前吃水果。上午 10 點，早餐的能量已經消耗了一部分，補充一些水果是不錯的選擇。例如，香蕉、奇異果、蘋果、葡萄、橘子等。吃水果的最佳時間是餐後 2 小時或餐前 1 小時，但需要注意的是，早晨空腹最好不吃水果，因為空腹吃水果容易刺激腸胃，還會降低早餐營養的吸收並影響消化。

- 飲料來提神。下午 2 點，人們會產生疲倦感，喝一杯清茶或者一杯咖啡是不錯的選擇。

· 果汁補糖分。下午 4 點，是人體中血糖含量的最低點，喝一
　杯果汁可以讓你精力充沛。

3. 保持「體內年輕」

理論上，人可以活到 125 歲。人體細胞內存在著能將 125 歲縮短數十歲、
加速老化的活性氧。活性氧，是指含有氧原子的分子或自由基，也稱氧
自由基。呼吸時，空氣中的氧進人人體後會有 2% 左右變成活性氧。少
量的活性氧有助於擊退人體內的病毒，而且健康的人體內也具備一套清
除活性氧的系統，以保持自身年輕。

然而，當體內活性氧因壓力、紫外線等原因驟增時，多餘的活性氧就會
攻擊身體細胞，讓細胞如鐵鏽一樣被「氧化」，造成損傷和病變，加速
人體衰老，導致血液流動不暢、內臟功能減退、大腦衰退等身體各器官
的老化現象。

現代生活習慣和活性氧的產生密切相關。例如，吸一根菸就能產生 100
兆個活性氧。壓力也是活性氧增加的原因之一。壓力過大時，交感神經
興奮會引起血管收縮，當壓力解除、血管舒張時，血液中的活性氧就會
急劇增加。飲酒過量後，肝臟分解酒精的過程中會產生大量的活性氧；
人體肥胖容易含有較多容易氧化的脂肪，所以更容易受活性氧的影響；
汽車廢氣、大氣污染、電腦輻射、快節奏的生活等都會增加活性氧。

因此，保持「體內年輕」，就是一個抗氧化的過程。

總之，要保持精力充沛，除了在睡眠、飲食各方面多加注意外，最重要
的是保持好心情。有研究表明，好心情能提高身體的免疫力。好的心情，是
積極開朗的保證。現代社會中，總有許多不如意的事情，事事煩惱，人將不
堪其憂。因此，豁達些，讓心情保持舒暢，非常重要。

為自己的健康「加油」

當物質生活充足時，你會嚮往精神層面的滿足。擁有健康的身體，是物質與精神間的一座橋梁，它能操控你生命時間的長短以及生活的品質。

曾有記者做過關於健康的調查，發現有的人花錢買各類保健品來滋補調養，有的人把大量的時間投入到養生課程、健身中，還有一部分人則投入更多的精力，把全家人的健康當做投資事業來管理，每日搭配飲食營養，定期制訂體檢計畫，以及重大疾病的投保管理。他們覺得這樣的生活方式，必定能給身體一個改變。如同機器需要保養維修，人如果能進行這樣的保養和維修，自然能提高工作效率，也能延緩衰老，延長壽命，並獲得幸福。

總而言之，無論你追求什麼樣的生活，健康是一切的基礎，時時要記得為自己的健康「加油」。

健康不僅僅是指沒有疾病或病痛，還是一種生理上、精神上的良好狀態。也就是說，健康的人要有強壯的體魄和樂觀向上的精神，並能與其所在的社會及自然環境保持協調。有專家認為，健康有四大基石：積極樂觀的心態、充足的睡眠、適量的運動、與均衡的飲食。

大家都知道，各式各樣的壓力讓現代人很難有積極的心態，大部分的人處於壓抑狀態，然而壓抑緊張的情緒會使人消耗更多的營養元素，讓身體承受的壓力加重，這時如果沒有充足的睡眠和充足的營養來補充身體的能量，人的身體狀態就有可能墜入疾病的深淵。

這也就是說，要保持健康的身體：第一要有均衡的飲食，讓身體所需的所有營養都能得到滿足。營養不足和過量都不適當，所以要給自己一個飲食計畫。第二，要有充足的睡眠，人體的修復基本上都是在睡眠狀態下進行的，該睡覺時就要睡覺，其他的事可以盡量在入睡前完成，盡量不要占用睡

眠時間，因為過了最佳睡眠時間，你可能就要花數倍的時間來彌補。時間足夠就行，不要有賴床的習慣。好的生活習慣對於健康有很大的幫助。第三，要有樂觀積極的心態，樂觀積極的心態會讓人體處於新陳代謝的最佳狀態，而消極的情緒不但會讓你沒精神，更會消耗大量的營養元素。所以要積極樂觀些，凡事想開點，多往好的方向想，這樣不但對你的身體有好處，而且對人際關係也會有很大的幫助。第四，要適量運動，運動能加快人體的新陳代謝，有利於排除毒素，還能讓人產生積極的情緒，有利於舒緩消極的情緒，讓人更有活力、更有精神，頭腦更清醒。

其實，如何讓自己更健康，是每個人在閒暇之餘經常聊到的話題，樂觀的心態和良好的生活習慣對每個人都非常重要。小時候是什麼好吃吃什麼，現在是什麼健康就吃什麼。

以下是一些養生的方法，只要願意去做，你也同樣會感受到健康的快樂。

1. 節食欲：食不過飽，定時定量，保證消化器官健康。
2. 忌怒氣：遇事不怒，以免損害身心健康。
3. 常梳髮：常梳理頭髮，撫摸頭頂，能促進新陳代謝，發揮健腦，讓神智清明的作用。
4. 多擦臉：多用毛巾擦洗面頰，包括乾洗臉。可以益智凝神，面頰紅潤無皺紋。
5. 舌抵顎：經常以舌尖抵住上顎，閉氣凝神，可以提神、補氣、養心，多生津液，健脾胃。
6. 齒數叩：上下牙齒對齊，咬緊，嗑叩數次。特別是在午夜堅持做幾次，能堅固牙齒，不脫不裂，讓咀嚼肌健康有力。

7. 呵濁氣：在空氣新鮮處多進行深呼吸，可以促進血液循環，增進呼吸系統的機能。

8. 津三咽：唾液充分，能讓消化良好。多生津液，讓它充滿口腔，再分三口連續運氣下嚥。尤其是午夜做津三咽數次，可以開胸理氣，增強內臟器官的功能，更可袪病，延年益壽。

9. 目運轉：加強視覺神經的鍛鍊。可以旋轉眼球、經常遠眺、做視力保健操等。

10. 耳常彈：輕震耳郭，彈動耳肌，包括鳴天鼓（以兩掌掩兩耳，食指中指擊腦後）等，以增強聽覺神經的功能。

11. 脊背暖：背部一定要保持暖和。

12. 胸宜護：護胸和暖背是保持體溫和保證身體健康的關鍵。對心、肺、肝、脾、腸、胃、腎等器官都有保健作用。

13. 腹自揉：腹部肌肉的運動可促進胃腸蠕動。用手掌在腹部揉搓按摩，能幫助消化，消除淤積，益氣強身，舒通經絡。

14. 谷道托：每天運氣做幾次肛門括約肌的收縮和舒張運動，增強括約肌的功能，可以提神補元氣。

15. 股節搖：經常進行體育運動和活動鍛鍊。

16. 足心搓：足底是人的根本。每晚洗腳，適當搓揉腳心幾十次，或以兩腳掌相對抵摩擦，可以益氣血、通經絡、解除疲勞以及吐故納新的效果。

17. 便禁言：大小便時，緊閉口，握雙手，神守舍。能益智、補氣、提神、健身。

18. 淨體膚：講衛生，保健康，常洗澡，不生病，精神煥發，延年益壽。

平時，你一定很清楚自己存摺裡有多少存款，但你不一定清楚自己健康銀行裡的狀況。「生命誠可貴」的道理你一定懂，但更多的時候你也許會認為，現在多辛苦幾年，等賺夠了錢買給家人一間大一點的房子、一部好一點

的車子，到時候再好好享受生命。萬一這幾年你累垮了呢？你有沒有計算過累垮之後恢復的成本？如果你不往遠處想，不重視健康，濫用身體，加班再多，無異於殺雞取卵，賺再多的錢也只能用來治療。

　　所以，從現在開始，你就要為自己的健康「加油」。

法則 4　克服憂慮，消除憂慮

　　莊子曰：「人之生也，與憂俱生。」人生，總不免憂國、憂民、憂親、憂己，但憂慮也有高低之分。「先天下之憂而憂」，既為大憂大慮，於強者是讓人奮發、造福民族的動力。而有些憂慮確是沒有多大必要，但是它卻困擾著不少人，甚至影響到身心健康。托克維爾（Alexis de Tocqueville）曾說過：「不知道如何克服憂慮的人，都會短命。」

　　既然憂慮的後果如此嚴重，那麼，我們何不積極地克服憂慮、消除憂慮呢？

克服生活中的憂慮

有一天，死神在一個城市漫步，遇見了一個人，那人問死神：「你來做什麼？」死神回答：「我打算在某月某日前奪取此城裡一萬個人的性命！」

那人一聽，慌忙四處奔相走告。期限到後，那人又遇見死神，生氣地問他：「你不是說要奪取一萬個人的性命嗎？為什麼到今天為止已經死了七萬人呢？」

死神說：「罪不在我。我真的只要奪取一萬個人的性命。另外六萬人是死於憂慮和恐懼啊！」

從這個故事中可以看出，憂慮，不僅會讓人致病，甚至能讓人致死。所以我們要克服生活中的各種憂慮。

生活中，各種名利的折磨，難免會讓人們的心情也變得難以控制。人們總是希望，不管是否能升官，也不管能發財與否，起碼能有一個好的心情就可以了，但面對現實，很多人總是逃不脫憂慮的折磨。我們究竟該如何面對生活中無盡的憂慮呢？

美國心理學家霍蘭德（John Holland）有一個治療憂慮的獨特方法。他不是鼓勵憂慮者不要憂慮，而是讓憂慮者每天拿出一段時間專門進行憂慮，即「用憂慮戰勝憂慮」。專家們發現，盡情地憂慮一段時間，更能驅除憂慮。

因此，有心理學家建議，每天可以專門用 30 分鐘的時間來憂慮。這段憂慮的時間不要坐在自己平時常坐的座位，以免以後一坐這個座位就產生憂慮，也不要把專門憂慮的時間安排到晚上睡覺前，以避免影響睡眠。

在專心憂慮的時候不能「偷工減料」，要保證這段時間全心專注。這樣做的結果是，人往往只有專心憂慮的時間去憂慮，逐漸地，憂慮便悄然離去。

其實，生活中，我們要從多方面看待問題，如果從一個角度來看，可能會引起消極的情緒；但如果從另一角度來看，就可能發現它的積極意義，從

而使消極的情緒轉化為積極的情緒。因為事情常一體兩面，是非得失，何必非把一件事情想得那麼糟糕？正所謂「橫看成嶺側成峰」。凡事只要換個視角，常常會看到另一番情景，何必擔心不能轉憂為喜？

在快節奏的都市生活中，如果我們仔細地環顧四周，會發現不少人的內心深處似乎都隱藏著莫名的焦灼和憂慮。這種「憂慮感」令人身心疲憊，讓笑臉背後的神經繃得緊緊的。雖然不同情況的憂慮並不常以它的灰暗呈現在生活的表面，但它更像陰冷的畫筆，為本該潔白的生活畫上了無數若有似無的陰影。

憂慮後面潛伏著人類的恐懼。現代醫學證明，人類心靈的最大殺手不是罪惡，不是悲痛，而是恐懼。如果說人生就是一場與恐懼較量的持久戰，那麼憂慮則是敵方的利器。人們為未來的健康和財富擔憂，害怕失業、害怕破產、害怕貧窮、害怕各種會影響和破碎生活的事情發生。

雖說喜、怒、憂、思、悲、恐、驚是人的七情，但有位女性卻告訴我們：「不要讓憂慮占據我們的生活！」她 17 歲時嫁給了一位 38 歲的律師，後來，她因丈夫病逝足足守寡 13 年，但含辛茹苦的回報是，6 個孩子中有 3 個在中年時離她而去。她還經歷了慘烈的戰爭、逃亡的危險，以及疾病的折磨。可以說，她經歷了一位婦女所能經歷的全部人生苦難，但是她的精神卻始終沒有被擊垮，依然保有樂觀的天性。她喜歡遊戲，會發明一些娛樂節目，她還有編故事的才能，所編的故事新奇而有趣，常引得周圍的人聽了開懷大笑。她還將這樣的天賦遺傳給了她的大兒子 —— 德國文豪約翰·沃夫岡·馮·歌德。

如果我們再次閱讀她的文字，解析她的生活哲學，就會明白她的快樂所在：「我之所以快樂，是因為我心中的信念之燈沒有熄滅。我不斷找尋生命中的喜樂平安：如果門楣太矮，我會彎下腰；如果石頭擋道，我會動手挪開它或者換一條路走……我從每天的生活瑣事中都可以找到快樂。」從這裡，我們明白了為何她的周圍總是擠滿了年輕人，歲月留下的痕跡絲毫未能減損

法則 4　克服憂慮，消除憂慮

她的魅力 —— 除了有一顆年輕的心，還有她的「快樂處方」 —— 可以隨時醫治現代人的焦慮和不安。

曾有人講過一個故事：一位深感憂慮的婦女想透過旅行來擺脫痛苦的陰影。她走了很多地方，但憂傷的情緒卻如影隨形，揮之不去。有一天，她來到一座城市，由於旅途勞頓，她走進路邊的一棟小屋內休息。那裡空無一人，非常安靜。小屋的牆上掛著許多藝術家的作品。這些藝術家生前都曾經歷過苦難和悲痛，他們的作品描述的是一位受難者，以及他偉大的同情心和犧牲精神。在這棟安靜的小屋內，一種從前所未有的寬恕和愛的情懷油然而生，她決定幫助那些和她一樣在憂傷中度日的人們。回在家鄉，她建造了一棟稱為「安靜之所」的木屋。裡面同樣也掛著藝術家的同類作品，沒有音樂，沒有廣告，也沒有解說。那些滿懷憂慮、身心疲憊的人紛紛來到這棟小屋，努力讓自己安靜了下來，在這裡學習放下心靈的重擔，學習聆聽內心、聆聽他人，學習愛和被愛……

如果將生命切割成以一天為單位來計算，而一天又是如此快速地逝去，我們有什麼理由懷抱昨天留下的怨憤和對明天的憂慮，虛度短暫而又奇妙的今天呢？我們應該求取今天需要的精神和肉體的食糧，為今天所擁有的一切 —— 麵包、健康、工作、親情而心存感激。

懂得感恩和付出的人通常離憂慮最遠。有項統計，在每週有一天或一天以上的時間參加志工服務的人群裡，發生負面情緒的比例最小；一些癌症俱樂部成員的快樂指數要遠遠超過許多年富力強、衣食無憂的健康人。美國總統林肯說過：「大多數人能活得快樂是在於他的選擇。」 —— 在簡單生活中找到快樂；在幫助他人中得到快樂；在忘卻仇恨中品嘗快樂。

這就是說，大凡做出這樣選擇的人，是可以克服憂慮而走向快樂和幸福的人。

消除工作中的憂慮

在現代生活中，幾乎每個人都感受到太大的壓力。隨著文明的進步，社會的多元化，個人要扮演的角色越來越多，在工作場合，你可能是主管、老闆、員工、別人的同事，或是某社團的會員、委員、領導者。資訊的發展讓我們的觸角越來越廣，時間和精力卻也被分割得越發瑣碎。但，社會價值與規範賦予每種角色特殊的要求並未減少。人們常在無法兼顧，又不得不扮演好各種角色的情況下，承受極大壓力。這就是工作中憂慮重重的成因。

要讓工作出色，事業成功，我們必須消除工作中的這些憂慮。詩人席慕蓉說過：「人的成長就是一次次地遭遇創傷或挫折，以及一次次地對創傷或挫折進行修復的過程。」其實我們每一次對創傷或挫折進行修復的過程，既是學到戰勝困難和消除障礙方法的過程，也是追求高峰體驗或自我實現的過程，當然也是提高生命價值的過程。我們常說：「經風雨見世面」，其實就是經歷困難、障礙和挫折，並在困難、障礙和挫折之中學會 ——「執著於所做的事；感覺生命在自己的掌握和控制之中；將困難、障礙和挫折看做是挑戰而不是威脅。」

那麼怎樣才能做到這些呢？首先要改變自己思想、觀念和態度。阿德勒（Alfred Adler）天生體質虛弱，自幼便有行動不便及口吃的問題，但他依靠自己的力量立足，奮發圖強，終成個體心理學界的泰斗；富蘭克林（Franklin Delano Roosevelt）個性膽小，說話口吃，他到洛磯山脈透過趕牛奔跑以及獵熊來增加自己的膽量，透過背誦課本來改善口吃，終於當選美國總統；愛蓮娜・羅斯福（Anna Eleanor Roosevelt）從小就沒有母親，父親是一個花花公子，7 歲以前以撿垃圾為生，7 歲之後她性情乖戾，撒謊、偷盜、厭惡他人，但後來透過自我轉變，成為著名的「我的日子」（My Day）的專欄作家，她在民主、同情和人類福利方面有許多卓越的貢獻⋯⋯

法則 4　克服憂慮，消除憂慮

我們可以從眾多的例子中明白一個道理：每個人都是可愛的，當然也包括我們自己；每個人都可以擁有幸福、愉悅、快樂和愛，但是我們必須轉變自己的思想、觀念和態度。過去並不能左右我們，重點是現在，放棄過去，一切重新開始，從頭做起，當我們邁出新的一步的時候，周圍的人就會以欣賞的目光看待我們，進而讓我們重新找回自己的尊嚴和自信。

這個世界天外有天，人上有人，把我們放在其中絕對是比上不足，比下有餘。所以我們應該要懂得自得其樂，欣賞自己，始終抱定李白「天生我才必有用」的信條，揚長避短，勤奮努力。

回到實際工作來看，憂慮主要來自於工作份量多與工作要求高等因素，尤其是報酬與個人的付出不成比例時，更容易覺得不公平，壓力感也相對增大。

另外，人際關係不良也是導致憂慮的另一因素。由於許多工作講求團隊合作，若與團隊中的其他成員無法愉快相處，便會直接影響工作的順利進行，情緒受影響之後，壓力也隨之而來。

因此，要消除工作中的憂慮，首先要學會自我肯定。不能自我肯定的人就是自我價值感較低的人，這種人非常在意別人的看法，對於別人的評價很敏感，一兩句負面的話語就會覺得自己「一無是處」，因此常不喜歡自己，認為自己被傷害，並怨天尤人。不能自我肯定的人生活得很辛苦，完成的十件事，縱使有八件事被別人肯定，但兩件事不被讚許，他也會被不被讚許的兩件事所帶來的不良情緒所籠罩，完全忽略另外八件事帶來的喜悅。此外，不能自我肯定的人也因害怕得不到肯定而經常患得患失，容易處在憂鬱、焦慮不安及自責中，因此壓力自然很大，情緒也隨之憂慮。

其次，不要過於追求完美是消除憂慮的另一個好方法。追求完美的人把每件事的標準都訂得很嚴，原本只需一、兩個小時就可以完成的工作，往往

為求盡善盡美，而多花了好幾個小時的時間。生命給每個人的時間是固定的，不會因為誰追求完美而給予更多的時間。因此，為了解決時間不足的問題，有些人只得選擇犧牲如睡眠、與家人相處、運動、休閒等時間，從而導致長期失眠，缺乏與家人相處的時間，終年處於緊繃狀態。試問，長期睡眠不足的人情緒會好嗎？經常處於緊繃狀態的人壓力能不大嗎？不常與家人相處的人會快樂嗎？因此，對事情要求太高的人往往不容易得到幸福快樂，反而焦慮重重。

　　許多人認為做事要盡善盡美，因此常憂慮不能把事情做好，所以每件事都形成很大的壓力。例如，第一次演講，會希望內容可以準備充分，而且希望能表達得很精采。然而，往往越想做好，壓力越大，結果常常由於過度緊張，講得結巴，內容架構也七零八落。事實上，沒有人第一次演講就能講得很完美，第一次很難講好，第二次就會好一些，慢慢地，就更能掌握狀況。所以，每做一件事情都應抱著先「有經驗」，再逐漸變「好」的心態；不要為了想有一次完美的出擊而駐足不前，應常提醒自己，越早嘗試，就能越早開始累積豐富的經驗。以這樣的態度處事，我們的情緒就不會那麼緊張，壓力感也就不會那麼大。

　　最後，在工作中要常存感恩之心。感謝主管，感謝同事，也感謝下屬，有了這樣的心態，自然憂慮就少了，生活也會變得愉快而幸福。

讓自己保持忙碌

戴爾‧卡內基（Dale Carnegie）在《人性的優點》一書中說：「消除憂慮的最好辦法，就是讓自己忙碌起來，盡量去做有意義的事情。」

書中有個例子：成人教育班上的一個學生馬利安‧道格拉斯失去了 5 歲大的女兒，那是一個乖巧伶俐的孩子，他和妻子都覺得無法承受這樣沉重的痛苦。也許是上帝對他的悲憫 —— 10 個月之後，夫妻倆有了一個小女兒 —— 但令人崩潰的是，小女兒竟然只活了 5 天就離他們而去。「接踵而來的打擊，讓我無法承受。」這位父親說。「我坐臥不安，輾轉反側，精神恍惚，這樣的打擊讓我的人生失去了意義。」

最後他決定到醫院接受診治。一個醫生給他開了鎮靜劑，他試後，作用不大；另一個醫生建議他以旅行的方式找尋內心平靜，減緩痛苦的侵襲，但還是不能讓他忘懷失去至親的傷痛。

馬利安說：「我好像被一把巨鉗越夾越緊，無法擺脫。」那種悲哀、麻木將他壓得透不過氣，讓他無法自拔。

然而，最後解除他憂慮的卻是他的小兒子。請聽他的述說：

「那是一個下午，我枯坐在那裡，正在悲傷難過時，我兒子過來問我：『爸爸，幫我做艘船好嗎？』我哪有什麼做船的興致，事實上，我已萬念俱灰，喪失了一切動力。可是我兒子纏著我，非要達到目的，這個執著的小子，我終於拗不過他，開始了一艘玩具船的製作。大概 3 個小時，船順利完成了。我忽然發現，製作玩具船的那 3 個小時，是我好幾個月以來最平靜、最放鬆的時間。這個驚人的發現之所以令我震驚，不但是因為它讓我從混沌中驚醒，更因為是讓我明白了人生重要的道理 —— 這是我幾個月來第一次開始思考。我認識到，如果有一些需要周密計畫、認真思考的事情讓你忙得不可開交，就很難抽出時間去怨天尤人了。對我來說，建造那艘船的事情已經

106

占據了我的全部身心，無暇顧及其他。想到這麼一個好辦法能夠擊退沉鬱的心情，我決定讓自己立刻忙起來。」

曾有心理學家說：「無論多麼聰明的人，心裡也無法同時容納兩件事情。」這是一個很有用的建議。當你心中充滿憂慮煩惱的時候，不妨保持忙碌，轉移注意力，這可以幫助你儘快從鑽牛角尖中走出來。

有一位大學生剛來上課的時候，看起來總是很憂鬱，當時大家並不知道他發生了什麼事情。過了一段時間他才透露，原來他來上課時剛和交往多年的女友分手，而且是對方另結新歡，主動要求分手，讓他覺得被摯愛的人背叛，心裡很難過。

每當他想起和女友甜蜜幸福的往事，整個人就陷入痛苦的回憶，又想到她和別人在一起的場景，心裡就充滿憤怒和不平。好長一段時間，他對什麼事情都沒有興趣，做什麼都心不在焉。

後來，他在卡內基教室裡學到，「保持忙碌」是趕走憂慮最有效的良藥，決定回家後試試看。他拿出之前閒置很久的拼圖，那幅拼圖有好幾百片顏色相近的小拼片，需要保持高度的注意力才能拼成一幅完整的圖畫。他發現，整個下午，拼圖完全占據了他的心思，他第一次超過3個小時沒有想起失戀這件事情。當他看到自己完成的拼圖，心裡充滿成就感，快樂的感覺逐漸趕走情場失意的憂慮。他就這樣藉著玩拼圖讓自己保持忙碌，逐漸擺脫了失戀的沮喪。

忙碌是一種幸福，讓你無暇體會痛苦，不斷超越自我；疲憊是一種享受，讓你不覺得生活空虛，懂得珍惜擁有。

世上有三種東西無法挽回：一是潑出去的水，二是流逝的時間，三是錯過的機遇。我們總是處在不停地忙碌之中，不管是誰都無法挽留流逝的時間，但在有限的生命時光中，每個人都希望尋找到屬於自己的人生機遇。所以，人人都害怕停滯，害怕死寂。閒下來無所事事，沒有精神活動，是一種

失去。而忙碌是生命之所以存在的證明。「子貢倦於學，告仲尼曰：『願有所息。』仲尼曰：『生無所息。』」有事情做的人和肯努力做事情的人，才有成功的可能。

正如蘇芮在歌中所唱「也許有了伴的路，今生還會更忙碌」，我們一直為了更美好的生活而奮鬥，為了家人的幸福而忙碌，努力忙著自己的事情。無論是做瑣碎小事的平凡人，還是做大事業的強者，都在朝著心中那個既定的目標前進，無暇去想其他事情，心中只有一個目標，追求永無止境。

盡量讓自己保持忙碌的狀態，就是讓自己的身體和心靈保持活躍，讓自己充滿歡樂，不要躺在床上，不要用看小說和上網來麻醉自己。如果靈感一閃現，馬上就去做，要養成「今日事今日畢」的好習慣，否則你會被堆積如山的事情壓得喘不過氣來，而且會感覺越來越挫敗，越來越頹廢，天天什麼都沒做。不管發生什麼，讓自己忙碌起來，不管別人怎麼說、怎麼看，讓自己忙碌起來，快樂很快就會回到你的身邊，今天雖然工作不是很忙，但是要讓自己的精神忙碌起來。

再說，忙碌的人一般也較健康長壽。據英國媒體報導，菲麗絲・塞爾夫是英國年紀最大的「老闆」，自從 1974 年以來，她每天都朝九晚五地到自己名下的園藝公司上下班，處理日常事務，管理大約 200 名公司員工。即使菲麗絲在 2007 年 11 月歡慶 100 歲生日時，她仍然沒有為自己放假。菲麗絲說，儘管她已是百歲高齡，她仍然沒有任何退休的打算，因為她認為「保持忙碌」正是讓她長壽的祕訣。

忙是一種追求。習慣忙碌的人，閒不下來。大事忙完了，他會關注細節。細節完美了，他會再追求思考的統一。習慣忙碌的人，習慣了在紛雜的資訊中抓住重點，及時決策，關注執行，這些是構成事業成功的重要因素。有了這樣正向的關注與成功的因果效應，忙碌就變成了一代企業家與成功人

士的追求。這種人看不得員工閒下來，不斷地進行效率和人員的優化，讓團隊始終保持著忙碌、緊張、緊湊的狀態。

就像我們經常所說的一樣 —— 等我賺到多少錢後就停下來。看看那些成功人士，哪個人會停止了前進的步伐？單從物質層面來說，錢財已足以奢華幾輩子了，可是精神追求會一直激勵你、指引你繼續向前，指引你為了大多數人而前進，造福社會和人類的生存才是有意義的生存。當你的忙碌提升到這個層面後，你就真的永遠停不下來了！

偉大的科學家巴斯德（Louis Pasteur）曾經提到：「在圖書館和實驗室才擁有的平靜。」為什麼會在那兩個地方找到平靜呢？因為沉迷於圖書館和實驗室的人通常都埋頭於工作，醉心於研究，不會為其他事而擔憂。有資料說明，研究科學的人通常不會出現精神崩潰的狀況，因為他們沒有時間，也沒有精力來享受這種精神上的「奢侈」。

曾有人說：「要想讓田地不荒蕪，就在田裡種上莊稼；要想讓大腦不生鏽，就在裡面裝滿思考。」為了做更幸福的自己，先讓我們自己保持忙碌吧！

別為瑣事而煩惱

生活很瑣碎，我們每天都要與形形色色的人打交道，除了家人、朋友和同事，還有擦肩而過的路人、同車的乘客、快遞員、賣報紙的人……遇到對方做事不負責、不講理時，我們擔心與他們產生矛盾，生怕關係不和睦，只能讓自己退一步忍一下，原則隨之左右搖擺，日子久了也會受不了。你被生活瑣事煩惱嗎？你如何處理這些瑣碎、短暫、不重要的關係呢？

俄羅斯文人普希金（Aleksandr Pushkin）有一句話：「生活總是讓人無奈，我們卻充滿憧憬，一切都是瞬息，一切都將過去，而那過去了的都將成為美好的回憶。」

是的，生活本身就布滿了荊棘。這個世界存在著種種醜陋，人心的醜陋，境遇的不堪，有時真的讓人活的很累，生活就像一塊巨石壓得你喘不過氣來，這個時候，你千萬不要再為生活中那些瑣事而煩惱，如果那樣，你將會不堪擔負。

其實每個人都有不同程度的生活瑣事，只不過每個人採取的方式不同。生活就像一面鏡子，你對它笑，它就對你笑。

心理學家認為，那些每天發生的不被重視的事，就花費了我們很多的精力，甚至影響了我們的壽命。每個人都會遇到生活瑣事，但有的人會處理得當。

你一定想知道自己是如何處理生活瑣事的吧？有人做了這樣一個測試，你可以在下列某一特定情景中，選擇你會採取的方法，如果並不熟悉這些情景，請選擇你認為可能採取的方法。

1. 生日宴會、婚禮週年紀念……當不花錢送禮已是不可能時。

　　A. 你讓人把你的名字從應邀人的名單上刪去。

　　B. 你買一些花費不多，但又新穎別致的禮品。

　　C. 你只送禮給那些對你來說重要的人。

2. 你因出了一起交通事故而被迫出庭。

　　A. 出庭的焦慮不安使你失眠。

　　B. 這件事並不重要，只是生活中必然出現的，待出庭後，給自己買一件小禮物安慰自己。

　　C. 不把它放在心上，等到出庭那天再說。

3. 由於水管漏水，讓你的一些財產，如家具、地毯等蒙受了損失。但產險又不包括這個項目。

A. 你變得很懊惱，並抱怨保險公司。

B. 自己著手修理家具。

C. 打算取消保險並寫控告信給律師事務所。

4. 你和同事在某件事情上發生了爭執，但是事情仍然沒有得到解決。

A. 回家後借酒消愁，試圖忘了這件事。

B. 把律師叫來，商量一下對同事的行徑是不是要起訴。

C. 出去散步，平息一下憤怒的情緒。

5. 現代生活緊張的節奏，讓你們夫妻感到精神壓力很大。

A. 隨它去，試圖不為此而煩惱。

B. 找別人談談心，這樣會覺得好受一些。

C. 堅持和你的伴侶討論這些事情，看看如何處理。

6. 你正在為食品物價上漲而擔憂。

A. 儘管物價上漲，但並不改變自己的飲食習慣。

B. 每當看到物價比前一陣高，你總是生氣，但是還得去買食物。

C. 安排一個省錢的食譜。

7. 你從電話裡得知一個和你十分親近的人死於車禍。

A. 壓抑感情，因為還要把這個消息傳達其他朋友和親屬。

B. 掛上電話後，放聲大哭。

C. 把你的醫生找來，並讓鎮靜劑幫你度過以後的幾小時。

8. 你感到身體不舒服。

A. 自己診斷並查閱相關書籍。

B. 鼓起勇氣和家人討論病情並到醫院檢查。

C. 推遲看病，認為慢慢會好的。

這個測驗還有一些計分規則，暫不列出，不過你不妨試試看，看你是如何看待並處理這些生活中的瑣事。

　　心理專家認為，大多數情況下，你所擔心的事不會發生。當你被無可避免的日常瑣事纏繞時，做些勞務以趕走憂愁和煩惱。當你遭受不幸時，和一般人一樣，不要害怕流露出自己的情感。

　　有一天我晨跑時，眼睛吹進了一粒沙子，頓覺刺痛不已，眼淚很快充滿眼眶，接著眼前一片模糊，只好停下，跑到水龍頭用清水沖洗，視覺才恢復正常，眼前的跑道才又逐漸地清晰起來。

　　回想近期常被一些生活瑣事困擾，雖不曾誤入歧途，但幾乎迷失了方向。這時候忽然想到，這生活中的瑣事不正如吹進眼睛裡面的沙子嗎？漫長的人生路途，在重要時刻人們常常會受到一些生活中的「沙子」困擾，本來是無限光明的前途和十分明確的目標，在吹進了「沙子」的眼睛看來，這一切都是模糊的，無法辨清方向，只好停下來，如果找不到清水沖洗，這「沙子」造成的假象將會使人永遠迷失方向，甚至誤入歧途。

　　回想自己也曾因為一些生活瑣事迷失過，也曾因為「沙子」掉進眼睛而迷茫過，但是經過這次沖洗，變得豁然開朗起來了，縱使以後還會有很多「沙子」掉進眼中，但我知道要及時用「清水」沖洗，才不會被這些「沙子」迷惑。生活中的瑣事，該處理的就要儘快去處理，別為瑣事而煩惱，就像沙子掉進眼睛要儘快用清水沖洗一樣。

莫因往事而苦惱

　　每個人都經歷過失敗和痛苦，在心中多少會留下一些酸楚的記憶，甚至是不堪回首的過去……我們需要總結昨天的失誤，但不能對過去的錯誤和痛苦耿耿於懷，傷感也罷，悔恨也罷，都不能改變過去，不能讓你更快樂、更完美。過去的都已過去，未來的路還很長。如果總是背著沉重的歷史包袱，為逝去的過去感傷不已，那只會白白耗費眼前的大好時光，也就等於放棄了現在和未來！印度詩人泰戈爾（Rabindranath Tagore）說過：「錯過太陽了，如果你還在流淚，那麼你就要錯過星星了。」

　　有一本書上這樣寫道：

　　「人人都知道，過去的事情已經發生了，不可能改變，但是，我可以改變我的心，改變我對過去事件的看法。重新給它一個理解和詮釋，重新賦予它正面的意義。我可以看清過去的痛苦只是我錯誤的認知，我也可以找出事件背後蘊涵的意義和禮物！

　　因為這樣，無論外面的世界看起來多混亂，也能完全不受影響，反而能夠用內心的平靜來影響外面的世界。不管過去曾經發生過什麼事，不管是我自願的、被迫的或非我所願，完全不影響我的本性；我仍然是上天所創造的完美無瑕的我。」

　　書的內容寫得很好，但要讓過去的成為過去，繼續前行，卻不是一件容易的事。這個世界上，人們很多的憤怒、沮喪、痛苦和絕望都是因為沉湎於過去的傷害和問題。你越是在心裡記掛著過去的那些事情，你越是感覺糟糕，那些事情會越是沉重。只有讓過去的成為過去，繼續前行，你才能卸下過去的包袱。

　　有一位婦人，丈夫因病去世，她失去了依靠，不得不出去工作。她以分期付款的方式買了一部舊車，去幫一家出版公司推銷圖書。

法則 4　克服憂慮，消除憂慮

她工作辛苦，又孤獨沮喪。她每天有一百個擔心：怕付不出購車貸款、怕交不起房租、怕沒有足夠的食物吃、怕健康情形惡化且無錢看病……她覺得活著也沒什麼希望，甚至想到自殺。

有一天，婦人閱讀到一本書，看到了一句令人振奮的話：「對一個聰明人來說，每天都是一個新的生命。」婦人細細品味這句話，忽然明白，自己一直活在昨天的不幸和明天的恐懼中，反而忽略了今天。這時她才明白，昨天的痛，自己已經承受過了，有必要反覆憶起嗎？明天的痛，還沒有到來，有必要提前結算嗎？何不放下昨天的包袱和明天的煩惱，專注心思經營好今天？

記得小時候還讀到過這樣一個故事：有個得道高僧，16 歲離開父母出家修行。自出家以來，他每天青燈黃卷，早誦晚唱，晨鐘暮鼓，自感沾山水之靈氣，吸佛道之精華，已經六根清淨，俗塵不染，了卻了一切塵緣。因高僧德高望重，一時間，使得寺廟香客不斷，來參禪解悟的人也絡繹不絕。

一天，寺裡來了一位年輕人，想了卻塵緣，皈依佛門，在這裡尋一份清淨，找一方淨土。年輕人跪在了高僧面前，說：「師父，請收下我做您的徒弟吧！」

高僧看了看他，問道：「你真的能了卻塵緣？」

年輕人肯定地點點頭。

高僧的心裡突然閃出一個奇怪的念頭，他不相信眼前這個年輕人能真的了卻塵緣，一心向佛。於是，高僧拿出一面早已蒙塵的銅鏡，遞給年輕人，說：「佛門淨地，纖塵不染。既入空門，塵緣必了。這面鏡子就像是你的心，如果能擦淨，就請你再來。」

年輕人拿起銅鏡跪別而去。回到家，淨了身，燃了香，心無雜念，虔誠地拿起銅鏡擦了起來。上面的浮塵輕輕一擦就掉了，然而，有幾個黑色的印

痕卻怎麼也擦不掉。於是，年輕人拿出一塊磨石，打磨起來。就這樣，年輕人打磨了半個月，銅鏡終於光亮照人。

年輕人高興地拿著銅鏡又來見高僧。高僧看了看，搖搖頭。

年輕人很是不解，問高僧：「難道銅鏡還沒擦淨嗎？」

高僧微微笑道：「你再用心地看看。」

年輕人拿起銅鏡，看了又看，終於看見了一道印痕。這道印痕若隱若現，如絲線般在光亮的鏡子上。年輕人的臉紅了一下，接過鏡子走了。

年輕人回到家裡，依然孜孜不倦地磨那面鏡子，無論春夏秋冬，從來沒有休息過。為了心中的希望，年輕人的手早已磨出了厚繭，腰也坐得無法挺立。可是，直到那面銅鏡被磨得薄如蟬翼，那個印痕還是沒有被磨去。

年輕人不知道這印痕有多深，拿起鏡子反過來一看，發現那個印痕已經透到了鏡子後面。年輕人絕望了，他知道，鏡子上的印痕無論如何也磨不掉了。他想，一定是高僧以為自己沒有誠心，塵緣難了，才以這面鏡子來暗示他。年輕人感到佛光消失了，心裡的那盞燈也熄滅了，眼前一片黑暗。他不禁仰天長嘆：「佛啊！看來我今生是與祢無緣了。」

高僧正在打坐參禪，忽然感到眼前出現了兩朵蓮花，一朵含苞待放，還沒有盛開就凋落了；而另一朵看似清淨的蓮花上面，卻出現了一點污泥。高僧大吃一驚，想起了那個來拜師的年輕人，忙派人下山去找。然而，那個年輕人已經懸梁自盡了。

高僧懊悔不已，忽然感到自己的生命之燈已到了油盡燈枯的時候。高僧圓寂時，在生命的最後時刻，最先出現在他腦海裡的不是佛祖，而是他的父母。高僧心裡長嘆道：「看來自己也是塵緣難了，近百年的修行仍難成正果，何況那位年輕人啊！人心如果真的如鏡，除了沒有瑕疵，為什麼就不能包容一些呢？誰又怎能把前塵過往擦得不留一絲痕跡？看來，人是多麼需要有一顆寬容和包容的心啊！」

高僧圓寂了。佛祖卻寬容地留下了他，他成了佛。

這個故事告訴我們，過去即使做錯了也沒什麼，過去不代表現在，更不代表未來，不要為往事而苦惱，過去的就讓它過去，多一些理解和包容，生活會更加自在，更加美好。

勿為明天而擔憂

有一個故事：

一個老太太一生都是在憂慮中度過，活的很累。她在讀小學時擔憂考不上中學，考上了中學又擔憂考不上大學，上了大學之後又擔憂畢業後找不到好工作，找到了一個理想的工作後又擔憂找不到心中的白馬王子，結婚生子後又擔憂兒子的成長、前途、婚姻、家庭……這個幸運而又可憐的老太太就這樣給自己綁上了一條長長的擔憂鏈條，沒過到一天舒坦的日子。其實，她的擔憂完全是多餘的，是自尋煩惱。

心理學家認為，造成人們精神壓力的不是今天的現實，而是對昨天所發生事情的悔恨，以及對明天未知問題的憂慮。遺憾的是，許多人不懂得珍惜和享受眼前的生活，總是擔心明天的日子怎麼過，其理由是「人無遠慮，必有近憂」。人們的思考盲點就恰恰在於把「遠慮」理解成「為未來憂慮和焦慮」，而不是「替將來考慮與謀劃」。由此可見，許多煩惱是人們自找的。

常言道：「船到橋頭自然直，天無絕人之路。」因此，我們無須擔憂未來，也不必懊悔過去，只需好好珍惜今天，把握今天。昨天是過期作廢的支票，明天是不能預支的期票，唯有今天才是能用的現金。人無論在什麼情況下，都不應該以犧牲自己的心情為代價，把握好今天才是最重要的。

那麼，人們擔憂的事到底會不會發生呢？發生的機率究竟有多大？心理學家曾做過一個有趣的實驗：即要求一群實驗者在週日晚上，把未來 7 天所

要煩惱的事情都寫下來，然後投進一個大型的「煩惱箱」。到了第 2 週的星期日，他打開箱子，讓實驗者逐一核對每項煩惱，結果發現其中有九成並未真正發生。

接著，他又要求大家把剩下的一成字條重新投入箱中，等過了 3 週，再來尋找解決之道，結果到了那一天，他們開箱後發現那些煩惱也已經不再是煩惱了。據統計，一般人的憂慮有 40％屬於過去，50％屬於未來，只有10％屬於現在；而 92％的憂慮從未發生過，剩下的 8％則是能夠輕鬆應對的。這個例子更足以說明，煩惱不是本來就有的，而是人們自找的。

在當前社會競爭加劇的形勢下，我們應該有憂患意識和危機感，但是也不必為此而憂心忡忡，惶恐不安。

人要活在當下，不能像佛教所主張的要寄希望於未來。現實是真切的，而未來是不可預期的。有些事情該來的終究會來，擋也擋不住。最明智的做法是積極面對，充分準備。在事情還沒有發生前，不要總往壞處想的。要知道福與禍是能夠互相轉化的，而得與失也是相對的。

不要為未發生的事而憂慮，讓每天都有一個好心情。麥可・喬丹（Hyland DeAndre Jordan Jr.）之所以能夠成為「籃球之神」，除了天賦與苦練之外，最重要的是他還有自己的人生哲學。他說：「自己如果第一個球未投中，絕不會畏懼再投第二個，因為還沒有投，為什麼要擔心投不中呢？」

很簡單的話，卻足以說明一個很深刻的哲理：事情還沒有做，為什麼要擔心不成功呢？做好今天的事，就是說要珍惜今天的時光，做好手頭的工作。無論明天何去何從，都不能忽視今天，更不能放棄今天。

在現實生活裡，常讓人們深感不安的往往並不是眼前的事情，而是那些所謂的「明天」和「後天」，那些還沒有到來或永遠也不會到來的事物。人們總是為將來而發愁，這種擔心讓人深深地感到不安，對人生的發展也極為不利。

法則 4　克服憂慮，消除憂慮

　　首先，這種對未來的過度擔心和焦慮，嚴重地影響了我們今天的生活。克服憂慮心理最有效的辦法是，活一天盡一天的責任，做好一天的事，剩下的事交給時間去處理，相信時間是改變一切的可靠力量。我們既不能沉湎於過去，也不可過多地擔憂未來，我們必須了解今天的責任，並集中精力去完成這一個責任。沉湎於過去的事情和擔憂未來的事情，其結果就是讓人遠離了現實。

　　其次，總是擔心明天還沒有定數的事，會讓自己喪失鬥志，沒有信心，產生懼怕心理，那麼你的一生終將一事無成！但這並不意味著沒有目標盲目去做，每個人對於未來都應有自己的想法，但不是空想，一定要落實到實際行動中，這樣才有可能成功。有一位教師就曾整天憂慮「我能當好老師嗎？」「學生不喜歡我怎麼辦？」「家長不好溝通怎麼辦？」「同事不好相處怎麼辦？」……這些憂慮花費了他大量的精力，而事實根本不是他想的那樣。所以，如果用現在珍貴的時間去思考明天還不知道會不會發生的事情，這樣會讓人沒有信心，而且會給自己帶來負面影響，更浪費了進步的機會。這位教師後來理解了這句話的意思，感受很深，也發生轉變。不會再為那些愚蠢的問題傷神，而是踏踏實實，一步一腳印地做好今天的事，為自己充電。

　　是的，人生，有時候需要預測未來，但也僅僅是對要發生的事情進行推測，防止遇到問題措手不及，沒有必要為明天的落葉而擔憂。因為煩惱就像落葉一樣，不會因為你今天多打掃了一些，明天就減少一些。任何時候都有不同的煩心事，明天的問題就等到明天去解決好了，今天需要的只是把今天的事情做好。

　　做好今天的事，就是為明天築起了向上的臺階。

發現事物積極的一面

　　在現實生活中，有很多人生活的很痛苦，有很多人生活的很快樂。究竟是什麼原因造成了這樣不同的結果？原因可能是因為每個人看問題的角度不同。有的人看到的是事物積極的一面，有人看到的是事物消極的一面，如果能夠用積極的眼光看待自己所面臨的事物，用另外一種心態看到事物對自己有利的一面，那麼，這樣的人就會永遠生活在陽光裡。在他看來，生活沒有陰霾，有的只是陽光。

　　反之，有的人遇到事情，首先看到的就是事物的不足，想到的是最壞的結果，從來不去想這個事物好的一面。這也就是我們平常所說的心態問題，俗話說：「積極的心態像太陽，照到哪裡哪裡光亮，消極的心態像月亮，初一與十五不同。」因此，我在生活中，如果始終以發展的眼光、積極的心態來看待周圍的事物，看待我們所遇到的問題，那麼，即使是對我們不好的事物，我們也可能會在這種思考引導下做出對自己最好的抉擇。

　　從前，有一個國王喜歡舞槍弄劍，有一天，他不小心在舞槍弄劍的時候把自己腳上的大拇指給削了下來，他疼痛難忍，周圍的大臣都過來安慰他，可是他的宰相卻說：「國王陛下，一切的付出都是為了最美好的事情而準備的！」國王聽了他的話，非常生氣，下令把他貶為庶民，看管菜園。

　　有一次，國王和他的新任宰相到森林裡去打獵，不幸被食人族捕獲了。食人族吃人有個規矩，就是專門吃一群人中官職最大的。這時候國王面臨被吃掉的厄運。當食人族把國王清洗乾淨準備要吃時，卻突然發現國王腳上的大拇指沒了，原來是個有殘疾的人。食人族認為吃有殘疾得人是對自己祖先不敬，於是把國王放了，將新任宰相給吃掉了。

法則 4　克服憂慮，消除憂慮

　　回到宮裡，國王想起了先前宰相說過的話，馬上來到菜園，向宰相表示感謝。宰相卻說：「你不要感謝我，我要感謝你才對呢！」國王很納悶，宰相說：「如果你不把我貶為庶民，這次被吃的就是我了！」

　　現在有很多人，不知道珍惜自己的美好時光，整天用一種埋怨、消極的心態來對待周圍的一切。其實，這是我們的心態出了問題，是我們看問題的方法出現偏差，如果不加以糾正，那麼，即使我們成了百萬富翁，生活可能也會和現在沒有什麼兩樣，整天在埋怨。所以，我們要明白，一味地抱怨是不能解決任何問題的，只要以一種積極、進取的態度來面對生活，那麼我們的生活就會一直充滿陽光。

　　這個道理並不難理解，正如硬幣有正反兩面，所有的事情也都有它積極和消極兩面，端看我們如何看待，如何選擇。

　　曾經有一名武將，在一次戰鬥中，他率領部下與人數比他們多十倍的敵人對抗。雙方力量懸殊如此之大，他的部下們個個垂頭喪氣，委靡不振。當經過一座寺廟時，武將停了下來，說：「我們在寺廟前用硬幣問卜，如果硬幣正面朝上，那就表示我們能贏，否則就輸，那我們就馬上撤退。」他拿出硬幣，當眾投出。當硬幣落地的一剎那，大家睜眼一看，正面朝上。大家歡呼起來，充滿了勇氣和信心，恨不得馬上投入戰鬥。最後，他們大獲全勝。一位部下說：「感謝神明的幫助！」武將說：「這是你們自己打贏了戰鬥。」他拿出硬幣，大家一瞧，原來硬幣的兩面都是正面！

　　這個故事中的道理正如明朝陸紹珩所說：「一個人生活在世上，要勇於『睜開眼』，而不要動不動就『皺眉頭』。」「放開眼」和「皺眉頭」就是對事物兩面的選擇。你選擇「睜開眼」，就意味著選擇了事物積極的一面，就算遇到挫折也能樂觀自信，勇敢地應對一切；而如果你選擇反面，一個小小的失敗就會讓你眉頭緊鎖，鬱鬱寡歡，最終成為失敗者。只有樂觀自信的人才能在不順時，也看到生活美好的一面。

　　生活中，確實存在著我們不曾預料的困難，它的突如其來往往弄得我們措手不及，但是請用你積極向上的心態去面對它。

　　英國作家薩克雷（William Makepeace Thackeray）有句名言：「生活是一面鏡子，你對它笑，它就對你笑；你對它哭，它也對你哭。」請用一雙會發現的眼睛去尋找生活中的美好和光明，就像在秋天看到落葉背後的豐碩果實，在嚴冬裡看到霜雪中孕育的新綠。你會發現自己身上不曾被開發的潛能，你會擁有自信、充實、精采的每一天。

　　一年夏天，卡內基在加拿大洛磯山區弓湖（Bow Lake）湖邊遇到了何伯特‧沙林吉夫婦。沙林吉夫人是一個很平靜、很沉著的婦女，給人的印象是「從來沒有憂慮過」。一天晚上，卡內基問她是不是曾因憂慮而煩惱過。她說，曾經她也是一個極度憂慮的人，她的生活差點被憂慮毀掉。後來因為一句話而改變了她的生活，讓她不再憂慮。

　　那時她脾氣不好，很急躁，每天的情緒都很緊張。出去買東西時，她會想到許多可怕的事情：也許房子燒了、也許傭人跑了、也許孩子們被汽車撞死了……她常被這些可怕的事情嚇得直冒冷汗，不得不立即衝出商店，跑回家去看看一切是否都好。而實際情況是什麼事也沒發生。

　　她第二個丈夫是一個律師，很穩重，有分析能力，凡事都往積極的方向想，從不為任何事情憂慮。每當她緊張或焦慮的時候，丈夫就對她說：「不要慌，讓我們好好地想一想，妳真正擔心的到底是什麼呢？我們分析一下機率，看看這種事情是不是有可能發生。」丈夫的這句話，減少了她90%的憂慮，使她過去這20多年的生活過得十分美好而又平靜。

　　凡事都朝積極的方向想，善於發現事物積極的一面，對每一個人都是至理。我有一個開店的朋友，他家樓下有人正在裝修，刺耳鑽心的聲音讓他很煩，又不便讓人家停工。後來他調整心態，從積極的一面考慮問題，主動調整自己的睡眠時間。他說：「既然已經對樓下裝修的雜音沒有辦法逃避，那

就接受現實，早點起來，利用白天的時間做事情，或者白天躲到店裡去，到店裡也可以睡覺，也可以監督員工，有什麼事情也好及時處理。」

從這位朋友的事情上可以悟出，遇到不好的事情，與其一直難過，一直發牢騷，不如改變一下態度和想法，多從積極的方向去考慮，這樣也許日子就能過得幸福些。

不要讓指責傷害你

對待指責，不同的人有著截然不同的態度。有的人勇於承認自己的錯誤，並誠懇地接受指責，總結教訓並及時加以改正；有的人受到指責就喪失信心，委靡不振，甚至自暴自棄；還有的人，一遇到指責便火冒三丈，讓主管和同事「敬而遠之」。無疑，後兩種態度是不足取的。

在這個世界上，有許多人的座右銘都是：「走自己的路，讓別人去說吧！」可是又有幾個人真能做到呢？人們常患得患失，把一些無意義的東西看得過於重要。其實，人活著畢竟還是很實在的，我們何必活的太累呢？何必在乎人言可畏？只要能說出屬於自己的聲音，走出屬於自己的道路，這就足夠了。真正的強者是絕不會著求被人理解的，在他心裡，無論是指責還是讚美，都與他無關。他一心要做的，就是堅持自己的目標，沿著自己的方向，把自己的路走好！

這就是說，不要害怕別人怎麼說，不要讓指責傷害你，只要自己心裡知道那是對的就可以了，避免被指責的唯一辦法是做你心裡認為正確的事。

即使別人說了你一些無聊的閒語，或欺騙了你，甚至從後面捅了你一刀，也千萬不要沉溺在自憐中，而是盡你最大的可能去做，讓指責你的話語落到身後去。

如果我們的仇人知道他們是如何讓我們擔心，讓我們煩惱，讓我們一心只想報復的話，他們一定會高興得手舞足蹈。我們心中的恨意完全傷害不到他們，可是卻會使我們的生活變成地獄。

當然，要是自私的人想占你便宜，不必理睬他，更不必報復他。當你想跟他扯平的時候，你對自己的傷害，遠比對那傢伙對你的傷害更多。

如何對待指責，有人做過以下結論，我們不妨拿來學習。

1. 面對指責，要虛心傾聽：當別人對你提出指責時，不要急於反駁或辯解，也不要做出一副你說你的，反正我不在乎的樣子，更不要慌慌張張，再三地道歉，而應該認真聽完對方的指責。在指責的過程中，如果你覺得有什麼不對或傷到自己的話，也應該先聽完，然後再向對方說出你的意見和想法。

2. 面對指責，要學會接受：如果你無法容忍別人的指責，而用各種方式去拒絕、逃避，那你也沒有權力去指責別人。首先，我們要有接受指責的胸懷；其次，要有接受指責的勇氣。如果別人發現你的錯誤或不足，並指責有理時，不要去拒絕這份好意，更不要擔心接受了指責就會低人一等；反之，你要拿出勇氣，認真對待，改正自己的錯誤和不足，下次才不會出現類似的錯誤。

3. 面對指責，要有度量：每個人處世態度和處事方式都會不同。在對待別人的指責時，如果指責有理，但採取的方式、方法不對，你大可不必大動肝火，而是把它理解為一種自己可以接受的方式、方法，如果對方指責不對，你也應先聽完，然後再做出必要的解釋，大可不必一觸即發，因為是非曲直早晚都會清楚，相信時間會證明一切。

4. 面對指責，要善於檢討：人非聖賢，孰能無過。如果自己真的犯了錯誤，就應該誠懇地接受指責，查找出錯誤的原因，認真分析，檢討經驗，吸取教訓。對錯誤的指責，我們也應該認真對待，把它當做是一種警示和教育，把它看做是對自己的一種提醒，自己今後在這方面多加注意。我們不僅要善於聽取正確的意見，而且要善於從對事實有誤解的指責中吸取教訓，這樣才有助於防止自己犯錯誤。

5. 面對指責，要懂得婉言拒絕：如果指責者對事實原委了解不夠，而出現沒有道理或純屬誤會的指責，你可以做些解釋，以便讓對方了解事實真相。「你誤會了，事情是這樣的……」，語言委婉一些，對雙方都有好處，尤其是對自己。

總之，面對善意的指責，不能反擊。如果反擊肯定會造成尷尬的局面，傷害感情；不要找藉口推脫責任，也不要默不作聲。這兩種態度無異於「消極抵抗」，而且也不利於指責者指出你的錯誤所在。無論你採取什麼方法，都要認真誠懇，心平氣和。油腔滑調，輕聲輕氣只會引起反感。即使你接受了指責，接下來還要看你的實際行動，態度再好，沒有行動，一切都等於零，而且還會給別人留下「言行不一」、「撒謊」的壞名聲。如果指責者沒有道理，也不應該「耿耿於懷」，更不應「借機報復」。須知，當面給你提意見多半是為了你好，希望你進步，即使是一場誤會，談開了也就沒事了，挾嫌報復，會損害你的人格。

因此，我們要把指責當做苦口良藥，從指責中發現自己的缺點和不足，在指責中成長進步，正確對待指責，讓自己在面對每一次指責後都能把它當做人生進步的一級階梯，努力提升自身的成長，不斷地去完善自己。

時常回顧自己的幸福

曾讀到一篇文章，感慨很深，啟發也很深，在文中有這樣一段話：

當我們一無所有的時候，我們也能夠說：「我很幸福。因為我們還有健康的身體。」當我們不再享有健康的時候，那些最勇敢的人可以依然微笑著說：「我很幸福。因為我還有一顆健康的心。」甚至當我們連心也不再存在的時候，那些人類最優秀的分子仍舊可以對宇宙大聲說：「我很幸福。因為我曾經生活過。」

常常提醒自己注意幸福，就像在寒冷的日子裡經常看看太陽，心就不知不覺溫暖光亮。

這篇文章是要我們常常提醒自己注意幸福，其實，為了克服和消除生活中的憂慮，我們也要時常回顧以往的幸福，這樣才能保持長久的自信力和進取心。

人們追尋幸福，往往就像一個老太太急著找她所遺失的眼鏡，直到最後才發現它端正地架在自己的鼻梁上。世間最大的錯誤，就是人們對於自己已經擁有的東西視而不見，卻到處尋找不屬於自己的東西；或者，不珍惜已經擁有的東西，而對失去的東西卻念念不忘。

在大地震中，王家兄弟倆被人從廢墟中挖了出來，死裡逃生。在重獲新生的日子裡，哥哥念念不忘失去的一切，成天念著死去的妻兒、寵物……弟弟不但失去了妻子、女兒和全部家財，還失去了左腿。但他常在想：「我還活著，真是幸運。我不愁吃，不愁喝，感謝上蒼讓我留下了一條腿和一雙完好的手，我能給自己做飯、穿衣，還能幫別人工作。」

哥哥常把得到的東西拋在一邊，對失去的東西卻又念念不忘，成日陷入憂鬱痛苦之中，不久便患上了胃潰瘍和心臟病，不到 3 年便病死在醫院裡。弟弟則珍視自己現有的一切，學會了用心去享受已經追尋到的幸福。他雖然

失去了一條腿，但他會修鞋。當他看到別人穿上他修好的鞋子，向他投來滿意的目光時，他便情不自禁地對自己說：「活著真好！」

劫後餘生的兄弟倆有著相同的遭遇，過著相似的生活，卻是兩種結果，兩種命運。其中的原因就是哥哥對已經失去的東西念念不忘，只想著痛苦的記憶，卻沒能珍惜擁有的東西；而弟弟從不去想已經失去的東西，只時時記著現在擁有的東西，感到自己活的很幸福。

從這裡可以看出，一個人是否會享受人生，不在於他擁有財富多少、房子大小、薪水高低、職位高低，也不在於所謂的成功或失敗，而在於是否會計較自己的所得，是否時常回顧自己的幸福，從而克服和消除那些不必要的憂慮，不要計較已經失去的東西，多看看現在還剩下的東西。這個十分簡單的法則，其實就是享受人生的一種大智慧。

在其他國家，有許多貧窮落後的地區，生活條件艱苦，但人們往往很長壽。曾看過記者對一位 110 歲高齡的老奶奶的採訪。她常年住在山上一個破陋滴水的小木屋裡，餐餐吃地瓜、青菜，家裡一貧如洗，但她總是樂呵呵，白天到菜園裡澆水、鋤地，夕陽落山時就在家門口坐著看夕陽。

記者問她：「生活那麼苦，一把年紀了還得去耕作，竟還活得那麼健康長壽，原因何在？」她說：「我渴了有水喝，餓了有飯吃，每天還可以透過耕作活動筋骨，住在山裡空氣清新，可以聽聽鳥叫聲，欣賞高山流水的美景。這麼舒適的生活，恐怕城裡很多有錢人都買不到，我卻時時擁有，怎麼能不長壽呢？」

這位老人珍惜自己所擁有的一切，從不為自己欠缺的東西而苦惱，這就是她能感受到幸福，沒有憂慮的真正原因。其實，絕大多數人所擁有的，遠遠超過了這位老人，可惜我們都忽略了自己所擁有的。比如，雖然你離開職場，但你有一個和睦的家庭，家中人人健康，無災無病；你的收入雖然不

高，但粗茶淡飯一點也不缺，沒有那些富貴病的侵擾；你的伴侶或許並不出眾，但與你相親相愛……該回顧的和值得珍愛的東西還有很多，你是否時常回顧它們呢？

當然，在生活中，每個人都會有不盡如人意的時候，也有不盡如人意的地方。對此，有的人苦惱不已，也有的人羨慕別人。但這兩種人有一個共同的特點，那就是不懂得珍惜自己所擁有的。

前人說得好：「人生應該有兩個目標：第一是得到所想要的東西，盡力去爭取；第二是享受它，享受擁有它的每一種幸福。」而一般人總是朝著第一個目標邁進，從來不爭取第二個目標，因為他們根本不懂得享受。這個享受，也就是一種對幸福的回顧。

能夠時常回顧自己的幸福並珍惜現時擁有的人，才能真正擁有幸福。幸福就在我們的心中，在我們手中，無須往外尋求。當我們覺得苦惱或傷心的時候，看一看自己所擁有的吧！那時候，我們就會覺得自己其實有很多的幸福。

法則 4　克服憂慮，消除憂慮

法則 5　多問問自己快樂嗎？

　　　世上沒有絕對不幸的人，只有不肯快樂的心。世界原本就不是屬於你的，萬物皆為我所用，但非我所屬。試問，百年以後，哪一樣是你的？所以，任何痛苦都是自己找的，任何快樂也是自己找的。笑一笑，你的人生將會更美好！在以後的生活中，你不妨也多問問自己快樂嗎？

多想想開心的事情

一件傷心事想 100 次就有 100 件傷心事發生，一件快樂的事情想 100 次就有 100 件快樂的事情發生。那為什麼不多想想開心的事情呢？

俗話說：「人生苦短。」這句話的意思是：眼睛一閉一睜，一天過去了；眼睛一閉不睜，一輩子就過去了。一般人，天天過的都是平常的日子，為柴米油鹽奔忙。開心是一天，不開心也是一天，何必自己跟自己過不去呢？情緒不佳時就多想想開心的事，微笑也許解決不了什麼大問題，但活動活動面部肌肉也是不錯的選擇。

其實，每個人都有三千煩惱絲，不管是春風得意的人，還是挫折纏身的人，總會有愉快和不愉快的時候。開心的事情想多了，就是挫折纏身的人心情自然也會好起來；稍遇不順就陷入煩惱中，就是春風得意的人恐怕也快樂不起來。

日常生活中不乏美好，重點是我們要去發現。宋朝無門慧開禪師說得好：「春有百花秋有月，夏有涼風冬有雪，若無閒事掛心頭，便是人生好時節。」

這就是說，人生在世，每天都會有開心或不開心的事。改變能改變的，接受不能改變的，多想開心的事，不被煩躁的情緒左右，就是不開心也會變得開心起來。

也許你會說：「生活中沒有那麼多開心的事情。」但，即使生活中開心的事不多，也要凡事都想開點，這樣才能獲得快樂。

著名畫家張大千先生留有一把濃密垂腹的鬍子。據說有一個人見到他，便好奇地問道：「張先生，您睡覺時，您的鬍子是擺在被子外頭還是放在裡頭啊？」大千先生頓時一愣，說：「這……我也不清楚啊！是啊！我怎麼沒留意這個呢？這樣吧！我明天再告訴你。」

晚上就寢，大千先生將鬍子擺在被子外頭，好像怪怪的，收起來又放進被子裡，又覺得不自然。折騰了半宿，都不妥當。這下他自己也犯愁了，以前這可不是什麼問題啊，現在怎麼成了件頭痛的事呢？

第二天，大千先生對那個人說：「很抱歉，我真的不知道平時是擱哪兒的。」那人見大千先生兩眼布滿血絲，似有所悟，愧疚道：「對不起。張先生。讓您受累了。」

大千先生的煩惱源於平常熟視無睹的小事引起了他的關注。生活中，心累通常是人為地在自己思考上加壓造成的。我們太在意生活中的小事了，在意鄰里無意的評頭論足，在意同事間的小摩擦，在意主管偶爾的責罵，在意與他人一時的賭氣。

人，不會個個都那麼幸運，一生中誰沒有這樣的經歷：考試失敗，家庭不幸，工作挫折，評優無緣，晉升無望，失業威脅，老來寂寞。人生總會有煩心的事，睜開兩眼歷歷在目，閉上雙眸空無一物，倘若凡事都記得，怎能不讓人負重前行？

其實，透視煩事，忘卻不幸，藐視挫折，這何嘗不是一種心靈的釋放，人生的昇華呢？

人生漫漫，世事坎坷。然而在平時的生活中有很多人一旦遇到不如意的事就會生悶氣，精神長期處於一種悶悶不樂、壓抑的狀態，這樣非常容易誘發身心疾病。與其悶悶不樂，還不如遇事想開一點，這樣快樂自然就會伴隨著你。

有些遇到事情想不開的人，當煩惱來襲的時候，他們總會覺得自己是天底下最不幸的人，不論誰都比自己強。事實上，事情並不完全如此。也許你在這方面是不幸的，但在另一方面卻是幸運的。遇到事情只要多往好處想，凡事都想開點，自然會失之東隅，收之桑榆。

法則 5　多問問自己快樂嗎？

有一天，一個小孩到一間沒人住的破屋裡玩。玩累後把腳放在窗臺上歇著時，一點聲響驚得他一躍而起，沒想到左手食指此時被一支鐵釘鉤住，就這樣把食指拉斷了。

他當時嚇呆了，認為今生全完了。但是後來手傷痊癒，就再也沒為這事煩惱。現在他從沒想過左手只剩四根手指，幾年前，他在紐約遇見了一個開電梯的工人，失去了左臂，電梯工人問他是否感到不便。他說：「只有在用針線時才會感覺到。」

人在身處逆境時，尤其要想開點。一個人可以忍受不幸，也可以戰勝不幸，因為每個人都有著驚人的潛力，只要完全發揮出來，就一定能度過難關。

小說家米爾頓（John Milton）曾認為除雙目失明外，他可以忍受生活上的任何打擊。但當他真的雙目失明後，卻說：「原來失明也可忍受。人能忍受一切不幸，即使所有感官都喪失知覺，我也能在心靈中繼續活著。我不主張人應逆來順受，但對無可挽回的事，就要想開點，不要強求。」

話劇演員波爾赫德就是一位樂觀的女性。她在戲劇舞臺上活躍了 50 多年。當她 71 歲在巴黎的時候，發現自己破產了，更糟糕的是，她在乘船橫渡大西洋時，不小心摔傷腿，傷勢嚴重，引起了栓塞性靜脈炎。醫生建議必須把腿部切除。醫生不敢把這個建議告訴波爾赫德，怕她受不了這個打擊。可是他錯了。波爾赫德注視著這位醫生，平靜地說：「既然沒有別的辦法，就這麼辦吧！」

在手術那天，她坐在輪椅裡高聲朗誦戲裡的一段臺詞。有人問她是否在安慰自己。她回答：「不，我是在安慰醫生和護士，他們太辛苦了。」

後來，波爾赫德繼續在世界各地演出，又重新在舞臺上工作了 7 年。

由此可知，平時多想想開心的事情，凡事都想開點，人生才能真正快樂，成功和幸福才會離我們更近。

凡事多往好處想

悲觀的失敗者視困難為陷阱，樂觀的成功者視困難為機遇，結果就有兩種截然不同的人生。因此才有人說，生活不是缺少美，而是缺少發現。凡事往好處想，就會看到快樂，有了快樂才能增添我們生活的色彩與輕鬆。

從前有個老婆婆，她有兩個兒子，大兒子賣鹽，小兒子賣傘，可是，她卻總是不快活。

晴天時，她為小兒子擔心，這麼好的天氣，他的雨傘賣給誰呢？一家子吃什麼啊？想著想著，她就哭了起來。

雨天時，她又為大兒子發愁，鹽受了潮，就不好賣了，一家人都要餓肚子，想著想著，老婆婆又哭起來。

鄰居老先生見老婆婆總是愁眉苦臉，身體越來越差，就對她說：「遇事要往好處想。」老婆婆問：「怎麼才是往好處想呢？」

老伯說：「晴天時，你可以為大兒子高興，他的鹽好賣了；雨天時，你可以為小兒子高興，他的傘有人買了。」

老婆婆聽了，覺得有道理，就照他的話去做。從此，無論晴天雨天，她都是高高興興的，身體也好了起來。

古人說：「凡事多往好處想，該吃就吃，該喝就喝。」有這樣一則幽默小故事：一個人老是感覺每天過得不順心，有一天出門不小心，一腳踩空掉到水裡，爬上岸一看，嘿！口袋裡還裝了一條魚。以這種心態去生活，你就會過得很坦然，同時也會感到無比的快樂。

一般人過平凡生活，要學會凡事都往好處想，名人也一樣，有時候他們比平凡之人更懂得這個道理。

耶誕節前夕，甘布士欲前往紐約。妻子在為他訂票時，車票已經賣光了，但售票員說有人臨時退票的機會只有萬分之一。甘布士聽到這一消息，

法則 5　多問問自己快樂嗎？

馬上開始收拾出差要用的行李。

　　妻子不解地問：「既然已沒有車票了，你還收拾行李幹什麼？」他說：「我去碰一碰運氣，如果沒有人退票，我就當做拎著行李去車站散步而已。」

　　等到開車前 3 分鐘，終於有一位女士因孩子生病退票，他因此而登上了去紐約的火車。

　　在紐約，他打電話給太太，他說：「我之所以會成功，是因為我抓住了萬分之一的機會，因為我凡事往好處想。別人很有可能會以為我是個傻瓜，其實這正是我與別人不同的地方。」

　　對於這樣一個拎著行李去車站散步，抓住萬分之一機會的人，心態是多麼積極、多麼平和啊！從來都不抱怨自己的命運會如何，總是找快樂、找希望、找機會，這就是美國百貨業鉅子甘布士身為成功者的品格。

　　還聽說過一個故事：有一個名叫米契爾的青年，一次偶然的車禍，他全身 2/3 的面積被燒傷，面目恐怖，手腳變成了肉球，面對著鏡子中難以辨認的自己，他的內心痛苦而迷茫。他想到某位哲人曾經說的：「相信你能，你就能！問題不是發生了什麼，而是你應當如何面對它！」

　　他在很短的時間裡就從痛苦之中解脫了出來，幾經奮鬥，變成了一個成功的百萬富翁。後來，他不顧別人規勸，非要用肉球似的雙手去學習駕駛飛機。結果，他在助手的陪同下升上天空後，飛機突然發生故障墜機。當人們找到米契爾時，發現他脊椎粉碎性骨折，將面臨終身癱瘓的現實。家人和朋友悲傷至極，他卻說：「我無法逃避現實，就必須樂觀接受現實，這其中肯定隱藏著好的事情。我身體不能行動，但我的大腦是健全的，我還是可以幫助別人。」他用自己的智慧與幽默去講述能鼓勵病友戰勝疾病的故事。他走到哪裡，笑聲就蕩漾在哪裡。

　　有一天，一位護士學院畢業的金髮女郎護理師來照顧他，他一眼就斷定這是他的夢中情人，他把他的想法告訴了家人和朋友，大家都勸他：「這是

不可能的，萬一人家拒絕你多難堪。」他說：「不，你們錯了，萬一成功了怎麼辦？萬一她答應了怎麼辦？」

多麼好的思維，多麼樂觀的心態！他勇敢地向她提出約會、求愛。在相處了兩年之後，這位金髮女孩嫁給了他。米契爾經過不懈地努力，最後成為坐在輪椅上的國會議員。

仔細想想，人生不就是一個過程嗎？在不經意間得罪別人，做事碰碰撞撞，甚至為某種利益而結怨成仇，於是在這種矛盾中痛苦地生活，現在想想，真不值得。其實，人生最大的敵人是自己，要想創造一個好的心情，首先需要擺平自己，拿得起是一種勇氣，放得下是一種肚量。凡事要多往好處想，才不至於自己絆住自己。

古代，有一位秀才進京趕考，在考試前兩天，他連續做了兩個夢。第一個是夢見自己在高牆上種白菜；第二個是夢見下雨，他戴著斗笠還撐著傘。

秀才趕緊去找算命先生解夢。算命先生說：「你還是回家吧！你想想，高牆上種白菜，不是白費勁嗎？戴著斗笠還撐著傘，不是多此一舉嗎？」

秀才一聽，心灰意冷，回店收拾包袱就要回家。店老闆問其緣故，秀才把做夢和算命的情況訴說了一番。店老闆一聽樂了：「我也會解夢，我倒覺得你一定要去考。你想想，高牆上種菜，不是高種（中）嗎？戴著斗笠還撐著傘，不是說明你有雙重保險嗎？」

秀才一聽，覺得確實有一定的道理，精神頓時為之一振，於是便充滿自信地參加了考試，最後居然考中了。

還有一個故事：有兩個人，各自得到一筆遺產，在一次意外中又都失去了其中的一半。其中一個樂觀的人認為我還有一半財產呢，於是幸福地享受遺產給他帶來的美好生活。而另一個悲觀的人卻認為自己失去了一半財產，並為此耿耿於懷，不久就鬱鬱而終了。

凡事多往好處想，就會以一種積極向上的心態去迎接眼前的生活，而不

是整天鬱鬱寡歡地過日子。千萬不要為那些已經失落的夢幻而感到煩惱，沒有必要自尋一些煩惱來讓自己的生活不愉快，誰也不能把今天的幸福存入銀行，明天再取出來享用。生活本身就是鮮花豔陽加風霜雨雪，內在的悲歡離合，外在的痛苦磨難都不時地打擊著我們的身心，這就需要我們從容地去面對，不能自己先亂了陣腳。

遇到事情能夠多往好處想，那麼你的心靈自然就會充滿陽光。

做真實的自己

不做別人的複製品，做真實的自己，看起來很平常、很自然的一句話，細想卻是那麼不容易。不複製他人就是要做回自己，不迷失自我，自己的事情自己做主，可就是這樣簡單地做回自己，卻成了世間最難的事情。因為在人生這條漫長而曲折的道路上，總有一些東西不在我們的掌握之中，我們常會因他人的眼光而改變自己。也許身邊常有些人告訴你，你應該怎樣做；提醒你，你應該成為什麼樣的人；告誡你，你不能違背規則。這時，你還會做自己嗎？

在一座美麗的花園裡，有蘋果樹、橘子樹、梨樹和玫瑰花。花園裡所有的成員都是那麼快樂，唯獨一棵小橡樹愁容滿面。可憐的小傢伙被一個問題困擾著，那就是：它不知道自己是誰。蘋果樹認為它不夠專心，說：「如果你真的努力了，一定會結出美味的蘋果，你看多容易！」玫瑰花說：「別聽它的，開出玫瑰花來才更容易，你看多漂亮！」小橡樹按照它們的建議拚命努力，但它越想和別人一樣，就越覺得自己失敗。

我們也時常像這棵小橡樹一樣，在某個時刻迷失自己，想模仿他人而不成功，結果越來越迷惘。某個作家曾說：「對於宇宙，我微不足道，可是，對於我自己，我就是一切。」你就是你，不是別人的複製品。每個人都有自

己的特質和潛力，善於將它們開發出來，你才能夠活出真正的自己。不做他人的複製品，保持真我本色，你就能成為最好的自己。

義大利著名影星蘇菲亞·羅蘭（Sophia Loren）自 1950 年進入影視圈以來，拍過近百部影片，還獲得 1960 年奧斯卡最佳女主角獎。但是，當年只有 16 歲的她來到羅馬想圓演員夢時，有人嫌她個子太高，臀部太寬，鼻子太長，嘴巴太大，下巴太尖，一點兒都不像電影演員，甚至有人勸她去做整容手術。但蘇菲亞沒有被別人的議論所左右，而是勇往直前地走自己的路 —— 堅持做自己，最後她獲得了成功。

大多數人都有過這樣的內心衝突：是做自己，還是做別人的複製品？其實，每個人只有按自己所期望的生活方式去生活，做自己真正想做的事情，內心的焦慮和衝突才會消失。如果因做他人的複製品而迷失了自己，是不值得的。

在人生這個大舞臺上，在社會這個大染缸中，迷失自我的案例太多。例如，有的人做了官，便忘記了自己貧寒的出身，個人欲望高度膨脹。再如，有些人喜歡跟風，看到別人經商，他也坐不住了，放棄原來的工作，紛紛跟風，但自己又不是經商的料，結果讓自己處於進退兩難的尷尬境地。

話說回來，人非聖賢，孰能無過，即使是聖賢，也不能不犯錯。每個人踏上社會，或由於社會經驗不足，或由於年幼無知，或由於血氣方剛衝動行事，想做別人的複製品而迷失自我恐怕也在所難免，重點是要能迷途知返。

那麼怎樣才能做到不迷失自我、不做他人的複製品呢？首先要知道自己真正喜歡什麼，如果你做的事是你所喜歡的，哪怕薪水低一點，待遇差一點，都不要緊，這些都只是暫時的，相信靠你的努力，經過日積月累，到時所取得的成績和榮耀一定會讓你和周圍的人感到吃驚。其次，對自己要有自醒，知道自己的長處和短處，盡量揚長避短，這樣相對你較容易成功。第三，不要輕易被外界所誘惑。大千世界中的誘惑太多，許多人抵擋不住誘

惑，最後淪為官位、金錢、女色的奴隸，喪失做人的尊嚴和生存的價值。面臨世界經濟情勢挑戰，能有一份工作就應該倍加珍惜。要以高度的責任心和敬業精神把手上的事做好，認真把每件簡單的事做好就是不簡單。什麼是不容易？認認真真把每件容易的事做好就是不容易。

世上名人很多，成功人士也很多，但我們千萬不要盲目崇拜他們，因為成功的路不可能重複，正如樹上不可能有完全相同的兩片樹葉一樣，每個人的特質、個性、閱歷、學識、修養、為人處世的方法等各有不同，這些決定了每個人所走的路不同，路要靠我們自己走，無論成功還是失敗，都要我們勇敢地去前進。

學會與自己對話

每個人內心都希望擁有一個開闊而安靜的心靈空間，累了、煩了，不妨走進自己營造的心靈小屋，安靜下來，把瑣碎的事情、生活的煩憂暫時拋到九霄雲外，靜靜地傾聽自己心靈的聲音 —— 與自己對話。

我們要學會與自己對話。經常聽人們說：「什麼都是浮雲。」浮雲，不僅能遮住日月星光，甚至能遮掩人們最不願承受，也不願面對的靈魂。很多人為了應付這個浮躁而多變的世界，往往把什麼都看成過往浮雲，把注意力集中在人與外部世界的關係上，卻很少去關注心靈的糾葛，審視自己的靈魂。因此，很多人都活的很恍惚、很迷惘。

但也有一些人，自始至終都在詰問生命，與自己的心靈對話，企圖從靈魂裡找到精神的出路。有位作家曾說：「人最需要也是最重要的，就是自己跟自己來進行對話練習，跟自己的靈魂來一次對話。」靈魂問題，人們會不自覺地繞過去。因為真的將內心完全敞開，自己會害怕。真正的開放，不應該停留在外部，而是內心的。

每個人都有一體兩面，都有某種程度的人格分裂情形，只有透過與靈魂對話，審視內心的對立統一性，才能讓自我得到延伸，展示出生命內在的巨大空間。

常常與自己保持對話，在靈魂深處探討。前不久，有一位讀者來信，說每當孤獨寂寞的時候，他就會和自己對話。他的對話內容轉摘如下：

孤獨嗎？答：「孤獨。」

孤獨好不好？答：「有時好，有時不好。」

好在哪裡？答：「自由，想做什麼就做什麼。」

不好在哪裡？答：「寂寞，不知道做什麼。」

是什麼樣的寂寞？答：「希望和人交流而不得。」

想和什麼人交流？答：「我喜歡的。」

喜歡誰？答：「喜歡的人不多，經常找不著談話對象。」

那麼出去隨便找個人瞎聊吧！答：「不行。」

為什麼不行？答：「那樣會更空虛。」

空虛和寂寞有不同嗎？答：「有。」

怎樣的不同？答：「寂寞有兩種，孤獨的寂寞，空虛的寂寞。」

這怎麼說？答：「前者的解決通常是讀萬卷書，行萬里路；後者多為歡唱跳舞，煙花柳巷。」

當和自己對話到這個時候，他就知道該怎樣做了。

人在困境沒人幫忙的時候，必須自己為自己解套，和自己對話就是有效的方法。

也許能夠與自己對話的人，總是活的很苦惱。但是，當回過頭來看，正是這樣的人，才具有真正的智慧，生命也才有價值，因為思考有著至高無上的意義。思考總要在隱蔽孤獨的狀態中成長，儘管不可避免地要訴說，但必須先在孤獨中孕育。而在這種孕育的過程中，首先要是學會與自己的心靈對

話，學會去詰問自己的生命。

「我想做什麼？我應該怎麼做？」如果每個人都能常常向自己提出這樣的問題，然後認真地回答，那麼他就會漸漸地認識自己，在認識自己的前提下，真正地為自己制訂一個計畫，認真地去實施。世上無難事，只要認真去做，最終夢想也許就會變成事實。

其實，在現實生活中，我們會遇到許多的無奈與困惑，找朋友聊，找親人敘，都只是一種舒緩，我們需要的是如何面對自己，怎樣和自己對話。比如，我們常常需要不斷地問自己：「此刻我心中在想些什麼？明天我該做些什麼？還有哪些需要努力的地方？」

首先問自己：「心中在想什麼？」

疲憊了一天，是否一躺在床上就能安然地睡去？或是看一會兒書，或是玩一陣遊戲，入睡前，不妨拿出一天的生活細節，重新過濾一遍，想想我們的理想和目標。因為，生活並非一成不變，每天我們都會面對不同的狀況，對於目標，對於生活，我們充滿了希望並一直努力著。夢想並非一日之功，成就夢想需要一個努力的過程，我們不能輕言放棄，所以我們需要問自己，在每天閒暇的時刻提問自己心中的理想信念：「此刻，我該想些什麼？」然後問自己：「明天，我該做些什麼？」

「明天，我該做些什麼？」延續著今天的努力，輕鬆地梳理一下心中的疑慮，為明天的工作儲備動力。明天的生活是什麼樣子，是成功還是失敗，我們誰也不知道。但凡成大事者之所以能夠成功，是因為他願意去做一些失敗者不願意做的事。反之，亦然，失敗者之所以失敗，乃在於他一直在做成功者不願意做的事。「明天，我該做些什麼？準備好了嗎？」

最後問自己：「還有哪些需要努力的地方？」

不管你現在做什麼，學什麼，總會有一個結論。一星期、一個月、半年、一年，這是一個時間的跨度。一天的總結，你試過嗎？不妨給自己 1 分

鐘的時間，問自己：「我今天是否失敗過？失敗在哪裡？問題解決了沒有？結果是否令自己滿意？」當然更重要的是，還有哪些是經過努力可以得到改進的，以便及時想好對策及方法。

孔子有一句話：「吾每日三省吾身。」說的就是自己與自己的對話，孔子之所以能夠成為聖人，與他的「省身」有很大關係。雖然我們難以做到「每日三省」，能做到「每日一省」便已足矣。如果每一個人每天都能與自己對一次話，把每天的得失都好好地回想一次，那麼還有什麼不清楚的呢？在自己與自己的對話中，你肯定會經常得到令你感到意外驚喜的東西。

記得有位作家說：「自己把自己說服，是一種理智的勝利；自己被自己感動了，是一種心靈的昇華；自己把自己征服了，是一種人生的成熟。」和自己的心靈對話，能把自己說服了、感動了、征服了，人生還有什麼樣的挫折、痛苦、不幸不能征服呢？

和自己的心靈對話，就是發現自己，發現另一個更加真實的自己。

不要對他人心存報復

「如果有一個自私的人占了你的便宜，把他從你的朋友名單上除名，千萬不要想去報復。一旦你心存報復，對自己的傷害絕對比別人的要大得多。」

這句話聽起來像是哪位哲學家說的。其實不然，這句話曾出現在紐約警察局的布告欄上。

老子《道德經》中有一章是這麼說的：「人之有餘以怨報德，人之不足以德報怨。」是以怨報德，還是以德報怨？很少有人能做到最後二種。而我們其實應該朝這個方向努力。

也許我們不能神聖到去愛敵人，但為了我們自己的健康與快樂，最好能原諒並忘記他們，這樣才是明智之舉。

法則 5　多問問自己快樂嗎？

　　心理學中有一條規律：我們對別人所表現出來的態度和行為，往往會得到同樣的方式和回應。在與人打交道時，我們發現自己待人的態度會在別人對我們的態度中反射回來。如同你站在一面鏡子前，你笑時，鏡子裡的人也笑；你皺眉，鏡子裡的人也皺眉；你叫喊，鏡子裡的人也對你叫喊。幾乎很少有人認識到這條心理學規律的重要性與普遍性，反而得意地歸功於自己感覺靈敏。

　　一個小男孩受到母親的指責，一時氣憤跑出家門，來到山邊，並對著山谷喊道：「我恨妳，我恨妳，我恨妳！」接著從山谷傳來回音：「我恨妳，我恨妳，我恨妳！」這個小孩很吃驚，百思不得其解。過了一會，他的氣消了，想起了母親對自己的關懷，心裡就開始後悔。於是他又對著山谷喊道：「我愛妳，我愛妳！」而這次他發現，有一個友好的聲音在山谷裡回答：「我愛妳，我愛妳！」生命就像一種回聲，你送出什麼它就回應什麼，你播種什麼就收穫什麼，你給予什麼就得到什麼。

　　這就是說，你想要別人是你的朋友，你必須是別人的朋友。心必須靠心來交換，感情只能用感情來換取。只要我們互相容忍謙讓，我們的人生道路不就變得更加明亮、寬闊、平坦了嗎？

　　當我們怨恨仇敵的時候，自然而然就受仇恨主宰，甚至傷及睡眠、食欲、血壓、健康和幸福。如果我們的仇敵知道我們為他而煩惱苦悶，努力尋找復仇的機會時，大概會高興地歡呼。也許我們尚未能傷害敵人，反倒讓自己傷痕累累，每天過著不快樂的生活。曾有人說過：「如果有個狹隘的人想要傷害你，那麼，不要企圖報復，只要與他斷絕來往就足夠了。因為一旦你有了報復之心，受到傷害的不是別人，而是你自己……」

　　有這樣一幅漫畫：A 拿了一張白紙，用一支筆在中間畫了一個黑點，然後問 B：「你看到了什麼？」「一個黑點囉！」B 一臉不屑地回答說。A 再問：

「為什麼這麼大一片白色你看不到，而只看到這黑色的一小點呢？」B 一臉茫然。

這裡提出的是一個發人深省的問題。在這個五光十色的社會中，我們往往是一眼就能看到別人的小小缺點，但更多的優點卻視而不見。原因可能很多，而習慣性的自私、嫉妒心理人概是主要原因。看到他人的成績，看到他人的美好，我們往往高興不起來，主要是因為我們的心胸太狹窄了。而寬容就是治療嫉妒、自私、心胸狹窄的最好方法。

寬恕，是人類的一種美德。寬恕本身，除了減輕對方的痛苦之外，事實上也是在昇華自己。因為，當我們寬恕別人的時候，我們也能得到真正的快樂。犯錯很平常，寬恕卻是一種超凡。假如我們看別人不順眼，對別人的行為不滿意，痛苦的不是別人，而是我們自己。

常有人對他人懷恨在心，但就算是你恨死對方，對方也許並不知情。因為不知情，所以他不會有任何損失，也不會有什麼負擔，反倒是你自己的內心因為有「恨」而一刻也不得寧靜，痛苦不已。因此，我們要了解，「恨」是世界上最愚蠢的行為。唯有懂得寬恕別人，才能得到真正的快樂。如果一個人總是希望從別人身上去獲得快樂，那會比一個乞丐沿街乞討還要痛苦。

快樂不是別人給我們的，而是要由我們自己來解脫，自己來超越。想要得到快樂，就不要太過於敏感。因為對周遭的一切都太在乎與太在意，就好比自己拿了好多條繩子綁住自己一樣，自尋煩惱，自討苦吃。

因此，不要對他人心存報復，快樂要先從寬恕別人而來，寬恕是昇華自己的本源，兩者相輔相成，若能如實地運用在生活當中，那麼，便能心寬如海，遠離痛苦了。

反之，若集中所有的精力去怨恨別人，結果只落得神經質、容顏衰老、心臟衰竭等下場，只能讓別人更早、更徹底地看清你是一個心胸狹隘、小肚

法則 5　多問問自己快樂嗎？

雞腸、行為卑微、沒有朋友的人。如果我們無法做到愛「敵人」，至少多愛自己一些，多愛自己一些，帶給自己更多的幸福、健康以及美麗，不就等於不再受「敵人」的牽制了嗎？

莎士比亞有一句名言：「憎恨別人的熊熊烈火，可別把自己給燒焦了！」

其實，寬恕也是治癒傷害的良藥。對於大多數人來說，寬恕他人要做很大的努力，但至少可以從憎恨他人的苦惱中解脫出來。如果不能寬恕，那麼，至少可以忘掉他人對自己的傷害。

亞伯拉罕對上帝說：「上帝哦！我的兄弟已經傷害我 7 次，請問我還能寬恕他幾次？」上帝說：「你還要寬恕他人 1,000 次。」這足以證明，內心的平靜，是透過改變你自己而獲得的，而絕不是透過報復獲得的。為了你自己，為了快樂，為了內心的平靜，為了光明的未來，請你改變你自己。寬恕了傷害你的人，你將獲得更多，生活也將更加美好！

常懷一顆感恩之心

有人說：「所謂幸福的生活是有一個健康的身體，一份稱心的工作，一位深愛你的人，一幫值得信賴的朋友和一顆感恩之心。」

還有人說：「一個人最大的不幸，不是得不到別人的『恩』，而是得到了，卻漠然看待。」一個不懂得感恩的人，只會把別人的給予當做理所當然，只會一味索取而不知回報，他的生活會因體驗不到相互給予的快樂而枯燥乏味。相反地，一個懂得感恩和回報的人，生活會輕鬆而滿足，因為他能夠從為他人創造的快樂中享受給予的樂趣。所以，感恩是一種生存智慧，是一個人維護自己內心的安寧感和提高幸福感不可少的能力。

有個寓言：百獸之王獅子病了，消息傳出去之後，動物們紛紛來看望獅子。當小老鼠來時，獅子想：「這隻不懷好意的老鼠，他肯定想探知我的寶

藏在哪裡，好早早把地洞挖好」；當狼來時，獅子想：「這傢伙向來對我不敬，他來一定是想看我一命歸西的場面」；當老虎來時，獅子想：「老虎對我根本不服氣，一直想當山大王，他準是來探聽我能活多久」……

獅子感到非常悲傷，他嘆息道：「危難之際見真情，他們怎麼都對我不懷好意呢？他們難道不知道世間還有一種真摯的關懷之情嗎？」

獅子的悲傷在於不知道感激，缺乏一顆感恩之心。因為我們用什麼樣的眼光看待世界，世界在我們眼中就是什麼樣子。

其實，青山綠水，流雲皓月，大自然賜給我們陽光雨露。長河萬里，滔滔東去，吾獨取一瓢飲之。俯首是春，昂首是秋，月亮是詩，太陽是畫，我們還有什麼不滿足的呢？我們還有什麼和自己過不去的呢？

其實，學會感激，不過是學會逐漸擁有一個好心境罷了。風也好，雨也罷，只要我們常懷一顆感激之心，那麼世界在我們的眼裡就會多姿多采。

很多時候，我們能否擁有一個好心境，在於我們能否擺脫名利的困擾。名與利，就像一個結，把我們的心越拉越緊，結果把我們的理智閉塞了，讓我們心情陰暗了，失去了快樂。

所以，我們要學會感恩，首先要感恩自己的父母和親人。天大地大，父母的恩情最大。生我者，父母也；育我者，父母也。所以，父母是我們最大的恩人。是父母培養了我們，也許他們沒有給我們留下金山銀山，但他們的人格和品行是我們堅實的靠山。我們在外工作，時常為父母捎去一句噓寒問暖的話，回到家親切地走近操勞一生的父母，閒話家常。隨著慢慢長大，我們應該學會照顧、關心父母，記住他們的喜好與生日，在適當的時候送上溫馨的問候與祝福。在工作、學習遇到挫折時，家永遠都是我們避風港，父母永遠都會在身後默默地支援、鼓勵我們，但當父母有不如意的事時，我們是否會關心他們呢？人世間最偉大而又最平凡的愛莫過於父愛和母愛，正是由於它平凡，所以容易被人淡忘，我們該以一顆感恩的心對待父母，烏鴉反

哺，小羊跪乳，動物尤是如此，人何以堪？

同時，要感謝親人。在家庭遇到困難時，在我們外出工作時，是親人給予自己以及家人照顧和幫助，讓我們能全身地投入工作，沒有後顧之憂。

也要感謝老師，一日為師，終身為父。老師桃李滿天下，依然堅守三尺講臺，默默耕耘，將自己的知識授予我們。對於辛勤培育我們的老師，你是否也懷著一顆感恩之心？在校園裡遇到老師時，你是否主動迎上去，給老師一個問候？在每年的 9 月 28 日，你是否記得給老師送上節日的祝福？

生活中，在我們周圍，還有太多太多需要感恩的人……

感謝朋友，當遇到挫折時，是朋友給我們以鼓勵，也給我們以信任；感謝公司、感激老闆，給我們就業的機會，給我們一個平臺發光發熱；感謝同事和下屬，是他們給我們信任和認可，對我們的工作支持和配合；感謝上蒼，讓四季運轉無窮無盡；感謝社會，感謝生活所給予的一切，哪怕是一件微不足道的事，儘管並不美滿和幸福！

在人生的道路上，我們所經歷的、所看到的、所聽到的值得感動的事情不勝枚舉，「滴水之恩，當以湧泉相報」。在我們這個和諧社會時代，在人們的距離日益縮小的今天，常懷一顆感恩之心，是我們成就陽光人生的支柱，是我們創造和諧氣氛的一種思想境界。

感恩是一種處世哲學，是一種生活智慧。從成長的角度來看，心理學家們普遍認同這樣一個規律：心改變，態度就跟著改變；態度改變，習慣就跟著改變；習慣改變，性格就跟著改變；性格改變，人生就跟著改變。願感恩的心改變我們的態度，願誠懇的態度帶動我們的習慣，願良好的習慣昇華我們的人格，願健康的人格成就我們美麗的人生！

朋友，讓我們常懷一顆感恩之心吧！我們的社會需要感恩，我們的生活需要感恩。只有學會感恩，人生的旅途才會充滿溫馨。我們之所以感到幸福和快樂，是因為我們常懷一顆感恩之心。

你就是自己的救世主

我們遇到困難的時候總是希望有人可以幫助我們，等待救世主，殊不知，救世主就是我們自己。

有一名在模具廠打工的大學生，常這樣抱怨：「我堂堂一個大學生在這裡當學徒，一個月才 25,000 元的薪水。」因此每天總是怨天尤人，期待自己這匹千里馬可以遇到伯樂。但是，公司裡沒有伯樂喜歡一個技術不好，整日抱怨的人。

如果這名大學生用抱怨的時間去學習模具製作這門技術的話，那麼相信伯樂很快就會發現他。

我們總是期待被欣賞、被認同，我們總是期待有人可以幫助我們，但是真正能夠幫助我們的只有我們自己。

有一位虔誠的佛教信徒，每天都從自家的花園裡採擷鮮花到寺院供佛。一天，當她正送花到佛殿時，巧遇禪師從法堂出來，禪師欣喜地對她說道：「妳每天都這麼虔誠地以鮮花供佛，依據經典，常以鮮花供佛者，來世當得莊嚴相貌的福報。」

信徒非常高興地回答：「這是應該的，每天我來寺院禮佛時，感覺心靈就像洗滌過一樣清涼，但一回到家，就開始心慌意亂。請問禪師，我該如何才能夠在瑣碎煩悶的生活中保持一顆清淨純潔的心呢？」

禪師反問道：「妳以鮮花供佛，相信妳對花性有一些常識。我現在問妳，妳如何保持花朵的新鮮呢？」

信徒答道：「保持花朵新鮮的方法，在於每天換水，並且在換水時把花梗剪去一截，因花梗的一端在水裡容易腐爛，腐爛後的花梗很難吸收水分，鮮花就容易凋謝！」

禪師說道：「要保持一顆清淨純潔的心，也是相同的道理，生活環境像瓶

裡的水，我們就是花，只有不停地淨化我們的身心，變化我們的氣質，並且不斷地懺悔、檢討，改掉陋習和缺點，才能不斷吸收大自然的食糧。」

信徒聽後，歡喜作禮謝道：「謝謝禪師的開示，希望以後有機會親近禪師，過一段寺院中禪者的生活，享受晨鐘暮鼓，菩提梵唱的寧靜。」

禪師說道：「你的呼吸便是梵唱，脈搏跳動就是鐘鼓，身體便是寺宇，兩耳就是菩提，無處不是寧靜，又何必要到寺院中生活呢？」

禪師的話暗含一層深意，那就是：神不是別人，也不在別處，你就是自己的主宰，什麼都要靠自己。

是啊！世上本沒有什麼救世主，如果有，那就是你自己。在現代生活的叢林中，守株待兔的農夫很快會被淘汰。因為沒有兔子自動送上門來，也沒有救世主會來拯救他。

在現實生活中，放棄自己的權利，讓別人的意志來決定自己生活的人實在不少。他們把上學、找工作、婚姻……統統交給他人，失去了自我追求和自己的信仰，也失去了自由，最後變成了一個毫無價值的人。人生最大的損失，莫過於失掉自信。

有個故事，說的是一位畫家把自己的一幅佳作送到畫廊裡展出，他別出心裁地放了一支筆，並附言：「觀賞者如果認為這畫有欠佳之處，請在畫上標上記號。」結果畫面上標滿了記號，幾乎沒有一處不被指責。過了幾日，這位畫家又畫了一張同樣的畫送去展出，不過這次附言與上次不同，他請每位觀賞者將他們最為欣賞的妙筆都標上記號。當他再取回畫時，看到畫面又被塗滿了記號。原先被指責的地方，卻都換上了讚美的標記。

這位畫家不受他人意見的左右，充滿了自信。他的行為告訴我們，一個人要善於聽取他人的意見，但不能受其左右，要執著於自己的事業，但不能太偏執。也就是說，自己是自己的主人，掌握正確的思考，保持良好的心態，自己安排生活，自己計畫人生。

快樂了就幸福了

快樂是人生的主旋律，也是我們共同追求的目標，人的一生快樂是最可貴的。所以，人們經常用一句祝福語：「祝你永遠快樂！」

然而，快樂不會是永遠的，一成不變的。沒有悲喜之分也就沒有快樂而言，因為事物都是相對的。

其實，獲取快樂既難又易，它取決於一個人的心態和對客觀事物的理解。

快樂有時很簡單，也許是會心一笑，也許是一句輕聲的問候，也許是你幫助別人做了一件好事。我們不奢求永遠，不奢求一生快樂無憂。但快樂加上快樂就等於很多快樂，因為快樂是可以累積的，無論高低貴賤或貧窮富貴，快樂就是幸福。

快樂是一種心情，白居易的〈想歸田園〉道：「快活不知如我者，人間能有幾多人？」人的心情也和天氣一樣，時陰，時晴，時苦，時樂，時常變化。快樂不能仰仗別人，只能依賴自己。健康的心態催發愉悅的花朵。

快樂是杯美酒。趨樂避苦是人的一種本性，健康、親情、舒適、閒暇、幸福這些快樂的泉源是要靠人自身創造。雖說知足常樂，福由心造，如果一個人吃喝遊蕩，無心上進，他的「心」再如何「造」，快樂也難以恆久。因此培根說：「人是自身快樂的設計師。享福必先造福，快樂必先實做。」

快樂是種回望，回望逝去的歲月，捨得揚棄，去雜取菁，去稗留禾，收穫快樂。過分地貪婪名譽、財富，必然要付出代價，過多的擁有必然導致快樂的流失。

快樂是懂得如何去擷取生命中的花朵，快樂有快樂的意義，痛苦失意時也同樣有值得採取的經驗與心得。

每個人都是一盞燈，都有一份小小的力量，可以喚醒人間的歡樂、神聖和美好，化解愁苦和怨恨。

法則 5　多問問自己快樂嗎？

有則寓言：

有一個老人在臨死前對兒子說：「孩子，我快死了，我希望你過上快樂的好日子。」

兒子說：「父親，你告訴我，怎麼才能讓生活快樂？」

父親答道：「你到外面世界吧！人們會告訴你找到快樂的辦法。」

父親死後，兒子就出發到外面的世界去尋找幸福。他走到河邊，看見一匹馬在岸上走，這匹馬又瘦又老。馬問：「年輕人，你到哪裡去啊？」

「我去找快樂。你能告訴我怎麼找嗎？」

「年輕人，你聽我說。」馬回答道。「我年輕時，只知道飲水、吃草，甚至把頭放到食槽裡，就會有人把吃的東西塞進我嘴裡。除了吃以外，別的事我都不管。所以，當時我認為在這個世界上我是最快樂的了。可是現在我老了，主人把我丟棄了。所以我告訴你，年輕時要珍惜自己的青春，千萬不要像我過去那樣，享受別人準備好的東西，一切都要靠自己，要學會為別人的幸福而高興，不要怕麻煩，這樣，你就會永遠感到快樂。」

年輕人繼續走下去。他走了很多路，在路上碰到了一條蛇。

蛇問：「年輕人，你到哪裡去？」

「我去尋找快樂。你說，我到哪裡去找呢？」

「你聽我說吧！我一輩子以自己有毒液而感到自豪。我以為比誰都強，因為大家都怕我。後來，我知道我這種想法是不對的。其實大家都恨我，都要殺死我。所以，我也怕大家，要避開大家。你的惡語也是你嘴裡的毒液──，所以你要當心，不要用語言去傷害別人，這樣你就一輩子沒有恐懼，不必躲躲閃閃，這就是你的快樂。」

年輕人又繼續朝前走了。走啊！走啊！看見一棵樹，樹上有隻小鳥，它的淺藍色羽毛非常鮮豔光亮。

「年輕人，你到哪裡去？」小鳥問。

「我去尋找快樂。你知道什麼地方能找到快樂嗎？」

小鳥回答說：「年輕人，看來，你在路上走很多天了，你的臉上滿是灰塵，衣服也破了，你已變了樣子，過路人都在避開你了。看來，幸福與你是沒有緣分。記住我的話：要讓你身上的一切都顯得美麗，這時你周圍的一切也會變得美麗，那時你的快樂就來了。」

年輕人回家去了，他現在明白：不必到別的地方去尋找快樂，快樂就在自己身邊，快樂了就幸福了。

是啊！快樂就是一種幸福，一個人能從平凡的生活中發現快樂，就比別人幸福。快樂是一種美德，因為它不但表現自己對世界的欣賞和讚美，也給周圍的人帶來溫暖和輕鬆。

從細微處感受快樂

平時，我們可以感受陽光，感受晚霞，感受月輝，感受和風，感受細雨，感受熱情，感受溫柔……總之一句話，我們可以感受快樂。

有人也許以為快樂只在天上，快樂只是上帝的恩賜。其實，快樂就在地上，快樂就在細微處。

忙碌之後的空閒是快樂的。在勞累了一整天之後，你可以休息，好好地睡一覺。可以打開電視機看地球的另一面正在發生什麼事情。興許你突然想起親人、朋友，甚至是萍水相逢的人 —— 需要你去關心，於是你上門去找他，出門時你的心情充滿快樂。

月光下的回憶是快樂的。在夜深人靜的時候，打開檯燈，翻開相冊，看到了從前的「你」「我」「他」，你笑了，一種甜蜜、幸福、快樂的感覺湧上心頭，向全身溢散。於是你走到月光下，向他一招手，「他」又回來了，還是那麼一笑，嘴角一揚，眼角一瞟，還是那樣清晰，還是那樣親切。不必

法則 5　多問問自己快樂嗎？

握手，不必擁抱，心與心早就重疊在一起了。甜美的往事一個一個地呈現於回憶的螢幕，你曾經在情緒存摺裡儲蓄了往日的快樂，現在它們增值了，你享受著快樂的利息。

是的，快樂就在細微處，只要我們用心去感受；快樂就在細微處，只要我們認真地度過生命的每一分鐘。

所以，生活處處有快樂。如果你熱愛閱讀，你可以從閱讀中得到快樂；如果你熱愛運動，你可以從運動中得到快樂；如果你熱愛觀察，你可以從觀察中得到快樂。

有個孩子，是一個能常常發現快樂的人，哪怕是在一個骯髒的角落。有一次，他在地板上發現了一隻蟑螂，黑黑的，很難看。他用麵包吸引牠，把牠逗得暈頭轉向。瞧，牠本來往前跑，突然 180 度大轉向，原來，他的麵包動了。爸爸叫他用藥殺死牠，他卻把牠放生了。他傻乎乎地笑著說：「我很喜歡小動物。」

他養了 30 幾條魚，養在兩個小不丁點的魚缸裡。雖然他叔叔伯伯家有魚，但是最後不養了，他奶奶家也有魚，後來認為沒意思，也不養了。他無法理解為什麼長輩不養魚了呢？原來，人們已經把生活的細微處當做廢物扔掉，殊不知快樂就在其中！

從細微處感受快樂，因為快樂的記憶更多是來自細微瑣碎的生活小快樂的累積。調整好心態，珍惜當下的每一個幸福瞬間，就能獲得持續的快樂。現實生活中，就是要善於體會不同風景的美麗，感受不一樣的快樂時刻。

怎樣才能從細微處感受到快樂呢？有專家提出以下六點看法。

1. 選擇快樂而不選擇利益：順著我們內心的熱情，選擇對我們有意義並且讓我們開心的事情。比如，親自泡一杯茶，而不去應酬一頓飯。

152

2. 多和朋友在一起：不要被日常工作纏身，讓自己不要永遠處在忙碌狀態中。親密的人際關係，是你快樂的泉源。

3. 正視自己的弱點，淡化對自己的期望：首先必須承認只有佛陀才被稱為圓滿，連菩薩都有細微無明沒有斷除。我們要正視自己的無能，不要勉強自己承受根本實現不了的期待，不要成為過高期望的奴隸，讓自己的快樂係數提高。

4. 簡化生活而不是需索無度：更多，並不意味著更好。環保意識，不是單純只指物質方面，我們的心靈也需要環保，需要知足、感恩、惜緣、包容、擔當。

5. 更加慷慨而不是吝惜錢財：金融危機在很大程度上來說，對我們心理的影響遠超過物質生活的影響。從世界趨勢看，不好的狀態並沒有回到1930年代的大蕭條。我們習慣性地看緊口袋，只因為我們覺得經濟環境變差，賺錢更難。但有可能我們擁有的財富，其實已經夠一般人生活幾輩子。這個時候我們需要的是加倍地慷慨，要體會到，此時有更多的人需要用我們的財富給他們創造幸福的生活。

6. 感激生活而不是抱怨生活：生活艱難永遠都是擺在眼前的事情。就拿微軟公司來說，軟體王國尚且面臨著「壟斷」的訴訟。生活什麼時候可以隨心所欲呢？在我們這個世界上，沒有這樣的事情會發生。我們不要把已經擁有的幸福當做理所當然，而要學會珍惜點點滴滴的幸福，如家人的和諧、身體的健康、朋友的善緣、師長的關愛。我們要心存感激，要向他們表達感激。

和諧世界，眾緣和合；和諧世界，廣結善緣。這樣的世界，才是幸福的世界，快樂的世界。這樣的人生，才是幸福的人生，快樂的人生。

法則 5　多問問自己快樂嗎？

法則6　莫讓經濟問題困擾你

　　中國有句古語：「養兒防老，積穀防饑。」也許很多人認為這種觀念已經過時，或許它是有一定的局限性，但其未雨綢繆的精髓卻經久不衰。即便是新興的理財一族，也並未徹底摒棄這種觀念。收入像一條河，財產是你的水庫，理財就是管理水庫，開源節流。

　　個人理財在西方國家早已成為一項熱門行業。西方國家的個人收入包括工作收入和理財收入，一個人一生的收入中，理財收入占到一半甚至更高的比例，可見理財在人們生活中的地位之重要。

你不理財，財不理你

　　什麼叫理財？理財就是對個人和家庭財富進行合理的管理和配置。簡單說，是一門關於賺錢、花錢和省錢的學問。

　　有句話說得好：「你不理財，財不理你！」很多人習慣在一年開始時為自己擬定一個計畫，想要出國留學的可能要開始準備考試並計畫著在申請學校前儘早通過，想要結婚的開始籌措資金準備買房，想要在股票和基金上投資賺錢的也都在伺機而動……即使是生活沒有太大的改變的人，可能也會計畫著新近要添幾件新裝。儘管每一個人的生活期望和目標都不相同，但共同點大都是關注著自己的荷包裡還有多少存款，今年又能進帳多少？

　　這就是說，人人都想著要開始理財了。

　　有篇報導曾經說，在經濟發展的美國，其國民收入的 50% 來自於薪資收入，而另外 50% 則來自於家庭的投資收入。所以，該如何理財，讓我們有限的資產發揮最大的作用，是我們最需要解決的問題。

　　有一句話：「吃不窮，穿不窮，不會盤算一世窮。」這句話其實就是「你不理財，財不理你」的翻版，一個人如果不會理財，即使再有錢也會有花光的一天。

　　我們的祖父母和父母兩個世代，都不同程度地感受過貧窮和饑餓，所以他們很早就懂得累積家財有多重要。但是畢竟那時經濟環境沒有現在開放，也沒有如此多的投資理財管道，於是儲蓄是絕大多數人唯一的理財方式，加上社會養老保險和醫療保障，可以老有所依，也就過得心安理得。但即便如此，也有越來越多的中老年人開始接觸新型理財方式，牛刀小試。

　　林小姐今年 24 歲，在一家外貿公司擔任祕書已有兩年，目前和父母在一起生活。林小姐的母親已退休，父親仍在職，因為公司的薪資較好，家庭的收入也不錯。

　　林小姐還有一個哥哥和嫂嫂，哥哥在國外讀博士，嫂嫂一年前也以陪讀的身分去了美國，兩歲的小姪子交給林小姐的父母幫助撫養。哥哥現在已經進入論文答辯，還有半年也可以畢業了，還一直領有全額的獎學金，再加上導師很欣賞他，引薦他去一家知名企業工作，雖然還不能拿到正式員工的薪水，但收入也不錯。嫂嫂在國內學英文，法語也說得非常流利，偶爾幫哥哥的學校翻譯一些資料，夫妻倆的生活也過得不錯。

　　由於小姪子今年才兩歲，夫妻倆將他留在國內林小姐的父母身邊，打算等今年畢業安頓好後再將小朋友接到國外，小姪子非常聰明，是一家人的「小太陽」。夫妻倆在國外經常會寄錢給父母，一般都是美金。以前，父母對外幣沒什麼概念，剛開始的時候也就放在家裡，慢慢累積多了，便在銀行開了外幣帳戶。

　　隨著美金貶值，林小姐的父母也思考著如何讓這筆錢有所升值，但是並未行動。今年年初，林小姐的父母就囑咐林小姐要想想如何活用這筆錢。

　　林小姐的父親經歷過自然災害年代及物質短缺年代餓肚子的體驗，所以他很注重家庭備用金的準備。不過，他的方法在女兒眼中過於傳統，無非就是節省，精打細算，有閒錢一律寄存銀行。

　　隨著生活條件的改善，兩老又從電視上和報紙上了解到理財的重要性，於是商量著想用兒子寄來的美金做點投資。以前只是將這筆錢定期存入銀行，去年 10 月底隨著存款升息政策公布和美元貶值，兩老就商量著想將美金取出來換成新臺幣再轉存。

　　而林小姐本人也看到身邊越來越多的年輕人開始忙著讓自己的錢包更加充實，不免也為之心動。

　　由此可知，林小姐及其家人都認識到了理財的重要性。那麼，究竟要如何理財呢？這個問題不是三言兩語能說清楚。也就是說，理財有很多學問。在學會理財之前，我們首先要明白理財的要義，走出理財盲點。

盲點一，理財是有錢人的事。

理由：與有錢人相比，有薪家庭更需要理財，他們面臨更大的教育、養老、醫療、購房等現實壓力，更需要理財增長財富。

盲點二，有了理財就不用保險。

理由：保險的主要功能是保障，對於家庭而言，沒有保險的理財規劃是無本之木。

盲點三，投資操作「短、平、快」。

理由：不要以為短線頻繁操作一定賺錢多。

盲點四，盲目跟風，衝動購買。

理由：在最熱門的時候跟風進入，往往是投資最高價時，要理性投資，獨立思考，貨比三家。

盲點五，過度集中投資和過度分散投資。

理由：前者無法分散風險，後者使投資追蹤困難，無法提升投資報酬率。

盲點六，敢輸不敢贏。一漲就賣，越跌越不賣。

理由：這是違背客觀規律的做法，不可取。

「積穀防饑」雖然老套，卻也經典，未雨綢繆，防患於未然，也是為了保障我們在面對突發情況時不至於措手不及。利用自己的優勢，理性理財的同時，我們應當明白，財富的累積應從現在開始，從一點一滴開始。

讓錢「動」起來

《伊索寓言》有這樣一個故事：

一個人把金子埋在樹下面，每隔一段時間就挖出來陶醉一番。然而有一天，他的金子被賊偷走了，這個人痛不欲生。他從沒花過這些錢，每次只是看看而已，對他來說，這些錢有和沒有都是一樣。

這則寓言告訴我們：財富閒置就等於零，所以必須讓錢「動」起來！

事實上，現今銀行存款1年期的利率，如果扣除利息，實際存款利率並不高。如果以消費者物價指數(CPI)為3%計算，1年期存款實際利率是負值。這就意味著1萬元存進銀行，1年後就只有9,000多元，有幾百元就白白「蒸發」了！這裡並不是勸導人們不要把錢存進銀行，而是以這個事實說明，要學會理財，讓自己的錢「動」起來。

理財專家說：「大多時候，我們不是缺少錢而是缺少觀念。財富是習慣，是思考方式。在現今社會，一個人必須養成良好的理財習慣，做好完美的理財計畫，學會讓錢『動』起來，將每一分錢都透過周密的規畫發揮最大的作用。」

那麼，如何才能讓自己手中的錢在數十年甚至自己百年之後盡可能不貶值呢？其實，這就是現今人們普遍關注的理財問題。

曾有一個有名的女企業家，憑藉天時、地利、人和，將事業做得有聲有色，財富自然也是累積得越來越多，但是她的銀行戶頭裡卻沒有多少積蓄。這是為什麼呢？因為她的錢永遠都在市場上流動，「讓錢動起來」是她的創富格言，而她的眼光也一直走在市場需求的最前端。找到商機，抓住商機，執著地走下去。

不管你有多少錢，你都不應讓錢埋在地下，成為「死錢」，而應該讓錢「動」起來，因為世界經濟在往前發展變化中。據了解，每年CPI都在同比增長，也就是說，CPI漲幅超過1年期定期存款利率，就意味著市場實際利

159

率為負。所以，如何讓錢流動起來生錢，就顯得非常重要。

　　每次負利率時代到來，都難以避免地帶來儲蓄搬家。這時，很多人深怕手中的錢貶值，都紛紛將存款搬到房地產市場中，這也是如今房價居高不下的原因之一。其實，專業人士認為，想跑贏 CPI 的方法有很多。

　　小胡近年來嘗試運用一些理財老辦法，讓手中不多的錢「滾動」一下。

　　一是零存整付，讓小錢慢慢變大錢。他從小就習慣躲在書本裡，所有的心思在「做學問」，幾乎沒有理財觀念。萬幸的是，妻子是個會過生活的人。她每月節省出 15,000 元，以零存整付的方式存入銀行。零存整付要求必須按月存，如果這個月不存，下個月就必須補齊，否則以前的存款不能延續。當時，夫妻倆的薪水收入是 80,000 元出頭，除了夫妻倆及給父母的生活費外，再存 15,000 元後已所剩無幾。雖說當時手頭有些緊，但一年下來也積攢了一筆不小的財富，他們不僅買了機車，還逐步還清房貸。像這樣每月都拿出一些錢存入銀行，一年一取，既不影響家庭的正常開支，又能督促自己不要太奢侈浪費，也算一舉兩得。

　　二是整存整付。隨著薪水不斷提高，他也開始把自己的薪水改以整存整付存入，一月一存。一年下來，他發現比零存整付效果更好。它類似零存整付，但比零存整付靈活，而且當月結餘多的話可以多存，確實讓他受益匪淺。

　　三是投資保險。從事保險業的一位朋友找到他，建議他幫孩子買份儲蓄險，由於當時他對保險並不了解，就想拒絕。後來朋友極力推薦，他便抱著試試的態度幫孩子買了一份，年繳 80,000 元，繳到孩子 15 歲。如今，這份保險他再繳一年就可以開始領取 10,000 元的收益金了。現在算一算，買保險其實還是比較划算的，它有點類似於銀行的零存整付，但比銀行的零存整付收益要高，而且它會在人生的關鍵階段不斷地帶來驚喜。

　　透過財富的累積我們可以感受到，手裡錢多錢少並不重要，重要的是要學會合理並適合自己的理財方法，能讓錢「動」起來。

勤勞的人才能致富

老一輩人從小就教育我們，勤勞才能致富，懶惰只能挨餓。有一個發人深省的故事：

巴菲特 10 歲時讀到《賺到 1,000 美元的 1,000 招》這本書，他天天讀，1,000 招倒背如流。他也始終牢記作者的教導：行動，行動，再行動。撿拾高爾夫球，撿拾廢紙，不斷尋找各種賺錢辦法，最終找到了送報這個最適合他的工作，在 14 歲時達成了人生的第一個財富目標：1,000 美元。

小巴菲特的致富祕訣是什麼呢？那就是兩個字：勤奮。沒有勤奮，再聰明，再有天賦，都沒有用。只有 12、3 歲的小巴菲特，每天早上 5 點天未亮就起床，去搭第一班公車到威斯切特社區送郵報。如果他晚到了，好心的公車司機會多等他一會兒。他的公車月票卡號總是 001 號，因為他總是第一個去買。下午放學後，再坐公車回家，騎上自行車，到春谷社區（Spring Valley）接著送《晚星報》。每天兩趟，風雨無阻，一天要送 500 多份報紙。

所謂勤奮，不能只是體勤，還要腦勤，多用心。小巴菲特報紙越送越熟練，生意也越做越精。送報時順便推銷日曆，還會問人家有沒有過期的雜誌，他幫忙回收。第二次世界大戰期間紙張緊缺，有些人把舊雜誌扔在樓梯拐角，巴菲特就拿走，順便義務做清潔。賣廢紙之前巴菲特會一本本檢查雜誌上的標籤，看什麼時候訂閱到期。然後記在一個本子上。這是出版社雇他當推銷員專門發的記事本。他一戶戶做好清楚的檔案記錄，看到哪一戶訂期快要結束時，就去敲門推銷新雜誌。推銷出一份雜誌，可比送一天報紙賺的錢多。

這是巴菲特勤奮致富的故事，而已過世的臺灣首富王永慶比小巴菲特有過之而無不及。

王永慶比巴菲特大 13 歲，小學畢業後家貧失學，15 歲時跟著叔叔到嘉義縣工作，找到一家日本人開的米店打工。王永慶邊工作邊留心，白天看老

闆如何做生意，晚上關門後看老闆如何記帳算帳，晚上躺在床上就回想一天的事，回憶老闆的每個動作、每句話，想想是什麼意思，牢牢記在心裡。過了短短半年就熟悉米店生意了。

1932 年春節過後，王永慶帶著家裡湊出來的 200 元和兩個弟弟到嘉義開米店。由於本錢少，只能在最偏僻的地段租一間最小的房子。結果開業後根本沒人來買米。王永慶不斷琢磨，想出三種方式。

一是提高品質。當時碾米技術落後，米裡面都有很多粗糠、沙礫和小石頭等雜物，米店不負責揀米，只能買回家後自己揀。王永慶卻是先揀得乾乾淨淨再賣。

二是送米上門。當時別家米店都不送米，王永慶看到有些年紀大的長輩背不動，就主動送上門。一路上聊天，問問一家幾口人，一次買三斗米大概能吃幾天。倒米前他先把米缸擦乾淨，把新米放在下面，陳米放在上面。估算過多少天能吃完，記在小本子上，到了時間就主動送米上門。

三是可以賒帳。當時很多人家都很窮，米店都不賒帳，往往發了薪水後才能去買米。王永慶的米店可以賒帳，先吃米，記下發薪水的日子，等發了薪水一、兩天後再去要米錢。

使用了這三種方式，王永慶米店的口碑越來越好，最多一天可賣出 100 多斗米，從此開始成就致富之路。勤勞才能致富，巴菲特如此，王永慶也是如此。

勤奮、吃苦耐勞，不放棄對薄利的追求，這是致富的重要因素。

信用是最寶貴的財富

　　參天大樹能挺拔聳立，靠的是深紮大地的根；摩天高樓氣勢撼人，靠的是厚重堅硬的基石；浩瀚大海波濤洶湧，靠的是萬千小溪的涓涓流水。那麼，人，又是靠什麼來支撐起無比睿智的人生呢？是誠信，人生最寶貴的財富。

　　戰國時期趙使臣藺相如信守諾言，面對秦王的威逼，以死相挾，不辱使命，完璧歸趙；尾生為了心靈的契約抱柱而死；漢朝有「得黃金千斤，不如季布一諾」的佳話，還有張良信守諾言，得《太公兵法》，助劉邦成事。他們都是以誠信為本的典範。

　　誠信是什麼呢？誠信就是誠實守信，表裡如一。誠實，是人們面對問題時的坦白，是對親人朋友的尊重，是對後果的勇於承擔。信用，是對自己承諾的履行，讓我們面對自己要做的事，充滿責任感。信用與誠信同時亦相輔相成。

　　有誠信的人平和淡雅，給人一種安全感，讓人信服，猶如初秋的水，暮春的風。在人際交往中，誠實守信是維持人與人之間關係的基本準則，它約束人們的行動，讓彼此都真誠相待，心靈交匯。古人看重誠信，今人也同樣珍視有加。

　　誠實最有名的例子為美國第一任總統華盛頓砍倒其父親最愛的櫻桃樹，誠實認錯。誠信會使友情煥發活力，誠信亦會打動最冷最深的心扉，比如，林肯在美國總統競選時，發自肺腑的一席話贏取了滿堂掌聲。古今中外的賢者，一言一行皆體現誠信，他們都認識到誠信的重要。誠信，似一杯甘苦適口的咖啡，濃烈甘醇，飲之振奮精神；似一杯縈繞心頭的香茗，清新爽口，品之陶冶情操。

　　一個成功的企業家最重要的社會責任就是講信用。

法則 6　莫讓經濟問題困擾你

一家公司銷售額的多少並不重要，重要的是「做好每一筆生意」，來獲得更多客戶的信任，商道的根本就是信用。信用不是金錢，但它比金錢更重要。成功的企業家從創業的第一天起，就應珍惜每一個客戶，只有得到客戶的信任，公司發展才會越來越好。現代經濟的根本就是信用經濟，無論是企業還是一般人，如果喪失信用，就寸步難行。

對企業來說，信用喪失可能面臨的結果是倒閉，相關企業負責人也難辭其咎；如果不講信用的企業規模夠大，更會導致整個產業鏈的倒塌，像席捲全球的金融危機，從根本上來說，就是信用危機的產物。

對一般人來說，如果信用喪失，言而無信，不僅無法從銀行獲得貸款，還會被列入黑名單，面臨眾叛親離的結果，在社會上難有立足之地。可以說，信用已經成為我們生活中密不可分的一部分。

有人說：「誠信是金。」然而，金子有價，誠信無價，誠信的價值更勝於黃金。失去了做人最基本的誠信，縱然有萬貫家財，又有什麼意義可言？這就是說，誠信是無形的財富，是人生最寶貴的資產。

越善於投資越富有

在生活中，我們經常嘆息機會總不來光顧，其實機會是無處不在的，重要是我們缺少一雙發現機會的慧眼。也就是說，要善於抓住機會投資。

規劃幸福人生，從理財開始。富人的財富是一點點累積出來的，越善於投資的人越富有。

我們先來看老希爾頓的故事：

老希爾頓創建希爾頓飯店時，曾指天發誓：「我要使每一寸土地都生長出黃金來。」無疑，他是天才，天才特有的目光讓他從不忽略任何一次生財的機會，任何一寸他擁有的土地都不會閒置。

70 年前，老希爾頓以 700 萬美元買下沃爾多夫阿斯托里亞酒店的控制權之後，他以極快的速度接手管理這家紐約著名的酒店。一切蓬勃發展，開始進入最佳營運狀態。在所有的經理們都已認為充分利用了一切生財方式，再無遺漏可尋時，老希爾頓依舊像園丁一樣，一言不發地查找著可能被疏忽閒置的園地。

員工們注意到，他的腳步時常在酒店前臺停頓，他的目光像鷹一樣，注視著大廳中央巨大的 4 根通天圓柱。當他一次次在這 4 根圓柱周圍徘徊時，員工們都意識到，他又會想出別人意想不到的高招了。

老希爾頓獨自敲打過這些柱子的構造後發現，這 4 根空心圓柱在建築結構上沒有支撐天花板的力學價值。那麼它們存在的意義是什麼呢？美觀嗎？但沒有實用價值的裝飾，無異於是空間的一種浪費。老希爾頓最不能容忍的就是一箭只射一雕。

於是，他叫人把它們迅速改造成 4 根透明玻璃柱，並在其中設置了漂亮的玻璃展箱。這次，這 4 根圓柱就不僅僅是裝飾品了，在廣告競爭激烈的時代，它們從上到下充滿了廣告商機。過沒幾天，紐約那些精明的珠寶商和香水製造廠家便包租它們全部，紛紛把自己的商品擺了進去。而老希爾頓坐享其成，每年淨收 24,000 美元的租金。

當這些普通的柱子轉變為種金之地時，老希爾頓又到別的地方徘徊去了。

由此看來，天才是不相信結局的。在別人看似面面俱到、滴水不漏的現狀中，老希爾頓依舊不停地尋找著生長金子的每一條縫隙。

老希爾頓的故事告訴我們，善於投資不是亂投資，善於理財也不能亂理財，如何做一個善於投資、善於理財的人，專家有許多意見可供我們參考。

1. 恪守量入為出的原則：謹記自己的收入與支出，現在年輕人很流行當「月光族」，甚至在信用卡上透支，終成「卡奴」。

2. 記住借錢是要還的：在經濟很不穩定之時最好不要貸款買房、買車。像現在很多年輕人，剛出來工作沒多久，就想著買房、買車，最終成了「房奴」、「車奴」；為了償還銀行貸款而生活，為了銀行而「努力」工作。盡量不要超前消費，畢竟借錢是要還的。

3. 不要想著一夜暴富：人總有個貪念，總想著買彩票、買基金，把錢投入到自己不熟悉的行業中。殊不知十博九輸，畢竟在這方面能賺錢又可以全身而退的還是少數，很可能你花出去的錢會全部打水漂了。因為，天上是不會掉餡餅的。把這些錢存起來，或許會更好。

4. 只做好一項投資：說起來很簡單，但是做起來還是比較難。因為當你投資一個項目時，別人投資了很多項目而且都賺了錢，而你賺得比別人少，所以你會很不甘心。但是投資越多，風險就越大，失敗的機率就越大。所以，想要做個善於理財的人，還是簡單一點的好。

　　總之，要想讓有限的錢「動」起來，就要學會投資，善於投資，而不是盲目投資。

養成量入為出的習慣

　　華人首富李嘉誠說：「投資理財沒有什麼複雜的技巧，最重要的是觀念，觀念正確就會贏，每一個理財致富的人，只不過養成了一般人不喜歡且無法做到的習慣而已。」因此，一生能累積多少財富，不是取決於你賺了多少錢，而是你如何理財。

　　我們絕大多數人都不是比爾蓋茲，我們都是中產階級，靠每月的薪水生活；同時，我們都希望我們的生活越來越好，擁有穩定的生活，所以就更應

當管好我們自己的錢包，讓它越來越豐厚。幾乎所有的財富，無論多寡，它的真正起點就是養成儲蓄的習慣。

在放進錢包裡的每 10 枚硬幣中，頂多只能用掉 9 枚。這樣你的錢包才能很快鼓起來，它所增加的重量，會讓你抓在手裡的感覺很好，並會讓你感到滿足。

裝滿錢的錢包令人滿足，但這只滿足了一個吝嗇守財的靈魂，此外別無意義。

利用這些儲蓄來賺錢，才能累積我們的財富。隨著社會的發展，個人和家庭都開始重視理財，因為如果不能正確地將我們所賺的錢財做合理規劃的話，我們得到的將是平庸和清貧！

有一句話這麼說：「富人不會理財，變成窮人只是時間的問題；窮人學會了理財，未來一定會變成富人。」但現今社會，不同的理財專家有不同的建議，到底應該如何理財，實在是讓人感到頭疼。不過，不管是「富人」還是「窮人」，如果不能在理財的開始養成一個「量入為出」的習慣，再好的理財方式都將成為無用。

「量入為出」的意思是根據收入的多少來決定開支的限度。「量入為出」，是古代哲人對當家理財精髓的總結，在今天仍具有重要的意義。「量入為出」本就是人們理性消費的基本原則，違背了，就會造成理不清的消費債務鏈，削弱人們未來的消費能力。之所以要養成「量入為出」的習慣，就是為了避免「入不敷出」。

有人或許會說：「這個道理我們知道。這叫做節約，就像吃蛋糕，蛋糕吃完了就沒有了。」但知道是一回事，能否身體力行又是一回事，很多人就是在明知這個道理的情況下破產的。

1980 年代英國著名電視新聞記者、主播艾德・米歇爾（Ed Mitchell）由於負債累累，最終淪為無家可歸的流浪漢。

法則 6　莫讓經濟問題困擾你

艾德‧米歇爾走紅的時候，主持過獨立電視公司 ITN 晚上 10 點的新聞聯播，還曾採訪過英國及世界級別的政界要人，其中包括英國前首相柴契爾夫人和梅傑。他擁有讓人眼紅的 10 萬英鎊的年薪，價值 50 萬英鎊的房子，每年 2 次的海外度假……現代生活的享受應有盡有。

但是，2001 年，艾德‧米歇爾被迫「失業」。遭解僱後，噩夢開始了。失業前累積的幾萬英鎊的信用債務像滾雪球般越滾越大，為了還清舊債不得不申請新的信用卡，幾年內欠下了 25 張信用卡及將近 25 萬英鎊的債務。

艾德‧米歇爾的故事曝光後，他先後接受許多大報和新聞節目的採訪，希望以自己的經歷給世人一個警告：不要輕易借錢消費，要「量入為出」地消費，不然同樣的遭遇可能發生在任何人的身上。

誰都有可能失業，誰都有可能倒楣。艾德‧米歇爾的故事給了人們一個警告：人生的每個階段，不論何時，都要量入為出，運勢好時也要理性消費。

受金融危機的影響，美國人曾經引以為傲的提前消費觀念正在慢慢改變。現在的美國人開始變得自給自足和量入為出。比如，在美國中產階級家庭，曾經每年為孩子購買昂貴生日蛋糕的父母，開始改為自己手工製作生日蛋糕，這樣可節省 50 美元。同樣，如果男主人願意自己動手更換車燈的話，將節省 120 美元。

美國人的「量入為出」現在聽起來似乎是亡羊補牢，為時未晚。其實，我們很多人都有這樣的理財盲點——覺得我能賺錢也能花錢，不需要勤儉節約，但金融危機卻幫我們上了一課。

近年來，超前消費，花明天的錢圓今天的夢已經成了一種生活方式，尤其是信用卡的誕生，讓很多年輕人享受到提前消費的快感。殊不知，若不能很好地評估自己的財務實力，僅僅為了一時的快感而過度消費，一旦遭遇突發狀況，很容易使得自己陷入困境！

怎樣才能做到量入為出？應遵循以下幾點：

1. 盡一切能力償還債務，不購買自己能力所不及的物品。

2. 培養自身的賺錢能力，成為擁有更多技巧的智者，同時要自重。

3. 養成有計劃消費的習慣，對自己的每一筆開銷都做出規劃，並及時記錄開銷，這也有助於累積財富。

4. 盡量避免團體消費。逛街時，最好不要超過 3 個人。人越多花錢越多，原本只準備買一件衣服，有了朋友或同事的「參謀」，結果一件變多件，遠遠超出預算。同時，與朋友們用餐、喝下午茶或看電影等團體活動的次數不要太頻繁，你來我往的，錢也就不知不覺花了出去。

美國科學家富蘭克林告誡我們：「如果你懂得量入為出，那你就可以致富了。」現代社會，隨著社會經濟水準的提高，人們的收入也越來越高。如何將一些日常開銷外多餘的錢管理好，已經變成了一門重要的學問。其實，在我們漫長的人生旅途中，一定會有起起落落，但不論是在順境中還是在逆境中，只要你懂得如何正確理財並將理財變成一種習慣，那麼你將永遠擁有你的財富，而且不用擔心它會失去。

我們可以將收入比作河流，財富比作水庫，花出去的錢是流出去的水，一定要養成量入為出的良好習慣。因為不論你多麼有錢，如果你揮霍無度地去消費，你終將變成窮光蛋。

讓一加一大於二

　　賺錢是否需要智慧？需要多少智慧？許多人都討論過這個問題。有的人穩當賺錢，憑勤勞致富，有的人卻憑藉才智。許多事實證明，賺穩當錢的人一般是一加一等於二，一分汗水一分收穫，而有的人憑藉自己的聰明才智，卻讓一加一大於二。這就足以說明，賺錢確實是需要智慧的。

　　曾有一個年輕人，決定靠自己的智慧去賺錢，就跟著大家一起到一座山上，開山賣石頭。別人都是把石頭砸成石子，再運到公路邊，賣給附近蓋房子的人。這個年輕人則直接把石頭運到更遠的地方，賣給花鳥商人。因為他覺得這座山上的石頭奇形怪狀，賣重量不如賣造型。就這樣，這個年輕人很快就富裕起來了。3 年後，賣怪石的年輕人成為村子裡第一棟漂亮磚房的主人。

　　後來，人們在山上種起了果樹，於是荒山就變成果園，出產的水梨汁多肉脆，香甜無比。每到秋天，滿山遍野的水梨招來了四面八方的商人，鄉親們把堆積如山的水梨賣給商人，整車整車地運往山下銷售，……水梨給他們帶來了小康生活，村民們歡呼雀躍。就在這時候，那個賣怪石的年輕人卻賣掉果樹，種起柳樹。因為他經過一段時間的細心觀察發現，來這裡收購水梨的商人不愁挑不到好梨子，只愁買不到裝梨的籮筐。5 年後，他成了村子裡第一個在城裡購買房子的人。再後來，一條新修的鐵路從這裡貫穿南北，小小的偏僻村莊一下子就更加開放了。就在鄉親們開始集資開設工廠的時候，那個年輕人卻又在他的土地砌築了一道 3 公尺高百公尺長的牆。這道牆面向鐵路，背倚翠柳，兩旁是一望無際的萬畝梨園。每當坐火車經過這裡的旅客在觀光欣賞雪白的梨花時，就會看到那面雪白的牆上，有四個非常醒目的大字：可口可樂。據說這是 500 公里山川中所看到的唯一的一個商品廣告。那道牆的主人，僅憑這道牆，每年又增加了一筆額外收入。

　　後來某間公司的老闆搭火車經過那個小村莊的時候，聽到以上這個故事，馬上被年輕人驚人的商業智慧所震驚，當即決定下車去尋找此人。當那位老闆費盡心思找到年輕人的時候，他卻在自己開的服裝店門口與對面的店主吵架。原來，他店裡的西裝標價 800 元一套，對門就把同樣的西裝標價 750 元一套；他標價 750 元一套，對門就標價 700 元一套。一個月的價格戰打下來，他僅賣出了 8 套西裝，而對門卻是生意興隆，顧客盈門，竟一下子批發出去 800 套西裝。

　　那位老闆一看這情形，不禁連連搖頭嘆氣，頓感大失所望。但當他經過多方打聽，明察暗訪之後，終於弄清了背後的真相，不由得驚喜萬分，當即決定以百萬年薪聘請這個年輕人出任自己公司的銷售要職。原來，對面那家店也是這個年輕人開的。

　　從這個故事中可以看出，這位年輕人之所以走在鄉村致富的前頭，憑的是自己超凡的智慧。用智慧賺錢，不僅東方人如此，西方人也如此。

　　再看另一個故事：

　　在奧斯威辛集中營，一個猶太人對他的兒子說：「現在我們唯一的財富就是我們的智慧。當別人說一加一等於二的時候，你應該想到大於二。」

　　納粹軍在奧斯威辛毒死數百萬人，這對父子卻活了下來。

　　1946 年，他們來到美國，在休士頓做銅器生意。一天，父親問兒子：「一磅銅的價格是多少？」兒子答：「是 35 美分。」

　　父親說：「對，整個德克薩斯州都知道每磅銅的價格是 35 美分，但身為猶太人的兒子，你應該說 3.5 美元。你試著把一磅銅做成門的把手看看。」

　　20 年後，那位父親死了，兒子獨自經營銅器店，他做過銅鼓、瑞士鐘錶上的簧片、奧運會的獎牌。他曾把一磅銅賣到 3,500 美元，不過，這時他已是大公司的董事長。

然而，真正令他揚名的，並不是他的銅器，而是紐約州的一堆垃圾。

　　1974 年，美國政府為清理給自由女神翻新時扔下的廢料，向廠商全面招標。由於美國政府出價太低，有好幾個月沒人投標。正在法國旅行的他聽說了這件事，立即乘飛機趕往紐約，看到自由女神下堆積如山的銅塊和螺絲，他喜出望外，未提任何條件，當下就攬了下來。許多人為他的這一愚蠢舉動暗自發笑，因為在紐約州，對垃圾的處理有嚴格的規定，處理不好就要受到環保組織的起訴。

　　就在一些人要看這位猶太人的笑話時，他開始安排工人對廢料進行分類。他讓人把廢銅熔化，鑄成小自由女神像；把水泥塊和木頭加工成底座。不到 3 個月的時間，他讓這堆廢料變成了 350 萬美元的現金，讓每磅銅的價格整整翻了 1 萬倍。

　　由此可見，在商業化社會裡，賺錢靠的就是智慧，一加一不一定就只等於二。當你抱怨生意難做時，也許有人正因點鈔票而累得氣喘吁吁，這裡面的差別可能就在於，你認為一加一永遠等於二，他認為一加一應該大於二。

　　其實我們身邊存在很多「一加一大於二」的事情，只要我們善於運用自己的智慧，就能巧妙地賺到錢，最終實現雙贏。

金點子就是搖錢樹

　　窮人與富人是相對的，沒有永遠的窮人，也沒有永遠的富人。貧窮並不是某些人的專利，誰都可以透過自己的努力，改變貧窮的命運，成為財富的擁有者。當今社會，有的人常常只是因為一個好的點子，就給自己帶來了巨額的財富。這就是俗話說的：「只要點子妙，垃圾都能變成寶。」同時，這告訴我們，在生活中，只要積極動動腦筋，多想點子，就能發現很多賺錢的門道。

　　有這樣一件「怪」事：由於現代生活的快節奏，讓人們每日的平均睡眠時間正在逐漸縮短，為了能夠充分休息，讓人睡好，一種「快睡商店」便應運而生了。這家店的宗旨是讓人放鬆情緒，安然入睡，次日清晨又能準時醒來，除了重視相關寢具之外，還有特殊設計的音樂、香氛以及運動器材等。這家商店也與一些室內設計公司合作，除快睡商品外，還承攬改裝臥室的業務，從照明、音響到擺設，將一間臥室改裝成了氣氛十足的快睡房間。可想而知，這家商店的生意有多熱門。

　　有個例子：有一次，美國哈佛大學與耶魯大學舉行橄欖球比賽。哈佛大學經濟學碩士詹森動一動他的商業腦筋，到商店購買一批批發價每頂只需要 1 美元的棉製布帽。購回帽子後，他特意將哈佛的標誌「H」印在帽子上，然後在賽場上以每頂 2.5 美元銷售，很快便搶購一空了。這次意外收穫，讓詹森看到了利用「群眾心理」的業務發展前途很大。於是，他從祖母那裡借到 1,500 美元，成立一個「群眾帽子公司」，專門經營帶有捧場性質而又很實用的帽子。舉凡有賽事，該公司就事先印製好帶有競賽雙方各自標誌的帽子，大量銷售。所以，這家公司業務發展迅速，每年的收入達到 1,500 萬美元，這是當年詹森投資額的 1 萬倍。

　　點子是什麼呢？就是主意、辦法，是看不見、摸不著的東西，是一種潛藏在人們思考中的智慧。它不需要資金、廠房和設備，只需要你多動腦筋，想出與眾不同的解決問題的辦法。

　　波爾格德是某石油企業家的兒子，1914 年 9 月，他剛從英國回到美國之時，便決心從事石油開採。1915 年 10 月，美國奧克拉荷馬州有一個石油礦井招標，參加投標的企業家很多。有不少企業家財大氣粗，實力雄厚，競爭很激烈。波爾格德剛成立的公司資金不足，並非那些企業家的對手，經過長時間的苦思，波爾格德想到了一個高招——空城計。

法則 6　莫讓經濟問題困擾你

　　投標那日，波爾格德租借了一身很華貴的服裝，邀請了一位他熟悉的銀行家，和他一起前往投標會場。來到會場後，波爾格德顯得很有氣度，加上身旁有著名的銀行家陪伴，使得在場企業家的目光都聚集在他身上。

　　那些想在投標中決勝負的投標者心中十分不安。想到波爾格德是石油富商的兒子，現在又有大銀行家當「參謀」，感到自己不是波爾格德的對手。這樣一來，投標會場便發生了戲劇性的變化，企業家們竟不約而同地離開了，留下來的也不敢競價。結果，波爾格德以 500 美元的低價輕鬆標中。4 個月後，即 1916 年 2 月，波爾格德標到的那個油礦挖出了優質石油。他立刻以 4 萬美元的價格將油礦井賣掉，獲得了 3 萬多美元的純利潤。

　　波爾格德不斷地去投資開採石油，不斷地成立新的石油公司。到了 1917 年 6 月，23 歲的波爾格德已成為擁有 40 家石油公司的巨富。

　　人們經常說：「時間就是金錢。」其實「金點子」也是金錢。點子是人們解決問題時想出來的辦法，「金點子」就是最好的創意，是獲得事業成功的有利保證，是生活中永遠不倒的搖錢樹。

　　在這個充滿機會的世界裡，想出「點子」是不論其受教育程度、年齡大小、性別差異的。所以，不管是男女老少，不管教育水準高低，只要肯動腦筋，你就有可能想出好主意，從而發財致富。

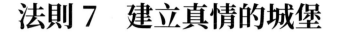

法則 7　建立真情的城堡

　　有人問智者：「在這樣的一個浮躁的社會，我是否一定要一直辛苦地只愛一個人。如果這樣做，值得嗎？」智者道：「你自己覺得呢？」那人思索了半天，無言以對。

　　智者沉默了一會兒，開口道：「既然選好了路，從此就不能再怨天尤人，你只能無怨無悔地去愛你所愛之人。因為愛就好比磚瓦，只有一塊一塊細心地堆砌，才能築造起牢固的家庭城堡。」那人長吐了一口氣，用堅定的目光看了智者一眼，沒有再說話，因為他已經懂了，知道今後該怎麼辦。

家是愛的城堡

有一篇小品文，講述一對年輕情侶，男方為了讓未來丈母娘看房子，找朋友借了一棟房子，然後串通老爸說謊，從而鬧出了種種笑話。其中有一段話很經典：「這不是房子的事，我生氣的是你們騙我。當媽的當然希望女兒找一個條件好的，可是更重要的是得找一個用心疼她的先生。房子不是家，有愛才有家。」

這篇小品既令人捧腹，又發人深省。

有人也許不明白：為何衣食無憂卻心裡擔憂？為何身居暖房卻仍感身心寒冷？為何走了那麼遠的路卻仍感覺前途渺茫，不知路在何方？其實答案很簡單：如果沒有愛，心靈永遠無處歸依；如果沒有愛，即使身居皇宮豪宅，同樣是一無所有！

在美國洛杉磯，有一位醉漢躺在街頭。員警把他扶起來，一看是當地的一位富翁。當員警要送他回家時，富翁說：「家？我沒有家。」員警指著遠處的別墅說：「那是什麼？」「那是我的房子。」醉眼朦朧的富翁看到的只是房子，因為沒有愛，沒有溫暖的親情，他不覺得那是家。由此可見，即便物質上富有，但沒有親情和愛情就說不上有「家」。家是什麼？裝潢豪華的別墅嗎？其實不是，起碼那不完全是真正意義上的家。沒有愛的別墅只能叫房子。

所以，家是愛的城堡，有愛才有溫暖的家，只有家才能撫慰自己受傷的心靈，只有家才能收藏自己的歡喜悲傷。充滿愛的家庭永遠是我們每個人一生嚮往的人間天堂。但是有一個前提，有愛的人才是家，跟你一起建立家庭的人，才是家庭是否溫馨美滿的關鍵。

在非洲的盧安達有這麼一則故事。盧安達內戰期間，有一位叫熱拉爾的人，他們一家有 40 個人，由於內戰，父母、兄弟、姐妹、妻兒或離散、或喪

生。一個偶然的機會，絕望的熱拉爾打聽到自己 5 歲的小女兒還活著，於是輾轉數地，冒著生命危險找到了自己的親生骨肉，他悲喜交加，將女兒緊緊摟在懷裡。此時此刻，他說出的第一句話就是：「我又有家了！」顯然，在熱拉爾心目中，他雖然沒有物質上的家，卻有精神上的家。他把家做為愛的象徵，戰亂雖然使他失去了太多的親人，但他相信，有了女兒就還有寄託，就還有自己的精神家園。

沒有物質的家不可怕，因為可以重新創造。可怕的是沒有愛，即便住的是高樓大廈，吃的是山珍海味，穿的是綾羅綢緞，那也徒有其表，毫無幸福可言。所以，不管這個家貧富與否，成員多少，只要有愛，那就是一個溫馨幸福的家。

古代有位窮苦的書生，和未婚妻早已定下婚約。好不容易盼到了自己的大喜之日，未婚妻卻嫁給了別人。書生承受不了這種打擊，從此一病不起。在一次拜佛之時，請求佛祖為他指點迷津，於是，佛祖把他帶回了前世。

書生看到茫茫大海，一名遇害的女子一絲不掛地躺在海灘上。從這兒路過的人都會看上一眼，然後搖搖頭，走了。其中有一個路人，將衣服脫下給女屍蓋上，走了。又路過一人，在女屍旁邊挖了一個坑，小心翼翼地將屍體掩埋。書生不解地望著佛祖，不明白為何讓他看這些。

佛祖解釋道：「其實那具海灘上的女屍，就是你未婚妻的前世，而你正是那個路過她身邊，幫她披上一件衣服的路人。她今生和你相戀，只為還你一個情。但是她最終要報答一生一世的人，是最後把她掩埋的那個人。那人便是她後來所嫁之人……」

「眾裡尋她千百度，驀然回首，那人卻在燈火闌珊處。」其實，當你與愛人攜手之時，就是前世殘存的記憶在提醒你，前世埋葬你的人，就是如今在你身邊，與你相濡以沫的愛人。

法則 7　建立真情的城堡

　　忽略了家庭生活，生命就會存在缺憾。工作好比是一個橡皮球，如果它掉下來，還會再彈回去；家庭則是個玻璃球，一旦掉下去，便會遭到磨損，甚至會粉碎，將永遠難恢復原貌。

　　相信很多人都會有這樣的經歷：年少輕狂，不識家為何物；高舉雙手，向天尋求獨立；高談闊論，講述擺脫家庭束縛，獲得自由的美好。

　　每個人都曾經試圖建立起屬於自己的城堡，不想和已身處城堡中的人交流；每個人都曾經試圖尋找最適合自己的城堡，卻不想去了解自己當前所處的城堡。時光飛逝，再次用雙眸注視自己所處的城堡時，可能會發現它已失去往日的威嚴，城牆上的裂痕正是表彰它的成就的功勳，幾乎覆蓋了整塊牆面的老藤就是上天獻給它的最高獎賞；城堡裡的人雙鬢斑白，靜靜地坐在那嘎吱作響的搖椅上，似睡非睡，安詳而幸福地享受著來自城堡裡的濃濃愛意。

　　如果對方是你最愛的人，你們共同築成了家的城堡，那麼，用心愛他，讓他活得幸福和快樂，把這當成是一生中最大的幸福，並為了讓他生活得更加幸福和快樂而不斷努力。幸福和快樂是沒有極限的，所以你的努力也沒有極限。

　　可能有人認為這樣會活得很累，其實這只是表象，因為你所做的這一切都是心甘情願的，而且在做這些事的過程中，精神上是愉悅的、幸福的。

　　家，好比是一個堅實的城堡，一磚一瓦都充滿著愛；家，是一個終點，無論你怎樣忙碌最終還會回到那兒；家，是夢想的起點，是疲憊心靈的休憩地，讓你滿足，讓你快樂，更讓你幸福。

幸福從自愛開始

　　人生在世，重在自愛。一個人，首先要懂得自愛，自愛是對自己建立一種依附關係，也就是自己被自己吸引，從而使思想轉化為強大的精神力量。懂得自愛的人，必能「艱難困苦，玉汝於成」，創造無憾的、全新的、近乎完美的自我；學會自愛的人，不至於沉淪為一株隨風飄搖的小草，而可成長為一棵挺拔蔥蘢的大樹；敬重自愛的人，必能為自己畫出一道海岸線，為自己送上一抹燦爛的笑顏。

　　美國著名演講家蒂爾‧迪安娜‧施瓦茨在《激勵我們》一書中說：

　　「我開始上學的時候，是班上最高的女孩。這讓我覺得我塊頭很大，而且讓我相信我很胖，因為我身處的是一個提倡苗條的世界。我 7 歲時就開始討厭自己沒有長得小巧玲瓏，成年後還是如此，我相信自己是又胖又醜，從鏡子裡我看到的都是脂肪和蓬亂的頭髮。有人曾經拉著我去照鏡子，讓我知道自己有著一雙漂亮的綠眼。然後有一天，我為自己做了些事情。儘管並不是什麼大事，但卻讓人感覺很好，最後我又為自己做了一些我喜歡的其他事情。這時，發生了一件有趣的事情。我意識到我感覺有點開心了！在那些日子裡，開心並不是我生活中正常的一部分，因為我太忙於取悅他人，為的是能夠彌補我自認為是不足的地方。當你忽視了自己的需要時，你是很難開心的。

　　後來，我會做一些有愛心的事情，讓自己感到更加開心，這會讓我想多做一些。這種自我關注會慢慢地變為深深地自愛。現在，我覺得自己是漂亮的了。真的是很有趣，這位曾經自認為是肥胖的女孩，現在卻有著性感、曲線優美的身材 —— 而體重卻沒有減少半公斤。相反，因為自愛，我看不起自己的感覺沒有了。」

　　這位著名演講家告訴我們，自愛既有益於心靈幸福，也有助於身體健康。

現代社會中的一些人都很迷惑，都有個解不開的結——努力工作不應該是實現幸福生活的手段嗎？為什麼房子、車子都有了，而幸福卻消失不見了？是啊！這也是很多人的同感。當初辛苦打拚奮鬥時，彷彿幸福就在前方召喚，當筋疲力盡得到一切時，卻發現幸福不見了。到底是誰偷走了我們的幸福呢？

　　其實，當他們在追求「幸福」時，殊不知幸福其實就在他們身邊。每個人來到這個世界都在追求屬於自己的幸福，幸福是一種感覺，每個人都可以為自己的追求賦予一個幸福的定義。婚姻是一支雙人舞，要想彼此幸福，就要看夫妻二人如何對共同的幸福定義。有人可能認為一家三口每晚廝守在一起，愛就在一起，這就是幸福。因此當要捍衛這種幸福，越怕失去，抓得越緊。殊不知，愛就像手裡的沙子，握得越緊，沙子就會更快速地從指縫中流失。當你攤開手時會發現，拚命想握住的那些沙子，已所剩無幾。因為在你用力的過程中，家早已變成了牢籠，又有誰的幸福會建立在令人窒息的牢籠中呢？

　　所以我們要學習放下感情的枷鎖，放下依賴，啟動自己的生命動能，讓自己有更強的動力和責任感去做有意義的事，讓生命更加豐富，有力量的愛永遠由自愛開始，幸福就在我們手中！

　　學會自愛，必須學會認識自己。有的人對別人總能在認真觀察以後，做出全面而正確的評價，但唯獨對自己缺乏認識與發現。不能了解自我與認識自我，便無法挖掘自我並開發自我，更無法提升自我，這是對自己的不負責任。正確地認識自我，全面利用自我，更正確地說，就是必須發現自己的才能、潛力和優勢，揚長避短，經營自我，讓自己的人生充分增值。美國政治家富蘭克林說過：「寶貝放錯了地方，就是廢物。」

　　學會自愛，必須學會自信。一個人一旦發現自己的優勢，利用自己的長處，便能走向成功的話，那麼，對一個尚未功成名就的人來說，更須創造自

己的優勢。一個人的優勢，不是一成不變的，經過努力，可以逐步累積，逐步創造，而關鍵在於樹立自信。有一個從小患有腦性麻痺的女孩，病魔讓她的肢體失去了平衡，也奪走了她說話的能力。然而，外在的痛苦並沒有擊敗她內心的奮鬥精神，她昂然面對一切的不可能。後來，她獲得了美國加州大學藝術博士學位，用自己的畫筆畫出了生命的色彩。在一次演講中，學生問她是怎麼看自己的。她用粉筆在黑板上寫道：「一、我好可愛！二、我的腿很長很美！三、爸爸媽媽很愛我！四、我會畫畫！五、我會寫稿……」她最後的結論是：「我只看我所有的，不看我所沒有的。」什麼叫學會自信，什麼叫累積優勢，這個女孩的言行便是最生動的詮釋。

曾擔任臺北市文化局長、高雄市立美術館館長、國際藝評人協會臺灣分會理事長的謝佩霓，先天即患有小臉症及小耳症，左側全聾全盲，但是身體的病痛並沒有困住她的心靈，她在成長過程努力精進，藝術成為她生命往前的動力，讓她持續綻放對生命的熱情，並於亞、歐、美、非各洲求學、執教、工作，終於成為享譽國內外的專業人才。而她在自愛、努力創造自己的未來時，也同時從事人道服務，長達 4 年時間在非洲幫助罕症病童。

學會自愛，不是讓我們自我封閉，孤芳自賞，而是要我們懂得堅毅；不是讓我們自我放縱，率性而為，而是要我們懂得律己；不是讓我們自我苛求，勉為其難，而是要我們懂得進退。

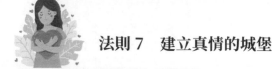

愛情需要澆灌和滋養

愛情從來不會自然死亡，而是死於被忽略與被拋棄。愛情需要不斷地澆灌和滋養才能有生命力，開出美麗醉人的花朵，並且長開而不凋零。

在這個社會上，誰都想過的幸福快樂，但並非人人都能如願。幸福其實很簡單，它只喜歡勤勞和聰慧的人，它不會莫名其妙地出現，也不會無緣無故地離開。所以有人說，愛情像一片農田，幸福肥料其實只要一點點，只要懂得澆灌，細心呵護，就會擁有幸福。

愛情不一定非得驚心動魄、海誓山盟，往往那些微不足道的溫暖細節更能潛移默化地滋潤愛的心房。許多的幸福時刻，往往是由那些生活點滴匯集起來的。比如，丈夫出門總是很自然地伸出手，等待妻子的手放入他的手中，而握住丈夫的手的那一刻，妻子感到無比地安全和幸福。如果夫妻二人約好在哪個地方見面，當丈夫看見妻子出現的那一刻，就會張開雙臂等待妻子衝過去跳到他身上，那個時刻他們根本不在乎身邊還有多少人，只享受屬於他們兩個人的幸福。或者，夫妻和朋友出去吃飯，丈夫都會為妻子點一個愛吃的菜。工作空檔，丈夫會突然給妻子打個電話，只為了聽聽妻子聲音。這些都是屬於幸福的瞬間，而正是這些瞬間一天一年累積成一串幸福的項鍊，無時無刻不散發著它耀目的光采。

愛情就像存摺，你做了一件令對方感到滿意的事情就像在這個愛情存摺裡存入了一筆錢，如果你讓對方感到不滿，就像從存摺中取出了一筆錢。累積多年之後，看看你的存摺裡還有多少錢，你就知道你們的感情有多深。有人存了 50 年的錢，幸福地步入金婚的殿堂，有人不到 1 年就把錢取光了，所以離婚是必然的事。有人不僅取光了錢，還欠了一大筆債，那他（她）可能一輩子都還不清。

有人做過這樣一個實驗：夫妻雙方每天都給對方一個愛的表示，如果對

方對此感到滿意並接受的話，就往愛情存摺裡存入 1 枚硬幣，如果沒有得到滿意就繼續愛的表示，直到對方滿意為止。這樣，愛情存摺裡的錢只會越來越多。比如，丈夫今天給了妻子一個長達 5 分鐘的擁抱，妻子感到滿意了，就往存錢筒裡放 1 枚硬幣。妻子今天發現並讚美了丈夫的幽默感，他對此感到滿意，又可以往存錢筒裡放 1 枚硬幣。但是，如果妻子今天把對別人的怨氣發洩到丈夫頭上，或者丈夫把工作上的煩惱帶回家，影響了妻子的情緒，對方就有權要求從存錢筒中取出 1 枚硬幣。存錢筒裡硬幣的增加和減少就是感情的指針，它能讓我們知道愛的養分是否充足。

澆灌和供養愛情的方式很多，不受時間和地點的局限，隨時隨地都有機會，全憑用心去尋找。幸福和諧的家庭，是建立在日常的關心和愛護的基礎上的，永遠鮮活的愛情，需要不斷地澆灌和滋養。

爭吵也要注意程度

有一對夫妻走過 50 年的婚姻，也吵了 50 年的架。他們經歷過坎坷、辛酸、甜蜜，其中不乏危機，也有差點走不下去的時候，但仍然可以看到相伴 50 年的真情和感動。50 年來總是在爭吵中相伴，不停地從一次爭吵到另一次爭吵，在爭吵中也曾憤憤地說過要分開，但他們卻一直相伴到老。究竟是什麼力量使他們結合在一起的呢？最近看到一篇關於離婚的文章，才恍然大悟：原來幸福是和爭吵息息相關的！

這篇文章內容是：

一對夫妻一直在平和中度日，兩個人之間從未發生過激烈的「戰爭」，甚至連嚴格意義上的爭吵也很少發生，即使是最後分手時，也是和和氣氣的。那天，他們一起去辦理離婚手續。一個中年女性承辦員只簡單地提了幾個問題，就給他們一張表格，告訴他們怎麼填寫。不到 20 分鐘就辦好了手續。

法則 7　建立真情的城堡

臨走，那位曾經的妻子猶豫了一下，向女承辦員提出了疑問：「妳怎麼不勸勸我們就直接辦手續？」那個女承辦員看著他們說：「如果你們兩個是打打鬧鬧、吵著架來的，我肯定不會幫你們辦，我會好好勸你們回去。能吵架，說明彼此還在乎，說明心裡還有愛。可是你們兩人不打不鬧、和和氣氣地進來了，我一看就知道，勸也沒用。」

女承辦員的一席話，令人值得思考。是啊！天下的夫妻哪有不吵架的？只有無愛的婚姻、死亡的婚姻才了無生氣，彼此毫無感覺，連話都懶得說，更遑論吵架了。

夫妻吵架，早已司空見慣，再恩愛的夫妻也會有發生口角之爭的時候。有的人在吵架中成長，有的人在吵架中受傷，有的人在吵架中分離，所有白頭偕老的夫妻在一生漫長的歲月中根本不可能沒有爭執，總有太多柴米油鹽的麻煩事讓彼此感到頭痛。誰都會有心情不好的時候，都會有煩躁的時候，如果那個時候連自己最親近的人也不理解的話，吵架肯定是必然的。

有句話說：「吵吵鬧鬧，白頭到老。」這句話的含意是夫妻之間的爭吵是正常的。爭吵有時也是一種心靈和思想交流的方式，也是一種關心。試想如果夫妻一方對對方根本就沒有感情，那麼就會出現漠不關心或者出現冷戰。如果從這個角度看問題，爭吵至少比冷戰要好。夫妻之間透過爭吵會加強了解，只是要控制好爭吵的場合和激烈的程度，不要對家人和他人造成影響。

事實上，夫妻間的正常爭吵並不會傷害彼此的感情，爭辯的結果可以了解彼此真實的想法，達到和諧的目的。

夫妻二人生活在一起，難免有衝撞和爭吵，不吵架的夫妻很少，牙齒和舌頭都有打架的時候呢？有些家庭，兩天一小吵，三天一大吵。生活中的每件事都可能成為吵架的內容和導火線。吵小架有可能增進夫妻的感情，但吵多了就會傷感情。吵架不能成為家常便飯，說吵就吵。吵架也應該掌握技巧，注意程度。

第一，人無完人，人都會有不如別人的地方，如果總是看到對方的不足，特別是吵架的時候，只看到對方的缺點，惡言相向，傷透對方的心。這樣做或許自認為是出了一口氣，但是換來的卻是對方冷酷的心。所以，吵架不能揭對方的短，只能就事論事。不要一吵架就陳年舊事都挑出來，越說越起勁。

第二，不要總吵架，不要為芝麻小事就吵，不要認為吵就吵，誰怕誰，你大聲我比你還大聲。吵架畢竟給對方帶來的不是快樂，而是糟糕的心情。吵架帶給人的負面情緒要過些日子才能消退，經常吵架會讓人總是生活在煩悶的情緒裡。

第三，不要動不動說離婚，兩人有爭執很正常，氣過就過去了，不要動不動就把離婚掛在嘴上。千萬不要懷恨在心，特別是吵架之後，更不要記在心裡。

第四，吵架之後，千萬不要執意和對方爭個高下。家不是說理的地方，沒有規定一方要征服另一方。夫妻之間的關係太微妙了，每吵一次都是對感情的一種傷害。即便是和好了，也總感覺和以前不一樣，生活是很現實的，沒有那麼浪漫，兩個人的觀點哪有完全一致的，要學會不斷適應對方，相互接納。

總之，夫妻兩個人的爭吵沒有輸贏，只會兩敗俱傷。夫妻之間需要有效地溝通，需要學會站在對方的立場思考問題，頻繁的爭吵會把婚姻推入泥潭。有些夫妻吵架只是為了征服對方，控制對方，而且不分時間和場合，蠻不講理，出言不遜，傷及對方的自尊，甚至還把「文爭」升格為「武鬥」，最終也必定會讓雙方遍體鱗傷。

由此可見，經常吵架，有時候也是一種增進感情的催化劑，但是絕不能傷害對方，這就是吵架的最高藝術。夫妻是除親人之外和自己最親近的人，平時也是在一起時間最多的那個人。無論從感情上還是從生活上都應該是最珍惜和最關心的人。

善意的謊言是美麗的

當一位身患絕症的病人被醫生判了死刑時，他的父母、愛人、子女以及所有的親人，都不會直接地告訴他「生命已無法挽救」、「最多還能在這個世界上活多久」之類的話。雖然這些都是實話，但是誰會那樣殘忍地如同法官宣判犯人死刑一樣，向已經在病痛中的親人如實相告呢？這時，大家就會形成一個統一的戰線，閉口不談實情，而以善意的謊言來讓病人對治療充滿希望，讓病人在一個平和的心態中度過餘生。

當一個不諳世事的孩子，突然遭遇不幸，失去了自己的親人，該怎樣向他說明自己的親人到哪裡去了呢？我們覺得最好的辦法還是：暫時不要告訴他真實情況，只是說到很遠的地方出差，或者是在國外讀書、工作之類。等孩子懂事了，有了一定的承受能力的時候，再告訴他實情，孩子也會理解親人的做法。

曾看過一篇電視報導，內容是一個老婦人得了慢性腎臟病，如果不換腎生命就會受到威脅。這時大兒子站了出來要求捐腎給媽媽，老婦人強烈反對，說真要是這樣還不如死了算了。沒辦法，只能等待條件都匹配的腎源，可是要等到這樣的腎源真是很不容易。兒子怕耽誤母親的病情，和家人商量後，騙過母親，把自己的一個腎臟捐給了母親。手術成功後家人還是瞞著這位老媽媽，最讓人感動的是母親和兒子住在隔壁病房，媽媽卻不知道，當媽媽想見大兒子時，家人只是騙她說兒子去出差了。

在國外，有個得了血癌的小女孩，在她生命的後期，當醫生問她最大的心願是什麼時，她說想去迪士尼樂園看看卡通人物。對一個生命垂危的小女孩的最後心願，醫生和家長哪有不滿足的理由呢？但是因為她的家住在山上，如果滿足她的要求，醫生怕女孩承受不了旅途的勞累，於是一個由 2,000 多名志願者和醫生，還有女孩的家人一起編造謊言的行程開始了，

從坐車下山、搭火車到改乘大型巴士，一路上，從報站到隨車人員的端茶倒水，甚至到旅客的交談，都是大家有意安排的。最後來到了一處平常的廣場，在樂隊吹奏迪士尼樂園相關歌曲及穿著玩偶裝的握手擁抱中，雙目失明的女孩以為真的來到了渴望已久的迪士尼樂園，當看到她無力地舉起她的小手向遊行隊伍揮揮手時，在場的人們全都淚流滿眶。

善意的謊言是美麗的，這種謊言不是欺騙，不是居心叵測。當我們為了他人的幸福和希望而適度地撒一些小謊的時候，謊言即變為理解、尊重和寬容，而且具有神奇的力量，沒有任何的不純潔。

善意的謊言是出於實現美好願望的謊言，是人生的滋養品，也是信念的原動力。它讓人從心裡燃起希望之火，也讓人確信世界上有愛、有信任、有感動。

記得曾從一本書上讀到過這樣一個故事：

這是個寒冷的夜晚，魯茲太太正打算關上她的店門，突然，有個年輕人闖了進來，遞上 100 美元，說要一份熱狗和一杯牛奶。

在接過那張鈔票的瞬間，魯茲太太就斷定那是張假鈔。她看了年輕人一眼，年輕人低垂著頭，一副窮困潦倒的模樣。魯茲太太不動聲色地問道：「能換一張嗎？」

年輕人開始緊張、慌亂起來，頭垂得很低，他囁嚅了半天道：「沒有，太太，我……我很想要一份熱狗，我一整天沒有吃東西了。」魯茲太太覺得這是一個還沒有完全喪失羞恥心的孩子，對於這樣的孩子，也許一塊麵包的溫暖遠比一聲呵斥更有影響力。想到這兒，魯茲太太不再遲疑，馬上找零錢。

在年輕人轉身離開時，魯茲太太忽然大叫一聲，手捂著胸口跟蹌了幾下。年輕人嚇壞了，趕緊上前扶著老太太。「快！」魯茲太太把那 100 美元的假鈔塞到年輕人手裡，「到對面的診所買藥，就說魯茲太太病了。」

年輕人走後，魯茲太太俐落地拿起電話，打到那個診所，那是她弟弟的

診所。魯茲太太在電話裡道：「如果有個年輕人來幫我買藥，給他 3、40 美元的藥就可以，另外，他手裡有一張 100 美元的假鈔。」放下電話，魯茲太太默默地禱告著，如果他真是個富有愛心和責任感的孩子，他就一定會回來。一會兒，診所的電話打過來了，告訴魯茲太太，年輕人已經拿著藥走了。魯茲太太長吁了一口氣，慶幸自己沒有看走眼。

那個夜晚，年輕人寸步不離地陪伴著「病中」的魯茲太太。天亮後，魯茲太太感激年輕人「救」了自己，竭力挽留要離開的年輕人，請他幫忙照看幾天店面。

幾年過去了，那個小店變成了超市，超市又有了分店，而那個年輕人後來在美國靠零售業發跡。

在那個風雪之夜，魯茲太太用善意的謊言，讓年輕人不失自尊地接受了她的幫助。

生活中，很多時候都需要善意的謊言。有一個學生，他對長跑並不是很在行，但在一次測驗中，老師告知他的長跑速度比其他同學快，而且還說他有機會代表學校參加比賽，要他好好努力。那位學生聽了老師的話之後非常興奮，因為一直認為自己沒有長跑天賦的他，竟然能代表學校參加比賽。從這天起，他真正喜歡上長跑，並且每天堅持起來跑步，過了一段時間後，本來完全不能代表學校參加比賽的他，竟然真的被選上了。

曾經有一位教師撒了一個謊，說自己可以幫學生預測未來：你將來可能成為數學家，他能當作家，哪一個具有藝術天賦……在老師的指點、薰染、鼓勵和塑造中，孩子們變得勤奮刻苦，懂事好學。幾年後，大批學生以優異的成績邁進名牌大學的校門。人們都以為這位老教師未卜先知，可以感知未來，其實，老師是良苦用心的將一個美麗的謊言種植在孩子的心靈，就像播一粒種子在土裡，終將枝繁葉茂，開花結果。

讀完美國短篇小說《最後一片葉子》，眼睛總是溼溼的。當生病的老人

望著凋零衰落的樹葉而淒涼絕望時,充滿愛心的畫家用精心勾畫的一片綠葉去裝飾那棵乾枯的生命之樹,從而維持一段即將熄滅的生命之光。

善意的謊言,是賦予人性的靈性,體現著情感的細膩和思想的成熟,促使人堅強執著,不由自主地去努力,去爭取,最後戰勝脆弱,絕處逢生。

錯過了就別強求

前不久室友收到一條簡訊:你還在臺北嗎?過得好嗎?室友當時有點一頭霧水,後來終於弄清楚了,這個發簡訊的人,是她曾經錯過的一個人。

室友馬上打電話告訴他:謝謝他多年以後還能記得她,她現在生活得很平靜、很幸福。

這位室友處理得很好、很理智,她明白人生難免有一些遺憾,錯過就錯過了,很多東西是強求不來的。可是在這個世界上,卻有許多人缺乏這位室友的明智,常常執迷不悟,讓使人生充滿苦惱。

曾有一個懵懂的男生,暗戀他們班上一個可愛的女生,那時男孩很幼稚,認為喜歡一個人就是做一切讓她高興的事。可是他很沒自信,成績不好,其貌不揚。起初男孩整天找藉口接近女孩,女孩很討厭他,總是不理他。男孩知道,這樣永遠不能讓女孩動心,他一個人在宿舍裡想啊想,怎麼才能打動女孩的心呢?

一天,室友說看看某某某又考了第一名,真風光。男孩子心裡一動:對,我要用成績來打動她。

第二年暑假,當很多朋友都去打工,他一個人在家,什麼地方也不去,開始認真讀書,這是他 20 年來真正認真做的第一件事。他日夜認真讀書,他有一個願望,他要拿班上第一……

後來他如願以償,和她一起考上了臺北的大學。畢業後男孩在一個公司

找了一份清閒的工作，女孩在一家日資公司做採購。總之生活得很快樂。

忽然有一天女孩對男孩說她喜歡上了他們公司的工程師。她哭著對他說：「我知道你很好，可是感情是不能勉強的。」他沒有哭，但心在淌血。

於是他在網咖睡了一個月，學會了抽菸，體重直掉到 60 公斤。終於，男孩的父母知道這件事，他們來到臺北，看到男孩後他們哭了。父母在生活最艱難的時候都沒落淚，但當看到他們的兒子這樣頹廢，他們哭了。

但他們什麼也沒說，因為說什麼也沒有用。男孩看著頭髮花白的父母，也哭了。

後來，女孩又和她的新男友分手了，據說是感情不和。有一天女孩發了封簡訊給男孩：「回憶和你一起的日子，發現你真的很好。」

男孩回：「錯過了就是錯過了，妳已經不能回頭。」

於是，他們在這個城市成了兩個熟悉的陌生人。

兩個人，走錯了一段路，哪怕用一輩子來後悔都已經沒有意義了，誰又能毫無遺憾地說：「錯過了，就是錯過了。」錯過的人，錯過的事，只能是回憶。想起來會心疼的回憶，那張熟悉的面孔，那個想用一輩子來相守的人……

有一個叫小涵的年輕人，與一個少女相戀多年。那少女活潑開朗，人見人愛。但陰錯陽差，他們分手了，女孩遠嫁他鄉，而小涵也早已為人夫。

婚後，小涵一直覺得自己極其「不幸」，他看妻子這也不順眼，那也不遂心，長相不佳，吃相不佳，睡相也不佳。總之，妻子沒有一樣稱心如意，與人見人愛的舊情人簡直不可同日而語。

小涵的妻子常為此而黯然神傷。經過數年的吃醋、爭吵之後，妻子索性放手，准許他去異鄉看望他的夢中情人。

小涵如獲大赦般地去了，在火車上，他設想著種種重逢的浪漫情節。終於，他滿懷憧憬、心跳加速地敲開了舊情人的家門。

開門的是一個黑胖的婦人，這個婦人已經不認識分別 20 年的小涵了。「你找誰？」婦人粗聲粗氣地問。

難道這就是令他魂牽夢縈、朝思暮想的女孩？小涵敷衍了幾句之後，落荒而逃。

有人說：「錯過的東西最美好。」這句話有一定的哲理。正因為錯過了，我們才常常會把錯過的東西放在心中，一遍又一遍地回憶、玩味，並時常不經意地將它在心目中像寫小說、拍電影一樣地幻想，直至完美 —— 不管這有多麼幼稚可笑，而自己卻堅信不已。

其實，這都是錯誤的白日夢。在人生中，錯過了的就別再強求，還是把握住當下，給自己的心中留下一份美好的回憶吧！

錯過了就是錯過了，真正地錯過了。一個向左走，一個向右走，於是在生命的列車上漸行漸遠。

一輩子很漫長，一輩子也很短暫。

其實，錯過就代表著不是你真正的東西，無須後悔更無須天天傷心。過去的就讓它過去吧！放眼未來，守住眼前的幸福與真實比追悔更加有價值。如果錯過了，我們要學會微笑。畢竟已經錯過，任何後悔也無濟於事。

有些東西錯過了，就一輩子錯過了。人是會變的，守住一個不變的承諾，卻守不住一顆善變的心。有時候執著是一種負擔，放棄是一種解脫。

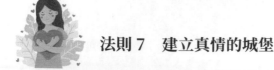

莫讓愛成為傷害

有人說：「愛是一種傷害，凡是造成傷害的，只是挾持的愛，而非真愛。」

有這樣一句話：「如果你不愛一個人，請放手，好讓別人有機會愛他；如果你愛的人放棄了你，請放開自己，好讓自己有機會愛別人。」這話直白但很有道理，也從旁教會了我們如何對待愛情。

有的東西你再喜歡也不會屬於你，有的東西你再留戀也注定要放棄，愛是人生中一首永遠也唱不完的歌。人一生中也許會經歷許多種愛，但千萬別讓愛成為一種傷害。

天鵝湖中有一個小島，島上住著一位老漁夫和他的妻子。平時，老漁夫搖船捕魚，妻子在島上養雞餵鴨，除了買些油鹽，他們很少與外界往來。

有一年秋天，一群天鵝來到島上，牠們是從遙遠的北方飛來，準備去南方過冬。老夫婦見到這群天外來客，非常高興，因為他們在這兒住了那麼多年，還沒有誰來拜訪過。

老夫婦為了表達他們的喜悅，拿出餵雞鴨的飼料和捕到的小魚招待天鵝，於是這群天鵝跟這對夫婦熟悉起來。在島上，牠們不僅大搖大擺地走來走去，在老漁夫捕魚時，牠們還隨船而行，嬉戲左右。

冬天來了，這群天鵝竟然沒有繼續南飛，牠們白天在湖上覓食，晚上在小島上棲息。湖面冰凍，牠們無法獲得食物，老夫婦就打開茅屋讓牠們進屋取暖，並且餵食，這種關懷一直延續到春天來臨，湖面解凍。

日復一日，年復一年，每年冬天，這對老夫婦都這樣奉獻著他們的愛心。有一年，他們老了，離開了小島，天鵝也從此消失了，不過牠們不是飛向南方，而是在第二年湖面冰凍期間餓死的。

人與自然相通。有時候看似傷害，其實是一種關愛。而有時候關愛得多

了，卻恰恰是一種傷害，並且致命。在這個世界上，最偉大的莫過於愛；但愛也要有個量度，超過這個量度，愛就有可能變成一種傷害。

所以，在適當的時候，要學會放飛你的愛人，否則在不可知的未來，你的愛也許會變成一種傷害。

《霸王別姬》，一個感動了多少人的愛情故事，被幾代人演了又演，唱了又唱，卻始終盪氣迴腸，綿綿不盡。虞姬用她的刻骨柔情換得項羽的豪情天縱，把《霸王別姬》的故事推向了高潮……拋開戰敗的背景，我們感慨嘆息，卻始終道不出這樣的結局是喜是悲。

有些緣分一開始就注定要失去，有些緣分是永遠都不會有好結果。

〈梁祝〉一曲說盡幾代纏綿，給人無限傷感。所有人都看到了梁、祝二人的癡情，而又有誰想過馬文才？他是應該放棄的，如果真愛，那就讓她自由，給她幸福，而祝英台的幸福是和她愛的人在一起。他明明知道是悲劇，卻把一個沒有靈魂的軀殼綁在身旁，這又有什麼意義呢？不知道他有沒有後悔過？

愛一個人不一定要擁有，但擁有一個人就一定要好好地去愛他。話說的容易，可是一旦要做時真的很難。

愛情往往不如想像的那般完美，即使兩個人仍相愛，即使他們都想好好地愛，一旦有了裂痕，就無法修復，愛就如同玻璃般易碎。

愛可以是一瞬間的事情，也可以是一輩子的事情。每個人都可以在不同的時間愛上不同的人。不是誰離開了誰就無法生活，遺忘讓我們堅強。是否被愛，每個人有不同的感受。重尋舊夢的代價往往是我們付不起的。「因為愛，所以放棄」。

愛是人生中一道美麗的風景，當你擁有一份真愛時，一定要真心對待，好好珍惜，千萬別讓愛成為一種傷害……

法則 7　建立真情的城堡

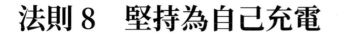

法則 8　堅持為自己充電

　　當今社會是一個資訊爆炸、知識飛速更新的時代，人們必須適應這種日新月異的變化，在日常工作中，許多環節都需要運用新知識、新資訊，才能更有實效地完成任務。因此，要想成為更幸福的自己，必須時刻走在時代前端，不斷充實自己，透過學習各種知識提升自己的智慧，做到「養兵千日，用兵一時」。書本知識只是基礎，必須吸取除書本以外多方面的「營養」，才能鑄就博學多才。社會是一本大書，需要經常不斷地翻閱、學習，潛移默化。要知道，在現代社會中，不充電就會很快斷電。

終身都需要學習

　　古人說：「其生也有涯，其知也無涯。」這「有涯」和「無涯」的對比，才讓我們認識到「終身學習」的重要性，成為人們越來越多的話題與實踐。人生一世，縱是百年之久，也不過彈指瞬間。而大智慧與真幸福，大學問與真境界，卻使無數人終其一生也難得其要。世間少有生而知之者，無論學習是後天知識累積的過程，還是先天記憶復甦的過程，人都需要透過種種途徑、方式與場景，主動尋求與突破。

　　孔子一生，便是逐步提升、日益覺醒、直至大悟的一生。十五有志於學，三十成家立業，四十不為外物所惑，五十學易而知天命，六十耳順，七十隨心所欲而不逾矩，正好表明：立志在先，無志不足以廣學；「而立」只是基礎，絕非最後歸宿；僅知世間人事，並非多知；須知天命，才算真知之始；已知真理大道，還得戰戰兢兢；雖得大自在，還得維持世俗常態。從立志到求學，從做人到處事，從格物到悟道，從正心到歸真，無不脈絡清晰，進步顯著。

　　西方智者蘇格拉底，以「我無知」而著名。正因自知「無知」，所以畢生探索，追問不止。柏拉圖之所以拜他為師，即因其自稱「無知」：唯其「無知」，才能如海之位卑，納盡百川。蘇格拉底最終進入何等佳境，並非尋常人可以明斷。但是有兩點，誰都可以見證：由他一脈傳承的柏拉圖、亞里斯多德等人，開啟了人類的西方文明；他寧願喝下毒藥，也不苟且逃生，可見他的精神高度早已洞明生死。

　　聖人終身學習，一定可到超凡脫俗的化境。君子終身學習，不只技藝精益求精，人情亦必越益練達，人格也必越益美善，人心亦必越益淡泊。范仲淹「先天下之憂而憂，後天下之樂而樂」的胸懷，一定比洞庭湖更為浩大。能留下濃墨重彩的先賢，很多是終身學習的典範，常常憂戚自我與天下，在

學問、識見、道德、心性的止境孜孜不倦。

今人的終身學習，多在技術，多向功利，多為自我。因為技術日新月異，個人如不終身學習，勢必落伍；企業若不創新，產品或服務勢必被潮流所吞噬。因為欲望沒有邊際，誰都想要追求利益的最大化與成功的最大化，所以「終身學習」常被當成達到目標的良方。因為自我的內心越來越沒有約束，所以主觀的、個體的、本能的視角與想望，常輕易地成為人們衡量一切的基點或標準。

不管時代怎樣變化，終身學習這一點是不變的。

許多演藝界知名人士，都是很有天賦的人，但他們仍會分秒必爭地認真練習，不斷地下工夫，提升自己的演技。如果報紙上的影評、劇評指責他們的缺點，他們會一夜未眠地思考自己的缺點。這就是我們能欣賞到優秀演出的原因。同理，對職場中人來說，平時認真磨練和努力學習是同樣重要的。唯有不斷地努力和磨練，才能適應衝擊。否則，前程必然黯淡無光。

儘管「活到老學到老」是一句老生常談。但是做比說不知要難上多少倍，能夠深切地體會到「人的一生都必須學習」時，大概就是生命臨近終結的時候了，雖然悟出了真理，但能夠用於自己實踐的時間卻所剩無幾了。

也許，身為職場人士，你多年來的辛勤工作，終於贏得了上司的讚賞，而且被公認為整個部門最勤奮的表率，然而，你仍沒有機會晉升。或者，事實上，你服務的部門在短時期內，根本就沒有任何升遷機會。你該如何讓自己有晉升的籌碼？向人事部查詢公司有什麼課程適合你學習的，尤其是那些與你工作相關的課程。如果有，請抓住機會向上司申請。即使要花些時間也是值得的，因為這樣的投資，肯定會有用武之地，對日後的工作或多或少會有幫助。

時刻給自己充電，這是每個人應具備的危機意識。如果你既想「往上爬」，又不去主動學習新知識，所謂強中自有強中手，那麼就會有原本條件

不如你，但因後天的努力充電而實力超過你的人走在你前面，而你眼睜睜地看著人家搶走那把「交椅」或被上司捧在掌心，只能後悔莫及。

　　過去人們把讀書當成目標來實現，一旦實現目標，讀書就告一段落，因此讀書具有強烈的功利性。正是這種強烈的讀書功利性，讓學風浮躁，文風不正。現在我們要把學習當成人生永恆的使命，加入終身學習的行列。一個從大學畢業的學生一輩子不用再走進教室的情形已經成為歷史，因為，社會已進入高速發展時代，如果想在激烈的市場競爭中生存和獲勝，每個人和公司都必須以更快的速度學習，必須時刻學習，終身學習。「活到老，學到老」將不再是少數人自勉的警句，而是一種現實狀態。

人人都是自己的老師

　　孔子曰：「三人行，必有我師焉。」這句話可以這樣理解：無論是治學，還是工作，人人都有特長，我們要多發現別人的長處，取長補短，從而更好地完善自己。而不要高高在上，目中無人，看不到別人的長處，只看到別人的不足，如果這樣，我們不僅學不到任何有價值的知識，還會造成人與人之間的不和諧。

　　熊十力為大家所熟知的新儒學大師，關於他「罵人」的故事頗值得玩味：

　　1943 年，對陸軍少將徐復觀而言，是他的生命歷程出現轉折的一年。他的生命出現轉折並不是指這一年他受到蔣介石的器重並成為幕僚，而是指他成為新儒學大師熊十力的弟子。徐復觀和熊十力都是湖北黃岡人。這一年徐復觀讀到了熊十力獨創的新儒家哲學體系「新唯識論」，敬佩之情油然而生，遂萌發了從師之意。正好，熊十力也在梁漱民先生主持的勉仁書院教書。徐復觀便寫了一封信，表達仰慕之情。幾天後，熊十力便回信給他。信裡，熊十力除說了一番為人治學的道理外，還說到後生對前輩要有禮貌，指

出徐復觀來信字跡潦草，誠意不足。這封信對徐復觀的啟發與感動，超過了「新唯識論」，他立即去信道歉。

經過幾次通信後，熊十力約徐復觀來書院面談。徐復觀第一次去見熊十力是身著陸軍少將軍服，這次會面徐復觀向熊十力請教該讀些什麼書，熊十力向他推薦了王夫之的《讀通鑑論》。然而，徐復觀對熊十力的指點不以為然，說這本書早已讀過了。熊十力面露不悅之色，說徐復觀並沒有讀懂，應該再讀。過了一段時間，徐復觀再見熊十力，報告《讀通鑑論》已經讀完。熊十力讓他談談心得，徐復觀就談了許多對王夫之的批評，熊十力還未聽完就開始破口大罵。這一罵，雖然不是歷史上老師對學生的最厲害的一罵，但大概近代老師對學生最著名的一罵；這一罵不要緊，竟罵出了一位現代新儒家。「你這個東西，怎麼會讀得進書！任何書的內容，都是有好的地方，也有壞的地方。你為什麼不先看出它好的地方，卻專門去挑壞的；這樣讀書，就是讀了百部千部，你能接收到書的什麼益處？讀書是要先看出它的好處，再批評它的壞處，像吃東西一樣，經過消化而攝取了營養。譬如《讀通鑑論》，某一段該是多麼有意義，又如某一段理解是如何令人深刻，你記得嗎？你懂得嗎？你這樣讀書，真是太沒有出息！」這一番痛快淋漓地痛罵，罵得自我感覺良好的陸軍少將呆立當場，狼狽不堪，半天回不過神來，但也使他從此大徹大悟。

多年後，徐復觀回憶起這一番痛罵，還滿懷感激的寫到：「這對於我是起死回生的一罵。恐怕對於一切聰明自負，但並沒有走進學問之門的年輕人、中年人、老年人，都是起死回生的一罵！近年來，我每遇見覺得沒有什麼書值得去讀的人，便知道一定是以小聰明耽誤一生的人。」

別人比自己強，別人能做自己的老師，就得承認，並虛心學習，幸而徐復觀大徹大悟，熊十力的「罵」讓他明白了這個道理，讓他受益終生。遺憾的是有些人一輩子也沒明白這個道理，狂妄自大，死要面子，最終什麼也學

不到，從而失去發展的機會。

　　宋朝時，有一位名叫楊時的讀書人，他拜當時的理學家程頤為師，由於楊時平時虛心求學，刻苦用功，所以成了一名有成就的人。後來，他為了一個問題，還特意到洛陽請教老師程頤，不巧正趕上老師在睡午覺，他心裡想：「老師一定是累了，我不能吵醒老師。」為了不影響老師休息，他就靜靜地站在大門外等候。那天，正好外頭下起了鵝毛大雪，雪花紛紛，楊時的手被凍得生痛，但他仍然靜靜地站在門外，一動也不動。不知過了多久，程頤一覺醒來，發現學生楊時，吃了一驚，看著門外一尺多厚的雪，程頤老師被深深感動，連忙把楊時請進了屋裡。這時，楊時才開口向老師請教。

　　楊時身為一名已有成就的人，並不因此而感到驕傲自滿，為了一個問題他仍然千里迢迢趕到洛陽請教老師。正因為他有這種謙虛的美德，才能學到更多的新知識。古今中外，像這樣的例子不勝枚舉。

　　著名的國畫家齊白石在教書的時候，一次在課堂上，有一位學生畫了一張畫稿，請齊白石幫忙校正。齊白石反覆觀摩之後，高興地說：「你畫得太好了，借我回去臨摹一張吧！」等下個星期又來上課時，他拿了一張臨摹的畫，向學生徵詢意見：「你看我臨摹得好不好？」接著又對那位學生說：「你的那張畫畫得太棒了，我要永遠把它作樣本，現在把我的這張和你的做個交換，行嗎？」學生又高興，又感動，把齊白石的畫珍藏了起來。

　　當時，齊白石已年近七十了，又是堂堂的一名大家，還虛心地向學生請教，一個教授都能這樣不恥下問，何況是我們呢？我們應該明白：只有謙虛的人，才能明智地看到自己與別人存在的差距，看到自己的缺點和不足，才能虛心地向別人求教，讓自己不斷進步，取得成就。所以，我們在學習過程中，千萬不要因為取得了一點成績就驕傲自滿，故步自封，那是不可能成就大事業的。

每天進步一點點

俗話說：「千里之行，始於足下。」做什麼事情都要一步一腳印踏實地去完成。一步登天做不到，但一步一腳印能做到；一鳴驚人不好做，但一股勁做好一件事是可能的；一下成為天才不可能，但每天進步一點點則有可能。

每天進步一點點，聽起來好像沒有沖天的氣魄，沒有誘人的碩果，沒有轟動的聲勢，但可以細細琢磨一下：每天進步一點點，那是在默默地創造一個料想不到的奇蹟，在不動聲色中醞釀一個真實感人的神話。

因為，進步，就是向前走，就是今天比昨天強，就是對現狀有所突破，就是用嶄新代替陳舊，而且是每天都如此。

每天盯著那個高遠的目標，不慌張也不懈怠地努力，熱情但不狂熱，執著但不偏執地矯正著不滿又營造著快樂，這一切不是大起大落大悲大喜，而是一點點……

不要小看這「一點點」。靈感，就那麼一點點，便可以讓你於混沌中豁然開朗；智慧，就那麼一點點，便可以讓你於危機中有了轉機；勇氣，就那麼一點點，便可以讓你於怯懦中有了衝勁。每天進步一點點，你就會有美滿幸福的人生。

為什麼這樣說呢？因為它很務實。它防止了一時心血來潮的浮躁，也拒絕了突然心灰意冷的悲涼。始終那麼平靜從容，步履穩健。不允許每一天的虛弱，不放過每一天的庸碌，不原諒每一天的懶散。

每天進步一點點，沒有不切實際的狂想，只是在有可能眺望到的地方奔跑和追趕，不需要付出太大的代價，只要努力，就可以達到目標。

每天進步一點點，不是可望而不可即，也不是可遇不可求，只是每天都在努力，都在走近成功。

法則 8　堅持為自己充電

「苟日新，日日新，又日新。」意思是如果能夠一天「新」，就應保持天天「新」，「新」了還要更「新」。「新」就是說我們每天都要有一個新的面貌，新的起點，新的進步。

有一名員工，他的父母都失業了，生活很困難。他高中畢業後，因為不想家裡負債幫他交學費，主動放棄上大學的機會，到一家公司打工，當一名普通的工人。但是，他不像別的工人那樣，拿多少錢做多少事，他每天都在工作中不斷學習，想辦法充實自己，努力改善自己工作的狀況。他注意到主管每次總要認真檢查那些進口商品的帳單，由於那些帳單用的都是法文和德文，他就在每天上班的過程中仔細研究那些帳單，並努力研究學習與這些帳務相關的法文和德文。

後來，當主管忙不過來時，他就主動要求幫忙主管檢查。由於他做得實在是太出色，以後的帳單自然就由他接手。

過了兩個月，他被部門經理叫到辦公室。部門經理的年紀比較大，是公司裡的元老級人物，部門經理說：「我在這個行業裡做了 30 年，根據我的觀察，你是唯一一個每天都在要求自己不斷進步，不斷在工作中改變自己以適應工作要求的人。從這個公司成立開始，我一直從事外貿這項工作，也一直想物色一個助手。這項工作涉及的面向太廣，工作比較繁雜，需要的知識很複雜，對工作的適應能力要求也特別高。現在，我們選擇了你，認為你是一個十分合適的人選，我們相信公司的選擇沒有錯。」

儘管這名員工當時對這項業務一竅不通，但是，他憑著對工作不斷研究、學習的精神，讓自己的能力不斷地提高。半年後，他已經完全勝任這項工作了。一年後，部門經理退休，經過大家的審議，由他接任這項職位。

現在，他在這家企業裡有了相當的地位，收入也提高，你能說，他比那些大學生差嗎？他的成功，主要源自他堅持每天給自己充電，並要求自己每天進步一點點。

　　大多數人認為，要改變自己不是一件一蹴而就的事。他們不知道改變的唯一祕訣乃是隨時隨地要求自己改進，在工作中不斷研究、學習。其實，你的文憑和經歷只能代表過去，在日後的工作，只有勇於負責，每天都有所改變、有所進步的人，才能夠成為一個卓越的員工，並能抓住機遇，順勢而上。

　　不斷改進如果成為一種習慣，將會受益無窮。一名不斷改進的員工，他的能力、魄力、工作態度、負責精神都將會為他帶來很大的收益。一個不斷改進的老闆，不但會感染自己的員工與他一起改變日常的工作，還能讓自己的事業每天都往前發展。

　　每天進步一點點，需要每天認真規劃，既不能急躁，也不能應付，更不能造假，因為這不是做給別人看，也不是要跟人交換什麼，而是出於律己的人生態度和自強不息的進步精神。每天進步一點點，終將使你一生有所成就。

「恆心」和「毅力」是人生的充電器

　　鑽研，就是對各類知識、技能孜孜不倦地渴求和學習，無論時間多趕，任務多重，條件多差，都不影響自己從書本上、從實踐中獲取知識，從而豐富和提高自己。

　　應該說，對學習重要性的認識，大家基本上是一致的，但為什麼有的人能做到孜孜不倦，活到老學到老，學有所得，而有的人卻常不了了之？我想，除了極少部分受到「讀書無用論」影響而對學習不感興趣甚至嗤之以鼻的人之外，大部分的人主要還是缺乏恆心。要麼覺得學習太辛苦枯燥而不能持之以恆；要麼耐不住孤獨和寂寞而無法拒絕燈紅酒綠的誘惑；要麼自以為知識夠用而不需要學習；要麼囫圇吞棗不得要領而達不到學習效果……也許還有無數個要麼，但歸根究柢只有一點，那就是缺乏「恆心」。

法則 8　堅持為自己充電

「恆心」和「毅力」決定了學習的態度和方法。只有嚴格的學習態度和科學的學習方法，才能學有所成，事半功倍。因此，要想不斷累積、更新知識，不斷提高業務技能，就一定要勤於學習、善於學習，摸索和掌握科學的學習方法。只有這樣，才能不斷地充實自己與提升自己，才能讓自己始終走在時代的前端，讓自己永遠立於不敗之地。

社會上確實有許多人學歷不高，卻取得了一定的成就，或在某些領域有了一定的地位，如果僅僅以此就得出「不讀書照樣能賺大錢」的結論，未免有失偏頗。在人際關係中，我們不難發現，這些人其實從未停止過學習。不間斷地學習充電，讓他們所取得的成就是無法想像的。

國內各大媒體經常報導一些人自學成才的事蹟。這些人出生在不同年代，工作在不同領域，他們的身上有一種相同的特質，那就是「持之以恆」。

這份恆心源自甘於寂寞的精神。隨著社會的不斷進步，人類的精神文化生活不斷豐富，電視、網路、KTV 等漸漸占據了大多數人的休閒生活，一些人漸漸磨蝕了自己的恆心，最終陷於平庸。反觀那些自學成才的人，在幾十年的時間內，有的人沒有看完一部完整的電視劇，有的人沒有看過一本「閒書」。「業精於勤，荒於嬉」，憑著這種甘於寂寞的精神，他們的成功道路越走越寬闊，成為眾人學習的榜樣。

這份恆心是做一行、愛一行、專一行的敬業態度。俗話說：「三百六十行，行行出狀元。」每個人都有在自己的職務上取得成功的機會。至於你能否成功，則取決於你是否熱愛自己的工作，是否願意在普通的職務上不斷進步。這些前輩原先大都是小人物，他們的敬業態度，成為他們取得成功的催化劑。

這份恆心是勇於創新的精神。現今，我們多數人從事的工作經過時間和實踐的檢驗，前人在實踐中也總結出很多行之有效的工作經驗。按部就班，依樣畫葫蘆，可以讓我們的工作繼續，也不大會出現差錯。但是如何將工作做得更好、更精、更有效率，則需要我們在經驗中尋找變革，在變革中有所

創新。這些前輩正是憑著勇於創新的精神，不拘泥於以往的經驗，不模仿別人的做法，最終成為行家。

俗話說：「世上無難事，只怕有心人。」許多人的事蹟給了我們極大的啟示，立足工作，鍛鍊恆心，我們離成功就不遠了。

曾有一位成衣大亨，他的成功靠的就是持之以恆。他有一句名言：「工作就是學習。」他這樣說，當然也這樣做。

早年在街上每天都會出現一個騎自行車的年輕人，時不時停下來，聚精會神地看著師傅們如何裁剪，如何製作。他今天給這個師傅一包菸，明天給那個師傅一瓶酒，只求看不明白、想不明白的地方能請師傅們指教一二。

後來這個年輕人又出現在另一個都市，但這次他不是在街頭學習，而是到成衣廠工作，一「混」就是 7 年。在這 7 年裡，他記不清自己到過多少家成衣廠，只記得自己無論走到哪裡，總是不到 3 個月就會晉升，每當學到了自己需要的東西，又會義無反顧地奔向下一個目標。經過這 7 年的磨練和鑽研，他掌握了不同布料、各種成衣的生產技藝，甚至從棉花的生產、棉紗的紡織、布料的印染著色、成衣的款式設計等方面都進行了有系統地研究，成了真正的行業權威，被人稱作成衣業全能專家。

這時，他才開始自己創業，創立了成衣公司，並迅速在成衣界攻城掠地，不斷取得成功。

成功之後，他仍經常找知名教授和企業菁英學習探討。在他的辦公室、家裡、車上，到處都是書。他說：「一個人只有不斷學習，不斷地接受新事物，才能不斷進步。」

有位養豬大戶小周也是這樣，他雖然沒有養豬技術，但他專門托人買來 10 多本專業書籍，每到晚上，就認真閱讀，牢記書本上的知識。每晚入睡前，他都要在房間裡一字一句地念個不停，以至於說夢話都在嘀咕養豬技術。憑著這份毅力，他很快就成了養豬專家，也成就了自己的事業。

人們常說：「知識改變命運。」但要獲取知識，除了一些必備的客觀條件外，最重要的就是要有恆心和毅力。一種活到老學到老的孜孜不倦的精神，是人生的充電器，是事業成功的鋪路石。

逆水行舟，不進則退

古人說：「逆水行舟，不進則退。」為什麼不前進就會後退呢，這裡有一個前提條件，就是「逆水」。那麼，順著水流的方向，不就可以輕鬆地前進了嗎？事實並非如此。因為「順流而下」，順著水流的方向，只能夠越來越向下，不可能登上遠方的高峰。

大多數人都有過航行經歷，都明白這個自然現象，船隻逆水而行，划槳力道要增大，船隻才能前進，否則會倒退。行舟如此，讀書也是如此。

學如逆水行舟，不進則退。宋朝時候，有個農家子弟名叫方仲永，5歲的時候就能寫詩。他父親把詩拿給讀書人看，大家都很驚奇。以後，不斷有人邀他們父子去作客，以索取仲永的詩作。他父親貪圖小利，每天領著仲永到處拜訪，不讓他繼續學習。到12、3歲，仲永所作的詩文大不如從前。

方仲永由「神童」到平凡人的例子說明，任何天才都不能生而知之，不能勤奮讀書，即使有良好的天資也有窮盡的時候。

與方仲永恰成鮮明對比的是左思。左思是晉朝的一個文學家，少年時駑鈍，學過書法、音樂和兵法，都沒有什麼成就。他父親曾對朋友說：「一代不如一代，這孩子不如我年輕的時候有能耐。」左思聽了很難過，下決心刻苦學習，不斷練習寫作。當他準備寫〈三都賦〉時，當時著名的作家陸機說：「有個粗野的北方人左思，居然想寫〈三都賦〉，真是異想天開，等他寫出來讓我蓋蓋酒罈吧！」但左思毫不氣餒，他在室內、門前、牆壁和廁所等處掛著紙和筆，想到一個好句子就隨時記下來，這樣花了10年工夫，終

於寫出了連陸機也讚嘆不已的〈三都賦〉。洛陽城的人都爭著買紙抄讀，使得當時的紙張供不應求，這種現象被稱為「洛陽紙貴」。

學習如此，人的一生也是如此。有雜誌曾報導過一位女性的事蹟。她是一名工人，家庭生活並不寬裕，由於公司制度改變所以她失業了，丈夫不久也因病去世。生活的不幸接踵而來，生活如何重新開始呢？她當時真想一死了之，只是為了可憐的孩子才沒有這麼做。

人們常說：「當事情壞到極點，那麼命運就該重新洗牌了。」有一天，她的妹妹找到她說：「大姐，妳這個人非常善良，妳一定會贏得很多人的心。」

「贏得人心，能當飯吃嗎？」

「不能當飯吃，卻能當成事業來做。」

「什麼事業是以賺取人心為目的？」

「當保險員呀！其實妳很適合當保險員，保險就是給別人的家庭帶來愛心的事業。」

於是她加入了保險公司。保險是一個改變生活的機會。但這個機會是殘酷的，也許每一位保險新手都經歷過拜訪客戶時希望沒人在家，沒人在家又大為失望的尷尬。保險是一份對人的抗壓性要求近乎苛刻的事業，它讓你在一次又一次的拒絕中保持心理平衡，讓你在面對與逃避的夾縫中求得生存。

這是一個困難，對於她更是一個大衝突。別人可能還有選擇別的行業的餘地，而命運卻沒有為她留有餘地。她要生活，要養兒子，除此之外，她別無選擇。每當吃完晚飯，她就對兒子說：「媽媽去拜訪客戶了。」為了一張小小的保單，無論颱風下雨，她都要騎著自行車出去。有時候，天冷得雙手握不住筆。對於這個女人，無論是命運的不公，還是保險的成功，都不是最重要的，最重要的是，什麼讓她如此堅強？她會為她的命運哭泣，但哪怕落淚的時候，她都是堅強的。3年來，她一個人完成保額380萬元，直到現在，還保持每個月5萬元的保單。也許有人不以為然，不過幾百萬而已，與真正

的金牌保險業務員相比距離甚遠，但這是一位沒有任何背景與自信的女人，整整 3 年的奔波，就憑這份堅持，我們應知道生命有多麼堅強。

　　人的一生充滿了逆水行舟的道理。今天你是第一名，但如果你躺在成績單上睡大覺，那明天或後天，你就可能是倒數第一名。也許你不費力就考上了大學，但你若不努力讀書，也許你就難以畢業，更不要談考研究所了。

　　小時候，我見過在湍急的河流上從此岸到彼岸的渡船。當一艘渡船要渡過河到對岸碼頭的時候，它不是對準目標直線前進，而是先逆流而上，到了河中央再順水而下，只有沿著這樣曲折的一條航線，才能準確地抵達對岸碼頭。

　　看到這個情景的時候，我還在讀書，真正的人生還沒有開始。這個情景給了我啟示和感觸：人生的道路，也許就如同這艘渡船的航線，必須逆水行舟，曲折地前進。

　　工作多年，經歷了許多人和事，我更加相信了人生如「渡河」，人的一生就是要渡過生活的河流，從河此岸渡到彼岸。每個人都有自己的人生目標，都有自己的人生道路，都有自己的故事。為了抵達目的地，有的人選擇直線航行卻被湍急的河流所阻擋，到不了對岸；有的人選擇隨波逐流，順江而下，也到不了對岸；有的人選擇斜線，向著目標而又順水推舟，他們到了對岸卻偏離了目標，只能身處下游。只有這樣的人 —— 他們如同渡船一樣，逆流而上，再向目標順水而下，最終才能準確到達目的地。

　　於是我明白，逆水行舟，不進則退，人生如同「渡河」，只有鼓足勇氣，全力以赴地逆流而上，經過風吹浪打，戰勝急流險灘，才能抵達理想的彼岸。

成功路上「零存整付」

你見過洶湧澎湃的大海嗎？你可知道它是由無數條支流匯聚而成的？

你喝過醉人的花蜜嗎？你是否知道它是由小蜜蜂採集萬千鮮花釀成的？

相同的道理，知識也不是透過一兩天的學習就能得到的，而是由人們透過長期的刻苦學習累積起來的。綜觀世界上的博學之士，他們的知識無一不是靠累積而得。法國著名科普學家朱爾·凡爾納（Jules Gabriel Verne）一生寫了 104 部科幻小說，名震全球。可是很少有人注意到他一生摘錄了幾十萬字數百本的筆記。

美國作家傑克·倫敦（Jack London）的房間裡，有著一些奇怪的裝飾，窗簾上、衣架上、櫥櫃上、床頭上、鏡子上，到處都掛著一串串小紙片，每張紙片上都記下了美妙的詞彙、生動的比喻和有用的生活素材。他把紙片掛在房間的各個部位，為的是睡覺、穿衣、洗臉、踱步時都能看到，隨時記誦。傑克·倫敦正是依靠對語言和生活素材的不斷聚積，才能在創作時得心應手，寫出像《白牙》、《野性的呼喚》這樣膾炙人口的作品。

傑克·倫敦的故事，說明了一個道理：知識需要累積，成功也需要累積。這對我們是很有啟發的。我們知道，學習是一個循序漸進的過程，需要一點一點地學習，才能從無知到博學，從知之不多，到知之甚多。想要在學習上一蹴而就，一下子變成大學問家，是不可能的，因為這不符合人們認識事物的規律。既然要一點一滴地學習，那就要一點一滴地累積。積少能成多，聚沙能成塔，涓涓細流，匯成江河。成功的獲得，是離不開累積。

舉世聞名的萬里長城，是由無數塊巨石規整堆疊而成的。如果你不甘於做知識的乞丐而願做知識的百萬富翁的話，那麼，你就要勤於累積知識。

美國作家莫頓·亨特（Morton Hunt）的《走一步，再走一步》主要講他小時候身體不好，又膽小。在一次攀岩活動中，他因為膽小，不敢再往

上爬，被困在山崖上。最後，是爸爸把他從山上救了下來，爸爸告訴他：「不要想距離有多遠，你只要一小步一小步地走，會下來的。」

這只是他成長過程中一件極為普通的事，但他卻向我們揭示了一個深刻的道理：永遠不要想著遠在下面的岩石，而是想著眼前那最初的小小的一步，走了這一步後再走下一步，直到抵達我們要到的地方為止。

確實是這樣，假如你總是想著前面的路很長，布滿荊棘的道路充滿艱辛，而路盡頭的目的地是那麼遙遠，那你就永遠不會走到終點，因為這一切將擊垮你的信心。這時候，別管前面有什麼，只要自己一步一步向前走，即使這一步很小，但畢竟前進了，而不是原地踏步。同時，也不要奢望自己能夠一步登天。一個腳印一個腳印地向前走，會為你的成功打下堅實的基礎；否則，倘若你一步登天沒站穩，掉下來會摔得更慘。

是的，無論是知識還是成功，都是從一點一滴累積而來的，就像小事做足了就是大事，把平凡做多了就是不平凡一樣。

清朝袁枚十分注重語言的累積，他許多好詞佳句都是從村夫、僧人那裡得到的。有一次，在二月梅花盛開的時節，站在梅樹下的一個村夫很高興地對袁枚說：「你看，梅樹有了一身花了！」袁枚聽了，心想：「這不是詩嗎？」他便默默地記下，久久咀嚼，後來就寫出了「月映竹成千個字，霜高梅孕一身花」的名句。還有一次，一位給袁枚送行的僧人，惋惜地說：「可惜園裡梅花正盛開，您帶不去！」袁枚吟得「只憐香梅千百樹，不得隨身帶上船」的詩句，一直為人所稱道。

也有人將會前會後、飯前飯後的時間加以利用。這些時間看似零碎，但只要充分利用，依然能做不少事情。對於善於利用時間的人來說，是走向成功必不可少的「助跑器」。

一位年輕人經常坐火車、輪船遠行。每次在車船中，他總是隨身帶些讀物，利用別人很容易浪費掉的零星時間讀書，累積知識，以求進步。後來一

所大學招聘講師，他去應聘，憑著自己豐富與廣博的學識被學校錄取。他的感受是「多虧了那幾年利用一些零碎的時間讀書」。

有個童話故事中有一道智力題：荷塘裡有一片荷葉，它們每天會增長一倍，用了 30 天長滿整個荷塘，問第 28 天荷塘裡有多大面積的荷葉？答案是有四分之一荷塘的荷葉。如果這時你站在塘邊，會發現荷葉是那樣少，但是第 29 天就會占滿荷塘的一半，第 30 天就會長滿整個荷塘。

正像荷葉長滿荷塘的過程，荷葉每天變化的速度都是一樣的，可是之前花了漫長的 28 天，我們能看到的只有四分之一荷塘的荷葉。在追求成功的過程中，即使我們每天都在進步，但漫長的過程無法讓人「享受」到結果，有時還令人難以忍受。有人只對「第 29 天」的希望與「第 30 天」的結果感興趣，卻不願忍受漫長的成功過程。

所以，在人生道路上，懂得累積是非常重要的。每天前進一步，就等於在成功的存摺上「零存」一點，日後定會有大的收穫，只是需要足夠的耐力去堅持。

用知識改變世界

人類社會已經進入網路時代，如果再不認真思考如何改變自己，如何走自己今後的人生道路，那麼就會被 21 世紀無情地淘汰。如果不努力學習，學會用知識改善新世界，就會如同中生代的恐龍那樣，不能適應新時代的環境變遷。

學習需要默默地付出，恆心和毅力是學習的一對翅膀。

據說世界上只有兩種動物能到達金字塔頂。一種是老鷹，還有一種是蝸牛。老鷹和蝸牛，以往從來沒有人會把它們聯繫在一起。它們是如此的不同：老鷹矯健、敏捷、銳利；蝸牛弱小、遲鈍、笨拙。老鷹殘忍、凶狠，殺

害同類從不遲疑；蝸牛善良、厚道，從不傷害任何生命。老鷹有一對飛翔的翅膀；蝸牛背著一個厚重的殼。

　　然而，蝸牛也能到達金字塔頂。主觀上是靠它永不停息的執著精神，客觀上則應歸功於它厚厚的殼。蝸牛的殼，非常堅硬，它是蝸牛的保護傘。曾有一個人看見蝸牛頂著厚重的殼艱難爬行，就好心地替它把殼去掉，讓它輕裝上陣，結果，蝸牛很快就死了。正是這看上去又粗又笨、有些沉重的殼，讓小小的蝸牛得以萬里長征，登上金字塔頂。在登頂過程中，蝸牛的殼和老鷹的翅膀，起的是同樣的作用。可惜，生活中，大多數人只羨慕老鷹的翅膀，很少人在意蝸牛的殼。

　　學會了知識，就如同有了殼的蝸牛，我們不僅要保護好自己的夢想，更要像蝸牛一樣創造奇蹟，創造新的世界。而創造新的世界，就得先有一個夢想，然後努力經營自己的夢想，不管別人說什麼，都不放棄。

　　曾有一個人，出生在一個平凡的農戶。家裡很窮，他很小就跟著父親下地種田。在田間休息的時候，他望著遠處出神。父親問他想什麼？他說將來長大了，不要種田，也不要上班，他想每天待在家裡，等人給他寄錢。父親聽了，笑著說：「荒唐，你別做夢了！我保證不會有人寄給你。」

　　後來他從課本上知道了埃及金字塔的故事，就對父親說：「長大了我要去埃及看金字塔。」父親生氣地拍了一下他的頭說：「真荒唐！你別做夢了。我保證你去不了。」

　　十幾年後，少年成了青年，考上了大學，畢業後做了記者，每年都出幾本書。他每天坐在家裡寫作，出版社、報社寄錢到他家中，他用寄來的錢去埃及旅行。他站在金字塔下，抬頭仰望，想起小時候父親說的話，心裡默默地對父親說：「父親，人生沒有什麼能被保證！」

　　他，就是臺灣散文家林清玄。那些在他父親看來十分荒唐，不可能實現

的夢想,在十幾年後都讓他變成了現實。為了實現這個夢想,他十幾年如一日,每天早晨 4 點就起床看書寫作,每天堅持寫 3,000 字,一年就是 100 多萬字。靠頑強的意志、刻苦的努力、堅持不懈的奮鬥,他終於實現了自己的夢想。

要用知識改變這個世界,改寫自己和家庭的命運,改善新生活,並不是一件容易的事情,但確有許多人做到了。美國的海倫‧凱勒(Helen Keller),1 歲半時即雙目失明、雙耳失聰,但她不屈不撓地與命運抗爭,在家庭教師的指導下,學習點字,拼寫單字,表達自己,還學會了說話,在 20 歲時,考進哈佛大學女子學院。如果她不曾努力學習,而是自暴自棄,相信她會只是一個讓人可憐的殘疾人,但她用自己的毅力創造了「知識改變命運」的神話……

時刻意識到自己的缺點

一根鏈條,最脆弱的一環決定其強度,一個人,能力最差的一面會影響其前程。

是的,人生的缺點常令我們盲目,使我們很容易做出許多無理、荒唐的事情來,讓我們不能分出好壞,也讓我們不能超越當下的狀況,讓生命昇華到更高的境界。這些人生的缺點,有時就像人性中的醜陋和缺陷,就像病毒一樣傷害著我們的生命。因此才有人說:「命運確實與你的缺點相關。」

美國總統羅斯福就是一個有著致命缺點的人。他小時候是一個膽小、脆弱的學生,在課堂上總是心慌意亂、膽小如鼠,有時候他甚至連正常呼吸都好像喘大氣一樣。一旦被喊起來背誦,立即就會雙腿發抖,嘴唇也顫動不已;回答問題時更是含含糊糊,吞吞吐吐,前言不搭後語。

然而,他沒有因為同伴對他的嘲笑而自卑。沒有一個人能比羅斯福更了

解自己，他清楚自己的種種缺點。他勇敢地用行動來克服先天的致命缺點，甚至凡是他能克服的缺點他都克服！

後來，他竟然能夠當眾演講。雖然他的演講沒有什麼驚人之處，也沒有洪亮的聲音或是威嚴的姿態，也不像有些人那樣具有驚人的辭令，然而在當時，他確實是重要的演說家之一。

命運與你的缺點相關，這不僅反映在名人身上，在平凡人身上也同樣如此。下面這個故事值得我們每一個人反思：

小鍾留學美國，獲得了物理學博士學位，戴著深度近視眼鏡，有嚴重的鼻炎，性格內向，給人的第一印象不佳。他的英文相當好，但是當眾演說能力很差。公司雇用他，是因為他數學很好，可以幫銀行建立信用風險模型。

銀行在兩輪面試後給他正式職務。雖然當時有面試官對於他的交流能力略有顧慮，但是他有一流的建模能力，屬於當時銀行急需的人才。

開始工作後，小鍾的建模能力果然沒有讓公司失望。可是，他蹩腳的溝通能力卻使他不能再往上晉升，而是原地踏步。

在一次專案運作的過程中，操勞過度的小鍾病倒了，關鍵的一次公司彙報，他也沒法參加。成果發表時的工作彙報，小鍾本來可彌補上次的缺席，可是這次的陳述，讓幾個大老闆很失望，他說話吞吞吐吐，很簡單的事情被他說得混亂不堪。老闆們聽不懂方案運作的優點在哪，統計結果又該如何解釋。最後，還是一個同事幫他解圍，簡明扼要的解釋了一遍方案的核心內容。

幾年過去了，小鍾一直沒有晉升，而一些年輕人反倒成了他的上司。他逐漸失去了對工作的熱情，後來被迫辭職。

不過，小鍾並沒有氣餒。他外出獨自旅行了一段時間。認真反思了自己幾年的工作經歷，意識到忽視溝通能力上的「缺點」，對於自己的職涯已經是一個生死攸關的問題。

旅行結束後，他做的第一件事情是為自己請了一位演講老師。經過 3 年不懈地努力，小鍾的交流演說能力有了很大提高。他的工作進入了一個新的狀態。

小鍾在自己的缺點面前沒有退縮和消沉，而是充分且全面地認識自己，在意識到自己缺點的同時，能正確地評價自己，在困境之中頑強抗爭，不因缺憾而氣餒，甚至將它加以利用，從而改變自己的命運。

你能看清自己的人生盲點嗎？你知道如何修正自己的人生缺點嗎？身為一個欲成大事者，雖然難免會犯各式各樣的錯誤，但不管這些過失大小，其影響都不可小覷，有時甚至關乎命運以及生死。

在現實生活中，許多人多少存在著自卑，就跟每一個人都有著某方面的優越感一樣。一個不完美的木桶，它的木板總是長短不一。自卑這個缺點並不可怕，可怕的是沉浸在自卑中而喪失追求成功的勇氣。這樣，自卑就成了牢籠，限制著一個人實力的發揮。

從前有個人相貌極醜，街上行人常常要轉頭向他多看一眼。他從不修飾他的衣著。窄窄的黑褲子，傘套似的上衣，戴著一頂窄邊的大禮帽，彷彿要故意襯托出他那瘦長的身體，走路姿勢也相當難看，雙手晃來晃去不知道放在哪裡才合適。

直到臨終，甚至已經身任要職，他的舉止仍是老樣子，仍然不穿外衣就去開門，不穿外套就去公眾場合，總是講些不得體的笑話，總是在公眾場合忽然不言不語。無論在什麼地方 —— 在法院、講壇、國會、農莊，甚至於他自己家裡 —— 他處處顯得無所適從。

他不但出身貧賤，而且身世不好，身為私生子，他一生都對出身非常敏感。沒人出身比他更低，但也沒有人比他升得更高。

他後來就任美國大總統，這個人就是林肯。如果一個人有這麼多的弱點而不去補足，難道也能獲得林肯那樣的成就嗎？

原來，林肯並不是用每一個長處抵每一個短處以求補足，而是憑偉大的睿智與情操，讓自己凌駕於一切缺點之上，置身於更高的境界。

林肯一生都在用努力自修的方式來克服早期的障礙。他年輕時也非常孤陋寡聞。他在燭光、燈光和火光前讀書，讀得眼窩深陷，眼看著知識無涯而自己所知有限，常感覺沮喪。

林肯的一生不是沉浸在自卑中，而是對一切他所缺乏的方面進行「修補」，即修補自己的缺點，正是因為這樣，林肯才成為了林肯，才改寫了他的命運。

缺點影響的不僅僅是工作，還會影響生活的各個層面，因此，我們必須對它做一個客觀的了解，並透過一定方法改變這些缺點。

因為缺點並不可怕，克服弱點提高能力也並不困難，只要堅持學習，不斷努力，就是改善弱點，提升能力的上上之策！

不學無術最可悲

在一本古籍上看到這樣一個故事：曾有一個富人，家財萬貫，他有三個兒子，從小衣食無憂，過著衣來伸手，飯來張口的日子，因此養成了好吃懶做的習慣。長大以後，便仗著家裡有錢，肆意揮霍，不務正業。

地方上有幾位德高望重的老者，實在看不下去，就一起去勸說富人：「你的這三個兒子全都遊手好閒，不讀書，也不學本事，將來你百年之後，他們靠什麼自食其力啊？本來不關我們的事，但我們身為同鄉，好心來勸告你。身為父親，你應該告誡他們，要讀書學本領，將來才能保住自己的家業，才能自立。」可是，那個富人卻聽不進去，仍然放任三個兒子在外面四處遊蕩。

不久，這個富人暴病而亡，而他的三個兒子不但沒感覺到家業的衰落，而是更加揮霍無度。果然沒過幾年，萬貫家財就被揮霍一空。眼看榮華富貴

如煙散去，怎麼辦呢？他們三人一籌莫展，無可奈何。因為他們既沒有學識，也沒有本事，什麼都不會，最終落到得：一個沿街乞討，一個到處行竊，另外一個餓昏了，倒在野草萋萋的路旁。

這就是不學無術者的最終下場。

前日看林語堂的散文，有一篇〈談讀書〉，特別是說：「三日不讀書，便覺言語無味，面目可憎」。讀書，其實就是在學知識，長見識。

有喜歡讀書的人說過讀書的感想：如果這段時間讀了很多書，腦子裡積聚的是活水，有從外流來的 —— 別人的思考，有自身冒出來的 —— 自己的創意，匯聚在一起，使人有靈氣，這種靈氣在聊天中可以看到，一些出人意料的想法會冒出，包括對於一件事別具一格的看法，包括簡單的話令人產生揣摩的深意，包括一些有趣的比喻聯想、諷刺，或者僅僅是把話說得更妙趣橫生。說出來讓自己不禁一笑，有點驚喜，還感染了別人，這種對話才是兩個人真正的交流，兩個人都身處其中。

相反，如果幾日不讀書，腦子裡想的總是那麼幾件東西，一潭死水，難免變渾，而且不會有新鮮想法一躍而出。想法是自然而來的，刻意地想像，竭力挖掘那僅有的死水，只能精疲力竭而一無所獲。和人聊天甚至找不到話題，有時找到的話題越說越後悔，有時試圖用誇張的語氣來增加趣味，結果產生適得其反的空虛。

曾有一個寓言故事，正是不學無術之人的真實寫照：

在很早的時候，森林裡的鳥兒都不會唱歌。直到有一天，從很遠的地方來了一隻會唱歌的雲雀，牠的歌聲婉轉動聽，感動了森林裡所有的鳥兒。所有的鳥一致要求雲雀教牠們唱歌。經不住鳥兒們的苦苦哀求，雲雀答應了牠們。

開始教歌的第一天，雲雀先教音符。牠一唱，大家就唱一聲。教了一會，雲雀為了驗收學生們的學習情況，讓牠們一個個出來單獨試唱。第一個點到名字的是烏鴉。烏鴉扭扭捏捏地站了起來，不好意思地低聲發出聲音。

法則 8　堅持為自己充電

因為羞澀，發出的聲音走了調，大家一下哄堂大笑。烏鴉羞得臉紅脖子粗，牠暗自想：「多丟人呀！」雲雀制止了大家的笑聲，為了更準確地糾正烏鴉的發音，牠請烏鴉大聲再唱一遍。烏鴉卻想：「這不是存心讓我丟臉嗎？我才不願意呢！」牠一聲不吭，羞憤地飛走了。從此再也不接受雲雀的邀請。

雲雀後來又讓其他的鳥兒站出來唱。其他鳥兒在最初幾次發音時也走調了，大家也同樣嘲笑牠們。但那些鳥兒卻都沒有像烏鴉那樣飛走，而是總結經驗，認真地聽雲雀的指導，耐心地學了下去。

後來，森林裡其他的鳥兒都學會了唱歌，聲音悅耳動聽，唯獨烏鴉到現在還不會唱歌，偶爾叫喊幾聲仍然是當初走調的聲音。

在這個知識經濟時代，不讀書就會落後，落後就會被人欺負。所以奉勸大家，還是多學點知識，多長點本領吧！

法則 9　合理安排工作和生活

　　現代社會節奏飛快，許多人都忙於工作，忽略了家人，忘記了生活的真諦。究竟該如何處理好工作與生活的關係？如何平衡兩者？工作是一個橡皮球，你把它丟在地上，它還會彈回來。但是另外四個 —— 家庭、健康、朋友和精神是玻璃球，如果你把其中任何一個丟在地上，它們將不可避免地磨損、有裂痕甚至支離破碎。它們永遠都不會一樣。你必須懂得那些並且致力於你生活中的平衡。

法則 9　合理安排工作和生活

學會用智慧工作

我們在工作時，不只要用手去做，更要用腦子去想。不管工作有多忙、多困難，要在必要的時候停下來好好想一下，而不要覺得事情就是這樣了，再怎麼努力也沒辦法了。只有在工作中主動想辦法解決困難，堅持不懈，不找任何藉口，你才能成為公司中最受歡迎的員工。

以前，大多數工廠都是一些勞動的工作，所以只需要員工用手腳工作就可以了。到了科技較為發達的今天，工作性質發生了巨大變化，現在企業的發展不僅需要傳統的技術工人，同時更需要能夠適應新形勢，用大腦積極尋找方法去工作的新型員工，他們才是現代化企業中最受歡迎的人。

在競爭無比激烈的今天，企業已經沒有多餘的精力及金錢去雇用一些不愛動腦的人。企業需要的人才，是擁有創意及應變能力能幫助企業解決問題的員工。一個企業總經理對他的員工說：「我們的工作，並不是要你去拚體力，而需要你帶著你的大腦來工作。」這也就是說，在當今的經濟發展中，一個好員工應該勤於思考，善於動腦分析問題和解決問題。

曾在一本書上讀到這樣一個故事：一天，一個製造工廠的首席執行官決定到基層走動，進行他的「走動式管理」。正當他四處走動的時候，碰上了一個名叫特德的設備操作員，很明顯特德正無事可做。他便問特德發生了什麼事，特德說他正在等一個技術員來校準設備。這個時候，特德趁機向首席執行官抱怨自己已經等待很久，電話打了好幾次，還不見技術員來。

首席執行官問：「特德，請你告訴我，這臺設備你使用多長時間了？」

特德回答說：「哦，先生，我想大概有 20 年了。」

首席執行官繼續說：「特德，你是不是要告訴我這設備你已用了 20 年，但你還不知道如何校準這臺設備？這很難讓人相信。因為我知道你可能是我們最好的操作員。」

「哦，先生，」特德自豪地回答，「我閉上眼睛都能校準這個設備。但你知道，校準設備不是我的工作。我的工作手冊上載明使用這臺設備並將校準問題報告給技術員，我不必修理設備。我不想讓任何人煩惱。」

首席執行官忍住自己的沮喪，邀請這位設備操作員到辦公室，並請他拿出一份工作手冊。「我要告訴你，」首席執行官說：「我們將為你寫一份更有意義的全新工作手冊。」首席執行官沒有再說其他的話，就將那份工作手冊撕掉了，並很快在一張新單子上寫了點什麼東西，遞給了特德。

新單子就一句話：「用你的腦子。」

這個故事發人深省，它告訴我們，不動腦子混日子的工作時代已經過去了，一個人要想工作順利，就得用智慧工作，時常動動腦子。

有一家大型電子商務公司的負責人在談到目前最受歡迎的員工工作方式時認為，最受歡迎的工作方式是用大腦工作。因為，用腦工作的員工會去考慮如何用最低的成本、最少的時間把工作做得更好。

有段時間，受全球經濟的影響，日本東芝電器公司大量電扇銷售不出去，公司的相關人員雖然絞盡腦汁想了很多辦法，但銷量還是不見起色。看到這個情況，公司的一個基層小職員也努力地想著辦法，為能讓公司的電扇銷售出去，小職員幾乎廢寢忘食。一天小職員看到街道上有很多小孩子拿著許多五顏六色的小風車在玩，突然想到：為什麼不把風扇的顏色改變一下呢？這樣既受年輕人和小孩子的喜歡，也讓成年人覺得彩色的電扇能為屋裡增光添彩啊！

想到這裡，小職員急忙跑回公司向總經理提出了建議，公司聽後非常重視，特地召開了大會仔細研究並採納了小職員的建議。第二年夏天，東芝公司隆重推出了一系列彩色電扇，一改當時市場上千篇一律的黑色外表，彩色電扇很受人們的喜愛，掀起了搶購狂潮，短時間內就賣出了幾十萬臺。公司庫存電扇變成了搶手貨，很快擺脫了困境。而這位小職員不但因此獲得了公司 2%的股份，同時也成為公司裡最受大家歡迎的職員。

可以說，思考是人類特有的能力，在市場經濟中，我們要學會多思考，學會用腦子去工作。努力工作是一件好事情，但是光努力是不夠的，還要多動腦、多思考，這樣才能真正做出成績，獲得成功。

學會用心生活

在網路上經常看到「做人像山，做事像水」、「用心做人，用腦做事」等經典話語。但這樣的話時常掛在嘴邊未免讓人麻木，歸結起來大概可以用「用心生活」來涵蓋。

人活在世上，常常會感到生活很艱難。但如果真的身體力行地用心經營生活，其實日子還是可以過得輕鬆而有趣。用心對待工作，用心處理人際關係，用心經營身心健康，一路走過，待回頭看時，自然會發現生活會是那麼美好。

生活的樂趣，無非是在紛繁瑣碎的俗務裡，品味出詩情畫意的美；在柴米油鹽的空隙中，感受著真摯動人的情；雖終是平凡之人，生活卻也因此平添幾分色彩。正如在這焦躁不安的世界中，為自己的心靈找到了一點綠茵，哪怕只是一點點，也能讓自己的心變得清新而明朗，讓自己的生活變得簡單而老實。很多時候，感動不是因為激情和浪漫，而是來自誰都無法訴說的平淡。

用心生活，包括人際關係也需要用心經營。久別情疏，即便再好的朋友，如果時隔幾年一直互不聯繫，即便時間不會把友情淡化，在難得一見時，因為世事變遷，哪怕心心相通，也恐怕會形同陌路。這樣的話，那再好的朋友也似乎失去了它本來的意義。偶爾的電話，相互傾訴彼此的生活瑣碎與煩惱，相互分享彼此點點滴滴的快樂生活。在忙碌生活的空閒之間遐想遠方朋友的生活狀態，並予以祝福與期待；在朋友生日時主動一句簡單的「生

日快樂」；在朋友有困難主動找你傾訴時，你的耐心傾聽便是最大的理解與慰藉。如此，有了真正的友情，生活也就多了一份情調與趣味。

此外，更不要忘了那血濃於水的親情。或許因為時間與空間等種種因素，無法消除那確實存在的代溝，但也要嘗試去理解父母或其他長輩。天下父母心，相信他們才是這個世界上最愛我們的人，才是這個世界上真正為我們心甘情願付出一切的人。也許，只有當我們自己為人父母時，才會真正體會到那種無私的愛。那麼即便現在不能完全理解，相信它的存在與可靠肯定會讓此生少點遺憾。

愛工作，愛別人，更要愛自己，不是出於自私，因為愛自己是其他一切東西的前提。愛自己從心做起，從健康做起，從行動做起，從點滴做起，從現在做起。酗酒吸菸，或許真的有那麼點瀟灑，只是到最後時間會對這樣的瀟灑做出懲罰。蘿蔔白菜，飲食有度，經常運動更會讓人精力充沛。而那積極進取、活到老學到老肯定會讓你感覺青春並非只有一次，生活充滿激情會是如此有趣。

用心生活看似很難，但真的只要一天天點點滴滴地去做，用心去做，必可發現：其實，完全可以過得更好。

一個人活著，可以像燕子掠水般划過生活的表面，不被任何東西刻骨銘心地觸動；但這樣的生活，這樣活著，又有什麼意義？

有人說：「一個追求生命意義的人才有可能是一個具有生命境界的人。」生活的品質有高低，我們應該去做那種具有生命境界，享有高品質生活的人。

又有人說：「生命的意義在於承擔。」承擔對於自己以及家人、朋友、國家、社會的責任便是生命的價值。初看這話似乎有點偏激，細想卻覺得有其道理，它說出了人這一生真正需要做什麼。人免不了一死，在這短短的一生中，每個人只要盡其所能，承擔好自身的那份責任，努力讓自己以及家人、

朋友生活得更好，讓整個社會因為自己的貢獻能有所進步，然後再去承擔或者享受人世間所固有的悲歡離合。

所以，每個人就應該持有這樣一種生活態度：用心去生活，明白自己的各種職責所在，盡心盡力去維護。樹立好各方面合理的目標，努力去追求。任何時候都不任意自我消沉，不放縱自己的惰性，絕不將自己的激情消耗在虛無縹緲的世界裡。要時刻保持清醒的頭腦，保持積極上進的心態，重視身邊的親情、友情與愛情，關心社會，熱愛生活，踏實過好每一天。

在事業上，要盡力奮鬥，同時也要去領略生活中的樂趣。其實，為事業而奮鬥也是一種生活的樂趣，並且是一種很大的樂趣。生活的樂趣有很多，我們只要用一顆平常心去感受，家庭的和諧會讓人倍感溫馨，景色的迷人會讓人心曠神怡，運動的暢快會讓人精神煥發……還有一種高雅神奇的樂趣，那便是藝術，包括文學、音樂、書畫、攝影等。既然人類社會存在藝術這門學科，並且它能夠讓我們突然之間就有那麼一種「超脫」的感覺，使我們獲得某一神奇的精神享受和情感的滿足，那麼我們要想終身獲得這樣一種樂趣，也就是通常所說的「藝術地生活」、「詩意地生活」，這也是完全有可能的。

那怎樣去實現這種可能呢？這就更需要用「心」去生活，多看、多聽、多想、多感受，陶冶自己的性情，學會欣賞，便會在心裡滋生出一種生活的美感，如涓涓細流，讓人一生都在它的洗禮與滋潤中，困惑迷茫時及時得到它的感召，永遠都不再覺得生活枯燥無味。

從現在開始，用心生活，做個生活中的有心人。

平衡發展，平衡生活

工作與生活是人生的兩個基本支點，處於人生天平的兩端，若平衡不當，對我們的生活品質、工作績效，乃至個人發展都將處於帶來負面影響。如何實現工作和生活的平衡，已經成為現代社會高節奏下人類生活的一個重要課題。平衡工作與生活，能夠讓人們在工作中因提供了收入和獲得成就感而快樂，在家庭生活因獲得親密的關係和愛而滿足，從而更好地實現人生的可持續發展。

有一本書名叫《工作向左，生活向右》，就是講工作與生活要平衡發展。

一個國家要平衡發展，同理，一個人或一個家庭也要平衡發展，才能持久。比如愛情，愛情不是施捨，也不是婚姻的前提。當男女共同組成一個家庭的時候，要相互體諒，更要追求平衡發展。社會對於男人的期望很高，相比一個女孩子，男孩子會得到更多的發展機會，即使這個人比那個女孩子略遜一籌。對於女孩子來說，要取得事業的成功，要比男孩子付出的更多。結婚更是個巨大的挑戰，在家庭裡，生理上要準備生孩子，心理上要擔負起照顧丈夫的責任，同時在社會上她要成為社會價值的創造者，老闆不會因為家庭負擔重就放低要求。要出類拔萃，就需要付出艱辛的努力。職場上的失意，會讓女孩子將重心轉回家庭，越轉回家庭則越無心工作，如此一來，工作難免會一塌糊塗。大多數女孩子並沒有意識到這樣的危機，甚至認為以家庭為重心才是賢妻良母。殊不知，先生早已在職場上春風得意，見慣了年輕漂亮幹練的女同事，拿她們和家裡的太太一比，落差太大。雖然過去的妳也曾年輕漂亮幹練，但是現在的妳已人老珠黃，美這種稀有資源在妳身上已經完全沒了蹤影，以前的那個窮小子現在成熟、穩重、自信、富有，怎麼可能還把妳當個寶？所以，女人一定要獨立，不僅要有一份工作，而且要有一

法則 9　合理安排工作和生活

份自己的事業，爭取與先生齊頭並進。而先生呢？也應該體諒太太的艱辛，為她的發展提供幫助，畢竟這個社會還是男權社會，女人多數情況下還是弱者。所以，夫妻要共同努力才能維持美滿的婚姻。

那麼，我們究竟是選擇拚命工作還是平穩上升的美滿生活？如何平衡好我們的事業和生活也是一門藝術。

最近，「平衡」成了現代人關注的焦點。是不是事業成功就可以掩蓋掉你付出的所有代價？答案不一定，但無庸置疑的是，越來越多的人選擇後者，在努力尋找工作和生活的平衡，事業和家庭的平衡，外界和自我的平衡。在成功幾乎成為衡量人生價值的今天，失衡的生活就像漂亮的塑膠盆景，外表的風景再美，也掩蓋不了背面的粗糙，而平衡的生活才是健康的生活方式。

曾讀過一篇文章：老師讓學生把 6 根釘子在一顆釘子上平衡擺放，學生無法做到，老師親手示範後，並講出一番深刻的人生哲理：一個人必須找到生命的平衡點才能謀求發展。生命裡，生活中，常會有些如釘子一樣多而無序的擔子，壓得我們喘不過氣，撿了這根丟了那根，總是不可能在有限的生命裡，在不寬敞的生活層面上找到平衡點把它們穩穩地擔起。我們也習慣整日忙於應付各種無序的擔子，並自己擔起，卻從未想過，理出生命裡最重要的兩根來當支撐點，其餘再多的擔子也能在這支撐點上找到平衡。有了這個平衡，就敢放手，有了這個平衡，就會重新挑選你的生命，把那最重要的放在「四兩」的支撐點上，去挑那些「千斤」的重擔。

學會信任，學會放手，學會找到生命的支撐點，理出生活的頭緒，讓生活裡各種擔子在這個支撐點上找到平衡，心也不會再搖擺了。現在做的工作微乎其微抑或多如牛毛，但當你在這個平衡點上工作時，就會永遠穩固輕鬆。

有一個朋友，他總是跟我說他整天忙著工作。這話在某些人聽來可能很熟悉 —— 我的生活也總是圍著工作轉，雖然這幾天可以說我已經找到了一個較好的平衡點去安排我生活中所有重要的事情，包括工作、家庭和我感興趣的其他事情。但某種程度上工作就是生活。

其實，工作和生活並不衝突，工作是生活的一部分。對某些人，工作不是生活中最有趣的部分，但對其他人而言，工作就是一種激情。不管是哪種，工作都是我們生活的一部分，有好也有壞。所以，重點是明白我們所要尋找的是喜歡做的事情之間的平衡點 —— 不僅僅只有工作和工作之外的生活，也包括工作、家庭、愛好、家務和其他一切我們感興趣的事情。

如何發現這個平衡點，這裡有些建議可供參考：

1. 安排好時間。這對那些經常使用行事曆記事或行程表，為一週裡所有重要的事情安排好時間的人有好處。這裡建議安排好所有事情，但是工作總是第一位的（除非你有固定的工作時間），這樣可以保證你擁有業餘時間並且在業餘時間裡做任何想做的事情。但是不要安排得太滿，要留點自由時間，因為排滿的行程表總會被打亂。最好在你排好的整塊時間之間留點餘裕，否則你會因為前一件事情拖太久而不得不放棄後面的一些計畫。

2. 設置限制。這對那些一開始工作或一做事情就停不了的人有好處。舉個例子，如果你每天都工作 10 ～ 12 小時，設置一個每天 8 小時的時間限制，並且堅持執行。如果你有一個比較靈活的排程，你甚至可以考慮再縮短工作時間，努力為自己提供更多的自由時間。我發現只要設置了時間限制，你總能在規定的時間內完成任務。這就意味著減少不必要的時間浪費，比如偶爾上網，或者那些別人託付的但完全沒有必要自己去做的事情。

3. 與家人和朋友約會。嘗試著與家人和朋友約會，而不要只是喊口號「我要花更多的時間和我的家人和朋友在一起」。可以是與配偶或心儀對象的浪漫約會，或者是與朋友或孩子或其他家庭成員的普通約會。你或許不必稱之為約會，僅僅是安排一個時間和他們一起定期做些事情。也不一定要花很多錢—可以是很簡單的事情，如一起在公園裡散步或一起玩跳棋或為對方做飯或捧著爆米花一起看 DVD。

4. 與自己約會。我們經常為我們的家人或其他親人留出時間，但是卻忽略了我們自己。為自己預留一些時間，一個人做些自己喜歡做的事情，如閱讀和跑步，只要安排好時間，不要錯過這個放鬆自己的機會！

5. 有一個夥伴。有時候有一個夥伴有助於聚會，不管他是一個培訓合作夥伴還是一個打算在專案上幫助你的人或者是與你有相同愛好的人；不管是早晨還是下班後，或者是午餐時間還是週末的第一件事。如果你有一個夥伴，有時候你更可能去堅持聚會。

6. 定期檢查你的生活。你可以在跑步的時候反思，同樣你也可以在獨自一人的時候進行反思。我們的生活經常會偏離我們最初設定的軌道，經常反思，我們才能實現生活的目標。經常自我反省是一種很好的方式。思考你的生活會怎樣，你如何花費你的時間，並決定你是否需要做出改變，然後立即安排時間進行這些改變。

7. 適當放慢節奏。慢點走，慢點開車，慢點說話，關注一下周圍發生的事情。嘗試一下瑜伽和冥想。你不需要生活緊湊。

8. 如果和周圍的環境格格不入，不要勉強自己。工作壓力、飛快的生活節奏，好像周圍的人都在向你鼓吹和讚美這種生活方式。如果這不是你想要的，沒必要隨波逐流。你是一個有自己感受和需求的人，你不需要屈就那些不符合你的價值觀的東西。

9. 克制你的物欲。如果克制住去買那些你並不需要的東西的欲望，你可能就沒有這麼大的工作壓力了。那些你覺得買來就會改變你生活的東西，在擁有後往往並不能填補你的空虛。和你周圍的人比較不能給你帶來滿足和快樂。想想到底什麼是你真正需要的。

10. 有空餘的時間做一些有意義的事情。比如，做一些志工工作。發現自己的能力，發揮自己的長處。

讓工作時間具有彈性

　　談到彈性工作時間，其實很多國家都有。在資訊化時代，一個人往往不需要坐著上班也能完成相同的任務，讓員工根據自己的生活要求安排作息時間，對於公司和個人來說都是件好事。公司不但沒有損失，反而能夠更加激發員工的積極性，並留住更多的人才。個人則可以讓工作成為自己生活的一部分，而不是全部。

　　荷蘭的彈性上班非常人性化，因為不論男女皆可彈性上班。這樣一來，男女花在工作和家庭上的時間就可以平均化。個人不但可以根據需求安排作息，也不用擔心如此一來就會掉隊。而且，男女享有同樣的權利，說明男女真正平等，照顧家庭並非女性一個人的義務。

　　彈性上班並不能阻止工作狂的出現，這些人還是會在事業上比其他人成功。畢竟，讓每個人快樂的事情都不一樣。也許有人覺得不結婚、不生子、努力工作過一生是最快樂的。但是，也有人覺得賺錢足夠糊口就好，享受天倫之樂才是王道。在一個多元化的社會，只要不傷害別人，這些都無可厚非。社會應該做到的是一個盡量能夠滿足所有人發展的平臺，讓每個人都可以盡情行使自己追求幸福的權利。

所以，我們追求比較彈性的工作時間，是時代發展所需，是幸福生活所需。

沒有彈性的工作時間，在一些情況下，工作表現和家庭生活的品質都會下降。有小孩的父母，需要時間照顧孩子，送他們去學校。那些有年邁父母的員工需要花時間照顧父母。到晚上，一天的時間又要以照顧孩子和老人而結束。

同時也有上述原因之外的其他原因，如一些人需要時間參加各式各樣的課程；還有一些人需要兼職。很多人都需要調整作息表避免嚴重的、肯定會出現的、耗時的塞車狀況。還有一些人認為部分時間工作的方式是一種新的生活方式。

總之，彈性上班制有利於建立一個更愉快滿意的工作環境。人們滿意老闆給他們提供了一個可以在生活和工作之間相協調的工作時間，他們會願意更賣力地工作，會更努力地珍惜這樣的彈性作息，讓工作和生活重新達到平衡。

一般彈性上班制有如下幾種選擇：

一是最傳統的一種方式，就是共用工作，在這種情況下，兩個工人可以各做一半工作，一起完成一份工作。這樣的安排要求計畫、任務、責任都要配合得非常好，從而保證最優化的產量。

二是允許人們在不同的時間完成工作，他們可以早點到公司工作，也可以晚點到公司工作。例如，以前的工作時間是從早上 9 點到下午 5 點，現在他們就可以從早上 7 點工作到下午 4 點或者是從早上 10 點工作到晚上 7 點。

三是實行 4 天工作日，這樣就可以將傳統的 2 天休息日改為 3 天休息日。他們可以每天工作 10 個小時，工作 4 天，3 天休息；也可以連續工作 10 天，休息 4 天。具體採取哪種形式主要由自己的工作性質決定。

SLOA 基金會官員凱薩琳‧克里斯坦森博士認為，「彈性上班制」這一新型工作方式，更加適應現代人的精神需求。現在人們比歷史上任何時候都更重視家庭生活，人們需要在時間、金錢、家庭與工作之間獲得最大的平衡。現在，人人都在談論靈活性、效益性和平衡性，這是一種時尚。

「如果有相同的彈性上班讓我選擇，我相信我能表現得更好。」一位已經是一家投資公司的專案經理滿臉倦容地說道：「儘管在這裡待遇不菲，發展也不錯，但無休止地忙碌讓我感到厭倦和疲憊，不僅工作壓力太大，而且與家人在一起的時間也很少，我不知道明天還要不要繼續這樣的生活。」

據一項市場調查顯示，國內半數以上的上班族期望能有更靈活的工作時間來幫助他們調整最適合自己作息習慣的生物時鐘，以保證有充足的休息時間來「降壓」、「解壓」，激起他們的工作熱情。

彈性上班制的實施，對上班族來說可有更多自由支配的時間，員工對工作時間有了一定的自主權，上下班可避免時間統一而造成的交通擁擠，免除了因擔心遲到或缺勤所造成的緊張感，同時也能更好地安排時間參與私人的重要社交活動，便於安排家庭生活和業餘愛好；另一方面，由於員工感到個人的權益得到了尊重，滿足了社交和尊重等高層次的心理需要，因而產生對工作的責任感，提高了工作滿意度和整體士氣。

對社會來說，彈性上班制則可充當一種就業調節器：就業機會少，可以讓三個人分擔原來兩個人的工作；勞動力短缺，可以一個人打幾份工，靈活機動。而居家辦公還能部分緩解交通、辦公空間等帶來的壓力。

由此可見，彈性上班是人們共同追求的一種工作方式，是合理安排事業和生活的一種完美方式，想做更幸福的自己，最好讓自己的工作時間具有彈性。

科學管理自己的時間

有一句流傳久遠的諺語:「一寸光陰一寸金,寸金難買寸光陰。」這句話說明人們很早就認識到了時間管理的重要性,而「人生有涯」更是將時間管理與人的生命有限論緊密聯繫在了一起。時間是世界上最充分的資源,每個人每天都擁有 24 小時,然而時間又是世界上最稀少的資源,人的每一天都只能擁有 24 小時。因此,要在有限的生命週期內盡可能地提高工作效率,發揮出我們所有的聰明才智,做出最大的成績,科學地管理好自己的時間就顯得尤為重要。

傳統的時間管理觀念認為:效果比效率重要,選擇比能力重要,平衡比速度重要。但是當今社會,市場競爭日益激烈,客戶的要求和期望值不斷提高,企業組織結構日益複雜,工作排程日趨緊湊,工作節奏不斷加快,對工作的精細化要求不斷提高。在這種情況下,如果只講效果不講效率、只講選擇不講能力、只講平衡不講速度,其結果不僅是任務無法完成,預期的工作和經營目標也實現不了,而且最終只會被市場所淘汰。只有那些做事井井有條,懂得科學安排和管理時間的人才會永遠立於不敗之地。

因此,可以這樣說,世界上最為寶貴的莫過於時間,因為在某種意義來講,時間就是生命的代名詞。就像我們一向重視理財一樣,時間同樣應該得到科學有效地管理。那麼我們應該怎麼做呢?要注意以下幾方面:

首先,學會每天清早做計畫。美國某公司的董事長每天清晨 6 點之前準時來到辦公室,先是閱讀 15 分鐘經營管理哲學的書籍,然後便全神貫注地開始思考本年度內不同階段中必須完成的重要工作,以及所須採取的措施和必要的制度;接著就是重點式安排一週的工作。他把本週內所要做的幾件事情一一列在黑板上。大約在 8 點鐘左右,他在餐廳與祕書共進咖啡時,就把這些安排好的事情商量一番,然後做出決定,由祕書具體執行。這位董事長

的時間管理法，極大地提高了公司的工作效率，引起了美國各公司的高度重視和讚揚。

其次，學會如何區分重要與緊急任務。通常我們會認為，應該先處理急事而不是重要的事。所謂重要的事情，是指真正有助於達成我們的目標的事情，是讓我們的工作與生活更有意義、更有成就的事情，但是這些事情通常並不是那麼迫不及待 —— 而這點也恰恰是時間管理的最大盲點。從這時候開始，我們就成了時間的奴隸而不是時間的主人。

要想不成為時間的奴隸，我們就要把重要的事放在第一位，而緊急事情的判定，首先需要確定自己的工作範圍 —— 很多人整天忙得團團轉，實際上處理的不是自己的工作而是別人的工作，因為無原則地接受工作，因此每個人都認為可以將工作交給他做；其次，要盡量將緊急事情中能夠委託他人完成的交給別人完成；最後，當你不得不處理時，也要盡量提高效率，能夠同時處理的盡量一起處理。

最後，如果你是管理階層，不妨試一下站著開會。你有沒有這樣的體會？在一個公司中，最漂亮、富麗堂皇的房間，往往就是公司的會議室。在會議室裡，不但有明亮的燈光、舒適的坐椅，飲水機、咖啡機、微波爐等也往往一應俱全，甚至還有新鮮的水果。加班的時候，會議室又往往成為聚餐的場所，大圓桌上擺滿了食物，加班變成了聚餐。其實，如果你是公司的管理人員，不妨嘗試一下站著開會。日本的會議室不像我們國內這麼舒適，而是十分簡陋，不但無菸無茶，而且沒有椅子，開會的人都站著，用簡陋的條件控制會議的長度，管理時間資源，提高開會效率。每次開會之前，他們都在會議室裡張貼本次會議的成本、參加人數、會議時間、每小時工時費用，最後累計起來公布，讓主持會議的人和參加會議的人心中有數，開短會，開高效率的會，不說廢話。

法則 9　合理安排工作和生活

　　如今，大家都在提倡節約，但除了物質上的東西要節約以外，還有時間，對時間這種不可再生資源的節約顯得更加珍貴！時間不能夠再造，逝去的時間將不再復返，所以節約時間，從某種意義上說就是提高效率！

　　試想想，1 分鐘是可以做很多事情的，1 分鐘可以打 100 多個字，可以走 100 多步路，可以看 1 ～ 2 頁書。這樣算下來，1 個小時，就可以打 6,000 多個字，走好幾千步路，看好幾十頁書，所以，只要充分利用時間，一天中還是能多做很多事情的！

　　回想小時候，每次寫假期作業都是在放假的最後幾天完成的。為什麼呢？因為在一開始的時候總是想著玩，想著還有很多時間呢，所以每天只作一點作業，直到最後才開始進行趕工。而趕工出來的作業，字跡潦草，品質不高，但迫於時間來不及，也只好草草交差。現在工作中仍然存在這種情況，工作安排下來，不能夠合理地安排計畫，而是等到快要被考核了，才匆忙趕工，往往工作品質也不高，還會被上司指責。這種浪費就更嚴重了！因為不但時間浪費了，工作品質還受到了影響！

　　大家想想，有多少人因為浪費了時間而追悔莫及，又有多少人因為沒有好好珍惜自己的時間，而錯過了許多成功的機會。「如果當時安排好自己的時間就好了！」「如果當時能節約時間就好了！」當人們做這樣的感嘆和懊悔時，往往已經時過境遷了。但是，時間是不會倒流的，與其這樣後悔，不如現在開始，節約每一分鐘時間！

慢一點，再慢一點

「時間就是生命，效率就是金錢。」這是富蘭克林的名言。人們來也匆匆，去也匆匆；快節奏，壓力大。忙著工作、賺錢，疲於奔命。後來很多人努力數載，小有成就，但卻以失去健康為代價；雖然賺了點錢，卻感受不到幸福。於是，他們深切地醒悟到，早已風靡國外的「慢活運動」，應該是合理的。

下面這則寓言，或許能給我們一些有益的啟示：

一隻小老鼠在拚命奔跑，烏鴉見了，說：「小老鼠，你為什麼跑得那麼急？休息一下吧！」「我不能休息，我要急著看看這條路的盡頭是什麼模樣。」小老鼠回答說。烏龜見了，問道：「小老鼠，你為什麼跑這麼急？來曬曬太陽吧！」「不行！我要急著跑到這條路的盡頭，看看究竟是什麼模樣。」小老鼠回答。

一路上，小老鼠拚命奔跑，從來不敢停歇，直到有一天它終於跑到了盡頭，碰到了一棵大樹樁，停了下來。「原來路的盡頭就是一棵樹樁啊！真沒勁！」小老鼠嘆息道。「早知這樣，好好欣賞欣賞沿途的風景，該是多美好啊……」小老鼠後悔了，但這時，它已經老得再也跑不動，甚至連眼皮都抬不起來了。想來碌碌一生，只顧奔跑，卻無暇享受生活，真是追悔莫及！

當今社會風雲變幻，發展速度之快，讓人摸不著頭腦，只是覺得生活節奏加快了許多，人人都覺得比過去忙碌，競爭也越演越烈，不管遇到誰，不管到哪兒，都是一個字：忙！匆忙的人們從這隻老鼠的遭遇裡，我們能領悟到什麼呢？

有一個人每天工作 10 幾個小時，每天的工作量都很大，總覺得自己的公司應該像沃爾瑪（Walmart），公司的排名還應該更靠前，信心當然可貴，志氣也可嘉，可是要這樣比下去的話，我們絕大多數的人都不應該有喘氣的機會了。

235

法則 9　合理安排工作和生活

　　有些時候，我們真的應該靜下來，問清楚自己，究竟需要一種什麼樣的生活，我們努力工作沒有錯，可是每天只有工作，沒有時間和家人在一起，沒有時間去享受生活，自己賺了許多錢，甚至連花錢的機會都沒有，我們的目光是不是太短視了一點，難道只有金錢和地位才是我們人生的追求目標嗎？在快節奏的工作中，你應當學會放棄一些東西，然後試著生活慢下來，這樣才會看到更美的風景。

　　古人早就懂得「我身如寄」的道理。顯赫富貴，只是些過眼雲煙，如果為此窮盡一生，豈非本末倒置？其實，財富和幸福都蘊藏在乎常的事物之中。真正的幸福在於發現自我，悠然享受。漢樂府〈江南〉為我們展開一幅生動的慢生活畫卷：「江南可採蓮，蓮葉何田田，魚戲蓮葉間……」魚和蓮的關係，也可比作現代社會中人和物質的關係。世俗生活需要有個人成長的空間，就像中國書畫的留白，讓個人可以容納，可以遊刃，可以魚戲。人生如流水，若蓮葉太滿，清流也變成死水一潭。

　　慢活不是對生活的漫不經心，不是一種懶惰，而是在繁忙之後用一點時間來對人生進行冥想，是要享受真我的生活。生命是有限的，而我們可以把有限的生命以慢的姿態拉長。貼近自然，讀萬卷書，行萬里路，用慢的姿態和節奏豐富我們的心靈，也豐富我們有限的生命。

　　所以有人說：「幸福和快速無關，也無緣！幸福需要時間來品嘗。」幸福只是在於你與周遭人的關係，在於你和自己的關係。如此而已。幸福不在前面，死神在前面。幸福在身邊，在你駐足一看的瞬間。天空、草地、河水、白雲、山花，請你駐足一看。看你生命的足跡，看你伴侶的目光。別急，多看一會。別急，幸福不在前面，在身邊。因為幸福需要一點點累積，無法快速占有。

　　比如，週末你可以與朋友一起到茶館，拋開一週的繁忙，泡上一杯淡淡的清茶，捧著暖暖的茶杯，輕輕地啜上一小口，那茶香便一點一點滲進身

體。順手看一本悠閒的小說或是一篇溫情的散文，讓疲憊的心靈在文字間緩緩流動、沉澱。這樣的時光是愜意的，平時的生活都太匆忙，時間被切得太碎。由於生活的節奏太快了，我們應該停下來思考一下，讓高速運轉的機器有一個檢修的機會。過一種「工作再忙心不忙，生活再苦心不累」的慢活生活。

世界著名慢活專家卡爾‧歐諾黑（Carl Honor）說：慢活不是支持懶惰，放慢速度也不是拖延時間，而是讓人們在生活中尋找到平衡。當然，工作重要，但閒暇也不能丟。現在的問題是節奏太快，所以才要學著放慢腳步，讓自己不至於太辛苦。這樣，才能在工作和生活之間找到平衡點。就是說，工作要好好做，事業要奮鬥；也要充分休閒，從容享受生活。兩者達到動態平衡。

在我們周圍早已出現這樣一群人，他們為自己而生活，為興趣而生活，也為工作而生活。比起物質上光鮮亮麗的奢華，他們更看重自己的喜好，更樂於過安寧的生活。與每天忙到昏天暗地的人們相比，他們是名副其實的「慢活家」。

「慢」是一種態度，一種生活方式，更是一種能力 —— 慢慢運動、慢慢吃、慢慢讀、慢慢思考……所有這些「慢活」與個人財產的多少並沒有太大關係，只需要有平靜與從容的心態。

慢下來，讓工作真正變成一種享受，讓感情真正進入心靈，成為一生一世的追求和慰藉，改變因為太快而身不由己，來不及思考的「陀螺」狀態，是在這個浮躁時代保持一份清醒，一份獨立和一份幸福的重要祕訣。

別太追求完美

俗話說得好：「金無足赤，人無完人。」每一個人，無論自身條件多麼完美，無論後天環境何其優越，無論別人認為他多麼優秀，甚至用「完人」一詞來讚美他，我們也不能認為他就是完美的。就像世界上沒有兩片完全相同的樹葉的機率那麼小一樣，世界上也絕對沒有所謂的「完人」。

從人類誕生的那一天起，人類就開始了追求完美。從先人的「披霜露，斬荊棘」，到現代人的填海造陸，遨遊太空；從老子的「小國寡民」，陶淵明筆下的「世外桃源」，到如今「和平社會」的提出，都無疑從不同方面反映了人類對完美生活的追求。但事實已經證明，即使人類自身在創造中是如何地小心翼翼，對現實中的一點瑕疵表現得是多麼地敬畏，甚至力圖加以完善，但最終還是產生許多人類難以預想的問題。

其實，我們大可不必事事、時時都追求完美，因為那樣你就會因此而背上沉重的負擔，不斷尋找以前的過失，以至於耿耿於懷，徘徊不前。面對現實，我們每一個人都會有改變它的想法，讓它變成能夠使自己成功的階梯，面對未來，我們每一個人又都會產生崇高的理想，並希望經過自己的一番努力使它變成現實。於是，為了成功，為了實現心中的那個夢，我們日夜不停地學習、工作，熬乾了心血，熬白了頭髮。但請記住，別太追求完美。這並不是一種消極，而是一種睿智。

尺有所短，寸有所長。我們追求完美，是認為只有完美，才能獲得愛，獲得友誼，獲得幸福。殊不知，親人和朋友並不是因為我們的完美才愛我們的，缺點也許使人更加真實。

聽過一則故事，內容是：一個圓環被切掉了一角，它想讓自己重新完整起來，於是就到處尋找丟失的那一角。可是因為它不完整，所以滾得很慢，它欣賞路邊的花兒，與小蟲聊天，享受陽光。它發現了許多不同的小角，可

是沒有一塊適合它，於是繼續尋找著。

終於有一天，圓環發現了非常適合自己的小角，高興極了，將那小角裝上，然後就滾了起來，它終於成為完美的圓環了。它能夠滾得很快，以致無暇去欣賞花兒，無暇去和小蟲聊天，無暇去享受陽光。當圓環發現飛快地滾動使它的世界再也不像以前那樣絢麗有趣時，它停住了，把那小角丟到路邊，緩慢地向前滾去。

人哪有完美的？人生哪有完美的？人生也並不是因為完美而精采，就像上文說的圓環一樣，正是因為有了殘缺，才有夢，才有希望，正是因為不完美，才不會停止追求的腳步。

國學大師季羨林先生曾說過：「每個人都爭取一個完滿的人生。然而，自古及今，海內海外，一個百分之百圓滿的人生是沒有的，不圓滿才是人生。」

蘇東坡的「人有悲歡離合，月有陰晴圓缺，此事古難全」，「魚與熊掌不可兼得」，還有「不如意事常八九，可與言人無二三」等等，確實都不圓滿。由此可知，人自從一生下來，面對這個未知的世界，就注定了人生的不完美。

記得《西遊記》裡，孫悟空說：「天地本不全，人應該也是。」想來天地都不齊全，何況人乎？我們都是平凡人，何必勉強，給自己一個放鬆的理由，要知道：不完美才是人生。

記得還有這樣一個故事：有個人非常幸運地得到一顆碩大且美麗的珍珠，他卻覺得遺憾，因為珍珠上面有個小小的斑點。他想，若除去這個斑點，它該是多麼完美呀！於是，他刮去了珍珠的一部分表層，但斑點還在；他又狠心刮去一層，但斑點依舊存在。於是他不斷地刮除珍珠表面。最後，斑點沒有了，而珍珠也不復存在了。此人於是一病不起，臨終前，他無比後悔地對家人說：「當時我若不去計較那個小斑點，現在我手裡還會有著一顆碩大美麗的珍珠啊！」

其實，我們每個人的腳邊都有彩貝，手裡都有珍珠，只是我們不懂得珍惜，不善於享用，因此錯過了多少好運，辜負了多少美麗。

生活中，多少失落、痛苦和不幸正是源自過於追求完美。現實就是這樣殘酷。若過於執著且不肯變通，必然陷入完美主義的心理盲區。欲除掉珍珠斑點的那個人一定是最痛苦的人。因為在他的眼中，看到的都是不完美，因而一次次與機遇擦肩而過，與成功遙遙相望，最終只落得兩手空空。

只有在不完美中，人們才能找到自己人生的定位。不完美是「昨夜西風凋碧樹」的清醒，而完美往往是「高處不勝寒」的迷惘。權力和財富上的不完美，讓一個人隔絕於世，更能清楚地找到自己人生的定位，認清世間百態。

有人甚至說：「身體上的不完美成就了霍金（Stephen William Hawking）。」暫且不論此話是否妥當，不可否認的是：正是這種不完美，讓他意識到只有靠超越常人的思考才能立足於社會。類似的例子不勝枚舉，而正是這些不完美讓人們清楚地看到前方的道路曲折，路旁的荊棘雜草，也才找到了定位。

「仰頭大笑出門去」的李白，有著「且放白鹿」的豁達，「抽刀斷水水更流」的悲情，「長風破浪會有時」的雄壯，「詩仙」的價值在他的每句詩中閃現。屈原放逐，著《離騷》；左丘失明，厥有《國語》；韓非困囹圄而成法家。《詩》三百，大抵聖賢發憤所為也。落魄的文人，有著一份難得的曠達，不以物喜，不以己悲，是以在不完美中實現自己人生的價值。

因此，別太追求完美，因為很多時候，只有在不完美中，才能實現人生的價值。

別讓比較心理毀掉你的幸福

生活的差距無處不在，於是人們在差距中不禁產生比較的心理，而盲目比較卻讓人們習慣性地將自己所做的貢獻和所得的報酬，與一個和自己條件相當的人進行比較。如果這兩者的比值大致相等，那麼彼此就有公平感。如果一方的比值大於一方，那麼另一方就產生心理失衡。某些政府官員看到與自己同等級別的官員用車比自己高級，房子比自己寬敞，自己甚至還不如比自己級別低的人，心裡自然感到不平衡，於是換車建房也就不足為奇。其原因主要是心理誘因所致。

比較與不滿足心理猶如一對雙胞胎，相伴而生。比較是不滿足的前提和誘因，在沒有原則、沒有節制的比較中，以至於心理失衡，越發不滿足。有的人則為自己能在這些錯誤的比較中出人頭地、占據上風而無限度地追求個人名利，進而驅使自己不斷走向腐化墮落的深淵。

某機關的公務員，他本來過著安分守己的平靜生活。有一天，他接到一位高中同學的聚會電話。10 多年沒見，他就帶著重逢的喜悅前往赴會。昔日的老同學經商有道，住著豪宅，開著名車，一副成功者的派頭。於是他重返機關上班時，好像變了一個人，整天唉聲嘆氣，逢人便訴說心中的煩惱。

由此可知，比較是一把刺向心靈深處的利劍，對人對己毫無益處，傷害的只是自己。所以，我們的生活經不起計較和比較，我們何不用這些計較和比較的功夫，來做一些我們自己覺得有益的事情呢？

有一則寓言故事的內容如下：在一個皇家園林裡，栽滿了各式各樣的花卉和果樹。有一天，國王到園中散步，發現園中的花卉和果樹全都枯萎了。國王問橡樹為什麼枯萎，橡樹說：「我不如松柏挺拔，所以痛苦得不想活了。」國王又問松柏，松柏說：「我比不上葡萄樹，它有人們愛吃的果子，

我自覺無用。」國王再問葡萄樹，葡萄樹說：「我自嘆沒有茉莉花的芳香，感到很頭痛。」國王又問茉莉花……

　　這個意味深長的寓言故事，再次告訴人們不要老是與別人比較，那樣只會讓自己得不到滿足，當然也就得不到幸福。但在現實生活中，有許多人經常犯這樣的錯誤。有個作家說過：「如果你想幸福，非常簡單，就是和那些比你更窮、房子更小、車子更差的人相比，這樣，你的幸福感就會增加。」

　　生活的邏輯的確如此。幸福本來是自己的，何必要和別人相比，要比就和自己困難時比。一味地向高處比較，自己就永遠感覺不到幸福。尤其是那些以為名利就是幸福的人，他們往往會在和別人比較中不惜一切，甚至不擇手段追名逐利，不慎陷入泥潭，到頭來「反誤了卿卿性命」，結果不是活得幸福，而是感到痛苦。

　　上學時老師講過這樣一個故事：

　　喬治自從記事起，父親一直就是瘸著一條腿走路，他看上去極普通，沒有絲毫過人之處。所以，他總是想，「母親怎麼會和這樣的一個人結婚呢？」他漸漸嫌棄父親了。

　　有一天，母親終於忍不住告訴喬治：「你知道你父親的腿是怎麼瘸的嗎？」

　　喬治搖了搖頭，說：「不知道。」

　　母親說：「你兩歲時父親帶你去花園裡玩。在回家的路上，你四處奔跑。忽然，一輛汽車急馳而來，你父親為了救你，左腿被碾在了車輪下。」

　　喬治頓時呆住了，說：「這怎麼可能呢？」母親說：「這怎麼不可能？只是這些年你父親不讓我告訴你罷了。」

　　母親接著說：「有件事可能你還不知道，你父親就是布萊特，你最喜歡的作家。」喬治驚訝地跳了起來，說：「你說什麼？我不信！」母親說：「這件

事你父親也不讓我告訴你。你不信可以去問你的老師。」喬治急忙地向學校跑去。老師面對他的疑問，笑了笑，說：「這都是真的。你父親不讓我們透露這些，是怕影響你成長。但既然你現在知道了，那我就不妨告訴你，你父親是一個偉大的人。」

過了幾天，父親回來了。喬治語氣鄭重地問父親：「你就是大名鼎鼎的布萊特嗎？」父親愣了一下，然後就笑了，說：「我就是寫小說的布萊特。」

喬治這個時候非常後悔，他總拿自己父親的殘疾和別人的父親比，根本沒想到自己的父親原來如此優秀。

他的故事告訴我們，生活就是生活，在生活中我們不能計較或比較。如果我們能放下不能達的欲望，丟棄不能及的比較，我們就不會成為生活的奴隸。

生活和社會對待每個人都是公正的。我們不能抱怨生活，更沒必要怨恨社會。量力而行，量能而爭，量財而出，在無為中求有為，你就會笑顏逐開。微笑著面對生活吧！不要因強求而苦了自己，進而成為生活的奴隸。現實些，也客觀些。要知道生活是一種責任，而不是一種負擔。為什麼不在自己的能力範圍內去主宰生活呢？

不去做無謂的比較，生活就不會太累。知足者常樂，每個人都懂得這句話的意思，可是，做到的人真的很少。你會說：「如果知足，就不會去奮鬥，就沒有進步。」當然，如果連基本的生活需求都不能滿足，那也是不能知足的。要找到平衡點，就是自己要制定一個目標，要是能到達這個目標就知足了。這個目標你可以定高，也可以定低，最好是結合自己的實際情況。這個世界不可能沒有比較，不管人主觀上想不想比，各式各樣的對比始終都是客觀存在的，逃避不掉，消失不了。重點是比什麼，怎樣去比，為了什麼而比。

有時以己之長比人所短，是為了揚長避短，發揮出自己獨特的優勢；有時又以己之短比人所長，是為了看到不足，承認差距，激發出一股努力的動力；有時對比，是為了給自己找出一個標準，一個偶像；有時我們和不如自己的人對比，是為了讓自己知足常樂，淡泊私欲。如果對比讓我們自己心胸變得豁達，有了一份自知之明，加速個人與世界的和諧，為什麼不敢去對比呢？我想，做人應該有勇氣面對比較，但不能去盲目地比較。

法則 10　隨時隨地播種幸福

　　幸福，它隱匿在生活的每一個細節當中，沒有邏輯，沒有規律，同時，它也存在於每一個人的心中，因為一個人只有在覺得自己幸福的時候才是幸福的。這種幸福，是一種心情，是一種滿足，是一種習慣，是一種付出，也是一種享受。精心呵護自己的心靈，讓內心時時充溢，關愛他人，隨時隨地播種幸福。

　　也許，每個人收獲幸福都需要一粒幸福的種子。如果你有一粒幸福的種子，那麼請你告訴我，該如何播種……

放低幸福的門檻

不要把幸福的門檻定得太高，生命中的任何一件小事，只要你細心品味過，可以說都與幸福相關。因為無論怎樣，幸福都只是一種感覺而已。

有位哲學家不小心掉進了水裡，被救上岸後，他說出的第一句話：「呼吸空氣是一件多麼幸福的事。」

空氣，我們看不到，也很少有人想看到。但失去了它，你才發現，我們不能沒有它。後來那位哲學家活了整整 100 歲。臨終前，他微笑著寧靜地重複那句話：「呼吸是一件幸福的事，換句話說，活著是一件幸福的事。」

每個人對幸福都有自己不同的定義。有人認為，豐衣足食，居有定所，一生吃穿不愁，生活舒適就是幸福；有人認為，雁過留聲，人過留名，身後能為世界留點遺產，為世人所知，功成名就就是幸福；還有人認為兩情相悅，與愛人廝守一生，愛情永恆就是幸福；更多人認為，健康平安，無疾而終就是幸福。這就是說，幸福是由感而生，因人而異的。

不同的時期有不同的幸福。同樣一個人，當他饑餓口渴時，他會覺得一條地瓜，一口涼水就是幸福；當他吃飽喝足後，山珍海味，玉液瓊漿也成了負擔。家庭和睦時，天倫之樂是幸福；家庭不幸時，乾杯萬盞也不幸。

幸福在哪兒？幸福其實就在我們身邊，在我們伸手可及的地方，只是我們往往不懂得去發現和珍惜，而一次次地錯過。我們總習慣於要了這樣又要那樣，要了那樣又想得到更好的，像《漁夫和金魚的故事》中老太婆一樣，要了木盆子又要新房子，有了新房子又要宮殿，有了宮殿要做皇后，做了皇后還要做海上的女霸王，而最終，卻一樣也沒有得到。這就是生活對我們的懲罰，你如果想什麼都擁有，其結果必是什麼都失去，一無所有。很多時候，我們感覺不到幸福，是因為我們把幸福的門檻築得太高，讓幸福葬送其中了，因此，我們有必要放低幸福的門檻，讓幸福變得簡單。

　　因為簡單，我們可以省去許多麻煩和煩惱，簡單本身也會是一種幸福。因為幸福，我們可以保留一種輕鬆、平靜的心態輕裝上陣，快意人生，成就幸福；因為簡單，在我們的生命即將離開這個世界的時候，我們可以因為沒有虛擲光陰而最後一次品味幸福。

　　放低幸福的門檻，享受大自然，享受自己的勞動成果，你就會因此而幸福一生，也可能你覺得這樣的幸福太安於現狀，而顯得庸庸碌碌，其實，你把幸福確立在能力所及的範圍之內，幸福才變得唾手可得。假設你是一個普通的上班族，而將幸福確立在汽車、洋房之上，並為此費盡心思，奔波勞碌，但終究遙不可及，還有幸福可言嗎？因此說，幸福的門檻一定要放低一些。

　　把幸福的標準定得低一點，不是庸碌無為，也不是缺乏進取心，做任何事都應該量力而行。鷹擊千里，是因為它練就了搏擊的本領，才有宏圖大展的志向，設想：如果一隻家鵝非要效仿天鵝在藍天白雲之間一展英姿，結果會怎麼樣呢？

　　平安是福，你可能日出而作，日落而息，整日辛苦奔波，但付出與收入卻大相徑庭，你可能為此耿耿於懷，悶悶不樂。此時，不妨想一想，有多少人再也看不到明天的太陽，有多少人再也不能在日落之時推開家門，你就會感到疲憊不堪也是一種幸福；想一想，國外那些被恐怖分子當做人質的學生再也不能回到親人的懷抱，你會感到被老師留在學校改作業也是一種幸福。

　　健康是福。有這樣一句話：「當我為沒有鞋子穿而哭泣的時候，我卻發現有人沒有腳。」所以，生活在這個世界上不要總是牢騷滿腹，不要總是怨天尤人，你可能沒有更多的金錢去遊覽名山大川或出國觀光，想一想那些只能透過視窗看世界的人們，你會感到騎上自行車奔馳在原野，感受麥苗黃、豆花香、陽光暖其實也是一種幸福！你可能沒有更多的金錢去購買寬敞的房子或名牌時裝，想一想那些每天躺在病床上深受病痛折磨的人們，你會感到身

居陋室，感受會心的笑，飯菜的香，團圓的樂那才是一種真正的幸福！

把幸福的門檻放低一些，再放低一些，能夠過自己喜歡過的生活，做自己喜歡的事，就是真正的幸福。當你可以活著、笑著、哭著、吃著、睡著，真實地感受生命的流動，你的存在就是一種幸福。

有人之所以會感到幸福，是因為他們懂得知足和珍惜，所以他們快樂。幸福的含義在某種程度上，也可以說就是放低幸福的門檻，正如人們常說的「知足常樂」一樣。人，應該有一點知足精神，而不應只知道往高處爬，這樣做終有一天會摔得很慘，追悔莫及。

總之，在生活中千萬別把幸福的門檻築得太高，以至於把自己擋在了幸福的門外。把門檻放低一些，把腳步擺平一點，從容一點，快樂一點，其實只要你輕輕一邁，便可以跨進那扇永遠向你敞開著的幸福之門。

把微笑送給別人

如果挫折是那刺人的荊棘，那微笑就是那高潔的百合。

如果失敗是那陡峭的山崖，那微笑就是那平坦的陽光大道。

如果憂鬱是那光禿的槐樹，那微笑就是那昂首屹立的冬青。

是的，微笑永遠是美好的，微笑能撫平你精神的創傷，微笑能使你精神煥發，充滿自信，微笑能使你頭白仍然天真。

有一次暑假期間，在一家速食店裡，我看到一個臉上有疤痕的女學生在店裡打工。她手腳俐落地拖地、擦桌子、倒垃圾，忙進忙出，看到客人時，發自內心、笑容滿面地說：「歡迎光臨！」而經過每個桌子、看到客人時，她也總是笑嘻嘻地說：「您好！」

不一會，一個小朋友不小心把飲料打翻，這個女學生一臉笑容地說：「沒關係，沒關係，我來擦，小朋友要小心，不要滑倒哦！」

　　女學生雖然臉上有疤痕，可能是以前意外割傷的痕跡，但她「溫柔的語氣、滿臉的笑容」，讓在場的所有客人感到無比地溫馨與感動。她散發出的「微笑、親切、熱情與敬業」，讓人覺得，這真是一幅極美的畫面。

　　所以有人說：「蒙娜麗莎若無微笑，也只是平凡之作，不會永傳千古。」人與人的溝通，「笑容」是一個很重要的潤滑劑。

　　一個經常面帶笑容的人，一定是喜歡自己、喜歡別人、喜歡人生的人，即使面對著沉重壓力，亦可保持心情愉悅，讓別人也可以感染到一股甜美、快樂、喜悅的氣氛。

　　笑容，是一個人內心的寫照，當一個人微笑時，表示他的友善與開朗。

　　曾有個女營業員問經理：「我不知道用什麼方法才能增加業績？」

　　經理回答道：「在顧客上門購買物品之前，妳就要先贈送給顧客一件禮物，就是『笑容』。」

　　的確，「笑容」是打破陌生的第一步。在加入一個新環境或面對一群陌生人時，「微笑」常是攻心的最佳利器。若我們對遇到的人都微微一笑，別人也會對我們點頭微笑。有了善意的互動，久而久之，大家就會互有好感，有一天，別人就會說：「就是那個笑盈盈的人嘛，好像蠻好相處的哦！」

　　微笑其實很簡單，只是在生活中隨時記得揚起你的嘴角。但你知不知道，一個微笑會有怎樣的力量？

　　當你的朋友因為遭遇不幸而感到失落絕望時，你可以揚起嘴角，送他一個鼓勵的微笑，雖然此時的一個微笑不如安慰的話語來得有用，但是卻真誠得令朋友感動。當微笑從內心傳遞後，朋友定會感應到，那麼我想朋友的失落感就會減少到最低限度。微笑便是緩解彼此悲傷的方式。

　　當朋友獲得勝利的喜悅時，你可以揚起嘴角，送他一個微笑。禮物固然是表達情感的有效途徑，而坦然、發自內心的微笑卻比禮物有著更為深刻的

意義。不是嗎？友誼本來就是建立在關心之上的，那麼朋友間感情的流露不更能體現真摯樸實的友情嗎？這時候，微笑是交流情感的標誌。

當朋友間起爭執的時候，你可以揚起嘴角，送他一個微笑，如果說微笑代表著討好的話，那就錯了。因為嘴角勾勒出的笑容是對朋友最真誠的道歉。如果輕輕揚起嘴角，就能換回昔日的友情，這難道不值得嗎？因此說，微笑是排除誤解的良方。

笑，很簡單的，只要輕輕牽動嘴角，就會產生一個燦爛的微笑。如果說哭泣是一種無言的美麗，那麼微笑將成為你最溫柔的武器。給別人一個微笑吧！希望陽光下的每一個人都能笑得燦爛如花。

生活中失去了快樂氣氛便如同荒漠一樣單調無味。而一個人如果能在交往中慷慨向他人行銷快樂，使別人也生活得快樂有趣，在自己的生活環境中營造一種和諧融洽的氣氛，那他將是一個受歡迎的人，並能在社交中立於不敗之地。

那麼怎樣行銷快樂呢？其中最重要的一點，就是用富有魅力的微笑感染別人。人人都希望別人喜愛自己，重視自己。微笑能縮短人與人之間的距離，消融人與人之間的矛盾，化解敵對情緒。生活中沒有人會拒收微笑這一「賄賂」。

生活中也許有許多坎坷，可正是這些坎坷，讓我們的人生變得充實。人的一生中要始終微笑，始終微笑著面對生活，微笑著面對人生的坎坷。

讚美是最好的禮物

　　有人說：「好孩子是誇出來的，不是打出來的。」此話不假。一個經常讚揚子女的母親可以創造出一個幸福快樂的家庭，而且可以培養出聰明懂事的孩子。一個經常讚揚學生的老師，不僅讓學生生活在積極向上的氣氛中，還可以帶出一個有凝聚力的班級。一個經常讚揚下屬的上司，不僅使得下屬產生親近感，工作熱情更高，而且可以營造和諧的人際關係，增加部門的凝聚力和向心力。

　　有人真誠讚美你時，你一定感覺很棒吧？讚美是一件很有威力的事情。被讚美的感覺會讓你的精神振奮好幾個小時，甚至幾天。

　　人們需要讚美，就像需要食物一樣。沒有讚美，人就會變得脆弱，容易受到各種不良思想的干擾；沒有讚美，人的精神免疫系統就會停止運作。真誠地讚美是內心保持堅強的養分，它使人快樂。而快樂的人更容易相處，也比不快樂的人有更高的生產力。所以，學會真誠地讚美非常重要，它能把人內心最好的東西挖掘出來。

　　讚美別人，彷彿用一支火把照亮別人的生活，也照亮自己的心田，有助於發揚被讚美者的美德和推動彼此友誼健康地發展，還可以消除人際間的齟齬和怨恨。讚美是一件好事，但絕不是一件易事。讚美別人時若不審時度勢，沒有掌握一定的讚美技巧，即使你是真誠的，也會好事變壞事。所以，開口前我們一定要掌握一些技巧。

　　如何學會讚美呢？你需要練習向別人說你喜歡從他那裡聽到的事情。當他們出色地做完某件事情後，要祝賀他們。告訴他們你是多麼欣賞他們所做出的貢獻。當他們看起來很不錯或是對你說了有價值的東西時，要告訴他們你的想法。

　　慷慨大方地使用你的讚美，時刻注意可以讚美的人和事情。

以下是一些幫助你培養這個技巧的幾點提示。

1. 讚美別人要真誠：奉承不是讚美，千萬不要說出違心的話。如果你這麼做了，當你真的嚴肅的時候，人們就不會相信你了。有很多事情可以讓你真誠地讚美別人，你沒有必要說出違心的話。

2. 讚美事實，而不是人：把讚美的焦點放在所做的事情上，而不是放在人身上，人們就會更容易接受你的讚美，而不會引起尷尬。例如：「瑪麗，妳編輯的演講稿太好了」，就比「瑪麗，妳好棒」更好。

3. 讚美要具體：在日常生活中，人們取得突出成績的時候並不多見。因此，交往中應從具體的事件人手，善於發現別人最微小的長處，並不失時機地給予讚美。讚美用語越詳實具體，說明你對對方越了解，對他的優勢和優點越看重。讓對方感到你的真摯和可信，從而產生親近效應。

   當讚美針對某一件事情的時候，就會更有力量。讚美越廣泛，力量就越弱。讚美別人的時候，要針對某一件具體的事情。例如，「約翰，你今晚戴的這條領帶配這套黑色西裝，非常耀眼」，就比「約翰，你今晚穿得很好」更有力量。再比如：「瑪麗，妳每次和人們說話，都能使他們覺得自己很重要」，就比「瑪麗，妳真會與人相處」更好。

4. 掌握讚美的「快樂習慣」：每一次讚美別人都有巨大的附帶利益，它會使你同時得到滿足。這裡有一個宇宙規律，如果你不能為自己增加快樂，那麼你就不能為任何人增加快樂！所以，每天起碼要讚美 3 個人，你將感覺到自己的快樂指數不斷提升。

5. 讚美要適時得體：出門看天氣，進門看臉色。讚美別人要見機行事，適可而止，真正做到「美酒飲到微醉後，好花看到半開時」。

   當別人計畫做一件有意義的事時，開頭的讚美能激勵他下決心做出成績，中間的讚美有益於對方再接再厲，結尾的讚美則可以肯定成績，指出進

一步努力的方向，從而達到「讚美一個，激勵一批」的效果。

6. 讚美因人而異：人的素質有高低之分，年齡有長幼之別，也有男女之異。因人而異，突出個性，有特點地讚美，比一般化的讚美能收到好的效果。老年人總希望別人不忘記他「想當年」的業績與雄風，與其交談時，可多讚美他引為自豪的過去；對年輕人不妨語氣稍微誇張地讚揚他的創造才能和開拓精神，並舉出幾點實例證明他的確能夠前程似錦；對於經商的人，可讚美他頭腦靈活，生財有道；對於漂亮的女孩，可以誇讚她的美貌；對於不漂亮的女孩，可以誇讚她的風度；同時見了漂亮和不漂亮的女孩，可以誇讚她們得體的服裝或者氣質。

7. 多讚美那些需要讚美的人：值得一提的是，讚美人要特別注意對象。在現實生活中，最需要讚美的不是那些早已功成名就的人，而是那些因被埋沒而產生自卑感或身處逆境的人。他們平時很難聽到一聲讚美的話語，一旦被人當眾真誠地讚美，便有可能振作精神，大展宏圖。因此，最有實效的讚美不是「錦上添花」，而是「雪中送炭」。

8. 孩子更需要讚美和鼓勵：在教育子女這件事上，尤其需要讚美。很多人都說好孩子是誇出來的，這是有一定道理的。讚美和鼓勵的作用不可低估，這是培養孩子自信心，幫助他們取得進步和成功的首要環節。父母一句鼓勵的話，一個肯定的微笑，都會讓孩子感到被認可的滿足，體驗到成功的快樂。

   卡內基說過：「使孩子發揮自己最大潛能的方法，就是讚美和鼓勵，尤其是來自父母的讚美。」但是在日常生活中，父母常常會忽略對孩子的讚美，他們總是很容易發現孩子的缺點和不足，而忽視了孩子的長處和優點。其實讚美是一種極為有效的教育手段。及時讚美孩子學習中的每一個小進步，會激發起孩子對自己的信心，對學習發揮積極的催動作用。

讚美並不一定用那些固定的詞語，有時投以贊許的目光，伸出拇指做一個誇獎的手勢，送一個鼓勵的微笑，都能收到意想不到的效果。

讚美是人間最好的禮物。經常留意可以讚美的好事，它會增強你積極的心態。你也會驚喜地發現，自己周圍有很多以前從沒注意到的快樂！讚美別人是一個快樂的習慣！也是一個人際關係的技巧。

學會儲蓄你的信用

在人與人的交往中，信用和信義非常重要。孔子說：「與朋友交而不信乎？」墨子說：「志不強者智不達，言不信者行不果。」還有「一諾千金，一言九鼎」、「一言既出，駟馬難追」等都是強調一個「信」字。

東漢時，張劭與范式一起在洛陽讀書，兩人結下了深厚的友誼。學業結束，二人分別時，張劭傷心地說：「今日一別，不知什麼時候才能再相見？」范式安慰張劭說：「不要傷心，兩年後立秋的那天，我一定會去看你的。」

光陰似箭，日月如梭，約定的日期到了，張劭對母親說：「母親，范式快來了，我們趕緊準備準備迎接客人吧！」

張母說：「傻孩子，范式家離這裡有一千多里路，人家當時只不過安慰你才那麼說的，怎麼會真的來呢？」可是剛過中午，范式就風塵僕僕地趕到了，張母為此感嘆地說：「天下真有這麼講信用的朋友啊！」范式進堂屋拜望張劭的父母之後，與張劭一家開懷暢飲，隨後欣然辭別。

范式守信的故事，至今都是人們所津津樂道的美談。古人尚且能夠如此，在交通如此便利的今天，我們更應該以范式為榜樣，言而有信，一諾千金。

自古以來，講信用的人受到人們的歡迎和讚頌，不講信用的人則受到人們的斥責和唾罵。李白曾在他的〈長干行〉中寫道：「常存抱柱信，豈上望夫臺。」「抱柱信」是說一個叫尾生的男子和一個女子在橋下約會，女子還

沒有來，河水漲了。尾生為不失信用，還是不走，寧可抱住橋柱被水淹死。尾生的行為是過於迂腐拘泥，但他表現出的精神卻受到稱頌。

如果你有錢，就可以立即存入銀行，可是，信用不會像錢這樣來得容易，用得方便，取得信任是要長時間累積的。正因為信譽無法在一朝一夕中形成，所以平時一定要學會儲存你的信用。

商鞅變法時，為樹立威信，推動改革，在國都南門立了一根三丈長的木頭，並當眾許下諾言：「能搬此木到北門者，賞五十金。」有人把木頭扛到了北門，商鞅當眾賞他五十金。商鞅的舉動意在樹立威信，博取百姓的信用，讓百姓相信他是個說話算數的人，而他更深層的目的在於推行即將頒布的改革措施。

即使在今天的社會交往中和個人事業發展中，守信用、重諾言也仍然是應遵循的道德標準，是為人處世的一條準則和方法。所以，我們一定要為自己建立信用，而且要每天不斷地累積才可以。

值得注意的是，許諾是非常嚴肅的事情，對不應做的事情或辦不到的事，千萬不能輕率應允。一旦許諾，就要千方百計地去兌現。否則，就會像老子所說的那樣：「輕諾必寡信，多易必多難」。一個人如果經常失信，一方面會破壞自己形象，另一方面還將影響自己的人脈關係，甚至事業。

據《莊子‧齊物論》記載，有個養猴子的人對猴子說：「我早上給你們三個栗子，晚上給四個。」猴子聽了一個個齜牙咧嘴，嗷嗷亂叫。養猴人轉動腦筋，欺騙猴子們說：「好了，別生氣了。我早上給你們四個栗子，晚上給三個。」猴子就高興起來了。

這些猴子的高興大概只是暫時受蒙蔽所致。日子久了，聰明的猴子自然會領悟到養猴人的狡詐和卑鄙，從此不再相信他，那時候，養猴人可就要自認倒楣了。因為朝三暮四式的狡詐，必然失信於人。失信於人，不僅顯示其人格卑賤，品行不端，而且是一種只顧眼前不顧將來、只顧短暫不顧長遠的

愚蠢行為，終將一事無成。

　　曾經有一個出版人叫鍾斯，他曾用一種很好的技巧，樹立起了他的聲譽，結果由一個普通的員工進升為一家報館的主人。他的故事對我們儲蓄信用很有啟發：

　　鍾斯在開始他的計畫時，首先向一家銀行借了 50 美元，但此筆錢並不急用。他說：「我之所以借錢，是為了樹立我的聲譽。其實我根本就沒有動過這筆借款，當借期一到，我便立即將這 50 美元錢還給了銀行。幾次以後，我便得到了這家銀行的信任，借給我的數目也漸漸大了起來。最後一次借款的數值是 2,000 美元。這次我用它去發展我的業務。」

　　鍾斯還說：「後來我計畫出版一份商業方面的報紙，但辦報需要一定的資金，我估算起碼需要 15,000 美元，而我手頭上總共才不過 5,000 美元。於是，我再次到那家銀行，也再次去找每次借我錢的那個職員，當我將我的計畫原原本本地告訴他們以後，他願意借給我 10,000 美元。不過，他要我與銀行的經理洽談一下。最後，這位經理同意如數借給我 10,000 美元，還說：『我雖然對鍾斯先生不太熟悉，不過我注意到多少年以來鍾斯先生一直向我們借款，並且每次都按時還清。』」鍾斯就是這樣獲得了別人的信賴。

　　承諾的力量是強大的。遵守並實現你的承諾會使你在困難的時候得到真正的幫助，會使你孤獨的時候得到友情的溫暖，因為你信守諾言，你誠實可靠的形象行銷了你自己，你便擁有了更廣博的人脈，便會在生意上、婚姻上、家庭上獲得成功。

　　這並不是空話，有許多事實可以證明，國內外知名度很高的企業無不是把信譽推到第一位，受人尊敬的人無不是守信用的楷模。

　　所以，你必須重視自己所說的每一句話，生活總是照顧那些講話算數的人，食言則是壞習慣。為了遵守諾言，你可以放棄一些東西，但一定要給人一個可信的印象。

善待他人，幫助他人

　　有人說：「你對著鏡子微笑，回報給你的也是一張笑臉，你對著它生氣，回報給你的一定是一張生氣的臉。」這句話說明，一個人善待他人就是善待自己，幫助他人就是幫助自己。

　　一位朋友所經歷的小故事：

　　多年前的一個夏天，她被公司指派去美國芝加哥參加一個家用產品展覽會。午餐就在速食店裡自行解決，當時人很多，她剛坐下，就有人用日語問：「我可以坐在這裡嗎？」抬頭一看，是一位白髮長者正端著餐點站在面前。她忙指著對面的位子說：「請坐。」接著起身去拿刀、叉、紙巾這類東西，擔心老人家找不到，便幫他也拿了一份。一份餐點很快就吃完了，老人臨走時遞來一張名片，說：「如果以後有需要，請與我聯絡。」她一看，喲，原來老人是日本一家大公司的社長呢！

　　一年以後，她自己註冊了一家小公司。生意做了不到一年，客戶突然宣告不合作了，而這時新一年的生產計畫已經制定了！怎麼辦？真的一起步就要破產嗎？她突然想起那位日本老人，就抱著一線希望寫了一封簡單的信，內容說不知對方是否還記得她，她現在自己開了一家小公司，希望對方能來看一看。信發出後一個星期，就收到了回信，老人說即日啟程來臺灣。他真的來了，還拿出樣品讓她試著加工，在肯定了產品和品質之後，當場下了足夠她做一年的大訂單。她驚喜地問：「您在臺灣有很多大客戶，而我這裡只是個小公司，您真的信得過我嗎？」老人說：「當初你給我幫助時，你並沒有想到會有這樣的回報。人心就像一本存摺，只有打開來才知道到底有多少收益。每本心的存摺正是用一點一滴的善去累積的。」

　　還聽說過這樣一個故事：在一個又冷又黑的夜晚，一位老婦人的汽車在半路上拋錨了。她等了半個多小時，總算有一輛車經過，開車的男子見此情

況便下車幫忙。幾分鐘後，車修好了，老婦人問他要多少錢，他回答說：「這麼做只是為了助人為樂。」但老婦人堅持要付些錢做為報酬。男子謝絕了她的好意，並建議把錢給那些比他更需要的人。最後，他們各自上路了。

隨後，老婦人來到一家咖啡館，一位身懷六甲的女服務生即刻為她送上一杯熱咖啡，並問她為什麼這麼晚還在趕路。於是老婦人就講述了剛才遇到的事，女服務生聽後感慨這樣的好心人現在真難得。老婦人問她怎麼工作到這麼晚，女服務生說是為了迎接孩子的出世而需要第二份工作的薪水。老婦人聽後執意要女服務生收下 200 美元小費。女服務生驚呼她不能收下這麼一大筆小費。老婦人回答說：「妳比我更需要它。」

女服務生回到家，把這件事告訴了她丈夫。然而，碰巧的是，原來她的丈夫就是那個好心的修車人。

這故事講出這樣一個道理：種瓜得瓜，種豆得豆。我們在「播種」的同時，也種下了自己的將來，我們做的一切都會在將來某一天、某一時間、某一地點，以某一方式，在我們最需要它的時候加以回報。

去年，在一位朋友家吃飯，席上他講了這樣一個真實的故事：

一位老師生活清貧，都 40 多歲了還沒有自己的房子，一家三代六人都擠在兩間小屋子裡。他很想買一間屬於自己的房子，但房價一年比一年高，他那點薪水根本沒法趕上房價的上漲幅度。這一年，他家附近有了一個新社區，他咬了咬牙，和妻子一起去接待中心詢問情況，沒料想在接待中心碰到了開發公司的老闆。巧的是這位老闆和老師還有一段淵源。原來，老師已經去世的父親當年不僅救過這位老闆父母的性命，還經常接濟他們。後來，因拆遷兩家失去了聯繫。這次巧合的在接待中心與父親朋友的後代相遇了。於是，帶著感恩的心情，老闆連賣帶送，以很便宜的價格賣了一間房子給這位老師，圓了他的新房夢。

這位老師的父親生前做的善事，竟然讓子孫後代受惠。

這些故事告訴我們，在人際交往中，真情就是無價之寶，勝過所有的金銀財寶。只有善待他人，幫助他人，為幸福播種，才能真正地感受到幸福。

在美國的一個小鎮上。有一個夜晚，颳著北風，透著刺骨的寒冷，一對老夫妻步履蹣跚地走在街上。由於夜深了，天氣寒冷，很多旅館不是已經住滿，就是早早關了門。這對夫妻又冷又餓，希望儘快找到住處。

當他們來到路邊一間簡陋的旅店，店裡的年輕店員充滿歉意地說：「店裡客人都滿了。」「我們找了好多家旅店，這樣糟糕的天氣，我們該怎麼辦呢？」屋外，呼呼地颳著寒風，眼看就要飄起雪花了，讓這對夫妻非常發愁。

年輕人不忍心讓這兩位老人再繼續受凍，他說：「如果你們不計較的話，今晚就睡在我的床鋪上吧！我自己在旅店裡打個地鋪吧！」

年輕人見他們饑寒交迫，又為他們端來熱水和熱呼呼的飯菜，為老夫妻鋪好了床，老夫妻非常感激。第二天的時候，付了雙倍的住宿費，年輕店員堅決不要。他說：「我僅僅做了一件自己力所能及的事情，讓你們這麼大年紀的人在風雪中，任何人都於心不忍。」

臨走時，老夫妻拍著年輕人的肩膀，語重心長地說：「年輕人，只有像你這樣經營旅店的人，才有資格做一家五星級飯店的總經理。」

「如果那樣就太好啦！呵呵！」年輕人並沒有在意，「起碼總經理的收入可以更好地養活我的媽媽啦！」他隨口應和道，哈哈一笑。

沒想到，兩年後的一天，年輕人收到一封來自紐約的信件，信中夾有一張往返紐約的來回機票，並邀請他去拜訪一對老夫妻，也就是當年在他床鋪睡了一晚的那兩位老夫妻。

年輕人來到紐約，老夫妻把年輕人領到最繁華的街市，指著那兒的一座摩天大樓說：「這是一座專門為你興建的五星級飯店，現在我們正式邀請你來當總經理。」

朋友們，年輕人因為一次舉手之勞的助人行為，美夢成真，不僅得到了好的職位，而且得到了別人的信任。年輕人是幸運的，但是他的幸運不是上帝賦予的，是來自他助人為樂的高貴品質。

古往今來，有許多慷慨解囊、助人為樂的故事，感動著一代又一代的人。而且，往往是人們不經意的一次相助，或者很隨意的「義氣之舉」，卻為自己今後的人生埋下了「福根」。

寬恕他人，昇華自己

英國文學史上很有名的小說家湯瑪斯‧哈代（Thomas Hardy），曾因受到苛刻的指責而一度放棄寫作，卻留下許多偉大作品。只有不夠聰明的人才批評、指責和抱怨別人。而善解人意和寬恕他人，需要有修養善於自制。

胡佛是個有名的特技駕駛員，時常表演空中特技。一次，他從聖地牙哥表演完後，準備飛回洛杉磯。胡佛在 300 英尺高的地方，飛機引擎出現故障，幸虧他反應靈敏，控制得當，飛機才得以降落，幸好無人傷亡。

胡佛在緊急降落之後，第一件事就是檢查飛機用油。正如他所料想，那架第二次世界大戰時期的螺旋槳飛機，裝的是噴射機用油。

回到機場，胡佛要求見那位負責保養的技術人員。年輕的技術人員早已為自己犯下的錯誤痛苦不堪，一見到胡佛，眼淚便沿著面頰流下。他不但毀了一架昂貴的飛機，甚至差點造成 3 個人死亡。你可以想像胡佛對這位負責、嚴格的飛行員，顯然應該會為不夠謹慎的維修工作大發雷霆，憤怒並痛責那位技術人員。但是出乎意料的是，胡佛並沒有責備那位技術人員，只是伸出手臂圍住他的肩膀說：「為了證明你不會再犯錯，我要你明天幫我維修我的飛機。」

胡佛如果充滿憤怒地責罵那位技術人員一頓，這是情理之中的事，相信

那位技術人員也只得流淚接受，但這樣做並不能挽回或彌補已成事實的損失，很可能會給技術人員的心靈造成一種更大的負擔，甚至傷害。胡佛懂得這個道理，所以他寬恕了那位技術人員的過錯，同時也昇華了自己。

在美國一個市場裡，有個華裔婦女的攤位生意特別好，引起了其他攤販的嫉妒，大家常有意無意地把垃圾掃到她的攤位前。這個華裔婦女只是寬厚地笑笑，不予計較，反而把垃圾都清掃到自己的角落。

旁邊賣菜的墨西哥婦人觀察了她好幾天，忍不住問道：「大家都把垃圾掃到妳這裡來，妳為什麼不生氣？」

華裔婦人笑著說：「在我們國家，過年的時候，都會把垃圾往家裡掃，垃圾越多就代表會賺很多的錢，現在每天都有人送錢到我這裡，我怎麼會捨得拒絕呢？妳看我的生意不是越來越好嗎？」

從此以後，那些垃圾就不再出現了。

這位華裔婦女化詛咒為祝福的智慧確實令人驚嘆，然而更令人敬佩的卻是她那與人為善寬容的美德。她用智慧寬恕了別人，也為自己創造了一個融洽的人際環境。俗話說：「和氣生財」，自然她的生意越做越好。如果她不採取這種方式，而是針鋒相對，又會怎樣呢？結果可想而知。

《史記》中記載，舜的父親是個瞎子，生母去世後，父親又娶了一個妻子，並生了一個兒子。父親與後母寵愛後母的兒子，非常討厭舜，常想殺死舜，遇到小過失就要嚴厲懲罰他。舜非常聰明，他們想殺舜的時候，舜就逃跑，讓他們找不到；但有事情需要他的時候，他又總在旁邊候著。

有一次，舜爬到糧倉頂上去塗泥巴，父親就在下面放火焚燒糧倉，但舜借助兩個斗笠，像長了翅膀一樣，從糧倉上跳下來逃走了。後來，父親又讓舜去挖井，舜事先在井壁上鑿出一條通往別處的暗道。挖井挖到深處時，父親和弟弟一起往井裡倒土，想活埋舜，但舜又從暗道逃走了。他們本以為舜

必死無疑，得意洋洋地回到家裡，並討論說：「這回舜準死了，現在我們可以把他的財產分一分了。」說完，向舜住的屋子走去，哪知道，一進屋子，舜正坐在床邊彈琴呢。父親很不好意思地說：「哎，我們多麼想念你呀！」舜也裝作若無其事地說：「你們來得正好，我的事情多，正需要你們告訴我如何處理。」

舜的父親和弟弟經常想方設法害舜，但舜不計前嫌，還像以前一樣侍奉父親、友愛弟弟，從來沒有鬆懈怠慢。後來他的美名遠揚，堯知道後，把兩個女兒嫁給他，並讓位於他，天下人都歸服於舜。

寬恕別人不是一件容易的事情，寬恕傷害了自己的人更難。也正因為如此，那些胸懷寬廣的人才更受人尊敬。華裔婦女因為寬恕讓使自己的生意越做越好，舜因為寬恕的美德受到堯的讚賞而坐上了帝王的寶座。所以，寬恕他人就是善待自己。寬容是一種美德，「以德報怨」，用愛來化解仇恨，仇恨也會化成愛。如果我們不斷地用愛包容他人，那麼整個世界都將充滿愛。

滿足別人，成就自己

據說華盛頓他們家門前有一棵蘋果樹，果子又小又苦，華盛頓就跟父親說：「父親，我們把這棵蘋果樹給砍了吧！蘋果一點都不好吃。」他的父親回答：「兒子，要砍等明年這個時候再砍吧！」當時華盛頓不明白父親的意思，就問：為什麼啊？父親說：「別問了，到了明年就知道了。」

到了第二年，蘋果可以吃的時候，樹上的蘋果長的又大又甜。華盛頓很高興，同時又很奇怪。就問他父親：「父親，為什麼今年的蘋果又大又甜啊？跟去年完全不一樣了。」他父親就回答他：「兒子啊！你知道今年的蘋果好吃，但是你知道我在這一年中，付出了多少精力嗎？經常給這棵蘋果樹施肥、除草、整枝，這樣才讓現在的蘋果又大又甜。所以啊，兒子！你要記住

一句話：你想要滿足自己的需求，必須要先滿足別人的需求，如果滿足了別人的需求，你就能獲得快樂和幸福。」

是的，在這個世上，需求是相互的，你希望別人怎麼對待你，你就怎麼對待別人。你只要滿足了別人的需求，別人遲早會滿足你的需求。

1934 年，當美國議長提普‧奧尼爾（Thomas Phillip "Tip" O' Neill Jr.），還在波士頓大學讀四年級的時候，就已經參加了劍橋市議會席位的競選。競選那天，他湊巧遇到一位女鄰居。女鄰居對他說：「你在我的街對面已經住了 18 年，冬天你在我們家路上鏟過雪，夏天你為我們家花園剪過草，即使不是必須的，我也會投你一票。」這就是滿足別人需求的好處，不但營造了人際關係網，而且也為自己的事業成功奠定了基礎。

所以，在與他人交往時，不要只想別人對你如何，只想影響別人，讓別人滿足你的需要，而要善於站在別人的立場上，多替別人著想。在你想讓他人為你做什麼的時候，問問自己，須為他人做什麼。了解別人的需求，恰當地給予滿足，在滿足別人的過程中，自己也能得到滿足。

孔子曰：「君子成人之美，不成人之惡。小人反是。」這話的意思是說，君子通常成全他人的好事，不破壞別人的事，而小人卻與之相反。有人對此有更深的理解，他認為孔子說的「成人之美」即成全他人的好事，這種成全也包含了想方設法地去幫助他人實現美好的願望。

曾聽過這樣一個故事：有一個小女孩經過一片草地時，看見一隻蝴蝶被花莖卡住了。於是她小心地移開花莖，讓蝴蝶飛向大自然。後來蝴蝶為了報恩，化做一位仙女，對小女孩說：「請妳許個願吧！我將讓它實現。」小女孩想想說：「我希望快樂。」於是，仙女在她耳邊說了一番話便飛走了。後來，這個小女孩果真快樂地度過了一生。而這個快樂的祕密就是：力所能及地幫助身邊的每一個人，讓他們獲得滿足。

法則 10　隨時隨地播種幸福

讓別人滿足，確實是一種快樂。記得有位哲人說過，幫助別人攀登的人，自己也會爬得很高。在這個世界上，個人的力量總是有限的，一個人無力去解決生活中的所有問題，任何一個人都離不開他人的幫助。為人處世，不能僅從「一己」考慮，只有多為別人著想，人們才會給你以友善的回報。

有位 60 歲左右的老婦人，不到 160 公分的個頭，斑白的頭髮，腳穿一雙布鞋，天天在路上走動，為社區居民服務工作。多年來，她熱心社區工作，如幫助社區失業青年阿力找工作、照顧社區孤寡老人，還當起社區活動的志工。「幫助別人，其實也是快樂自己。」這是老婦人說得最多的一句話。

35 歲的阿力，沒有穩定的工作，妻子又有殘疾，全家的生活一直很拮据。

老婦人了解到阿力家的情況後，向相關單位申請讓阿力來社區當巡邏隊員。

又，無論多忙，老婦人都會抽空專門去看望社區孤寡的老人。「十幾年了，我已經習慣了。」老婦人說，在她的行程表裡，照顧社區孤寡的老人一直是她的義務。她每個星期都要社區孤寡老人住處是否有欠缺物品。

老婦人每天早上 9 點上班，晚上有時候要到 11 點才能忙完，而她的臉上總是掛著微笑。「我不能眼看著他們有困難不幫忙，而且幫助別人，其實也是快樂自己！」

困難中的人，傷心的人，擁有一朵花，感覺就像擁有了整個春天。我們只要像老婦人一樣，為他們獻出一顆暖暖的愛心，那麼，我們就是為他們營造了一個幸福的天堂。

是啊！當你盡自己所能，成人之美時，你就是在幫助你自己。因為當接受你幫助的人對你十分感激時，你就會感受到一種溫情，這種溫情讓你舒服，這種因為使別人幸福而令自己欣喜萬分的感覺，能使你知道幸福的真正含義，能讓你遠離人情冷漠。

有位作家曾經說過：「為你自己找到快樂的最有保障的方法就是向別人奉獻你的精力，努力使他人獲得滿足，因為別人滿足，所以自己快樂。幸福是捉摸不定、透明的事物。如果你決心去追尋幸福，你將會發現它難以捉摸；如果你把滿足帶給其他人，那麼幸福和快樂自然就會來臨。」

坦然自嘲，妙語解頤

在生活中，每個人都難免遇到令人尷尬的人，做出讓自己尷尬的事情，而且因此陷入一種狼狽的境地。這時略施幽默來進行自我調侃，便能抹掉困窘，扭轉尷尬局面。

在一個女孩的訂婚宴會上，她想讓未婚夫的親戚們留下好印象。她微笑著走進宴會廳，不料絆倒了一座落地燈，燈撞翻了小桌子，她正好跟蹌地跌在小桌子上，摔了個四腳朝天。她立刻跳起來，站直了說：「瞧！我也能夠玩撲克牌把戲！」她幽默的做法一下子就把尷尬的場面扭轉了，而且還給人留下了聰明大方，對自己充滿信心的好印象。僅這一件小事，人們就已充分了解了她的智慧和能力。

俗話說：「家醜不可外揚。」可是在幽默的領域裡，「笑話自己」是一個得到了普遍認同的觀點。沃爾特‧雷利（Walter Raleigh）說：「不論你想笑別人的哪一點，先笑你自己。」試想當一個人想說笑話、講講小故事，或者造一句妙語、一則趣談時，取笑的是自己，其他人誰會不高興呢？所以，想要製造幽默，最安全的目標就是你自己。

美國幽默作家羅伯特‧班奇勒（Robert Benchley）就主張以自己為說笑的題材，或者說「笑話自己」。運用這種方法，在生活中的各種場合，我們都可以發現笑料，引出笑聲，為人們解除愁悶和緊張。長此以往，就能獲得一種幽默智慧，能夠承受各種既成事實，更有信心去努力改善現狀，也能

法則 10　隨時隨地播種幸福

夠增加自己的親和力。

比如在雙方交談剛開始前，來一個巧妙的逸樂幽默，使對方處於歡樂激情之中，達成情緒上的交流，就像劉姥姥進大觀園那樣，首先給被求方以輕鬆感，然後再側面談及農家之苦，把對方的驕傲情緒和同情心調動起來，他們自然樂於施捨她了。利用自我解嘲幽默，可生動地暗示自己的處境，喚起對方的同情。

有一個人向他的朋友抱怨：「我越來越老了。」當然，朋友告訴他，他看起來仍和從前一樣年輕。

「不，我不年輕了。」他堅持說，「過去總有人問我：『為什麼你還不結婚？』而現在他們問：『你當年怎麼會不結婚呢？』」

朋友在被他的幽默逗笑的同時，也不免會為他年華逝去，卻還沒有成家而同情他。要獲得他人的同情，我們要首先脫掉虛偽的外衣，真誠地表露自己，而趣味思想的幽默能幫助我們移開障礙和欺騙。有時候，在大庭廣眾之下，我們會犯一些小錯誤，鬧一些小笑話，這時候，就可以用幽默來幫助我們表達真誠。

幽默一直被人們認為是只有聰明人才能駕馭的藝術，而自嘲又被認為是幽默的最高境界。由此可見，能自嘲的人必然是智者中的智者，高手中的高手。自嘲就是要拿自身的失誤、不足甚至生理缺陷來「尋開心」，對醜處不予遮掩，反而把它放大、誇張、剖析，然後巧妙地引申發揮，自圓其說，博人一笑。一個人如果沒有豁達、樂觀、超脫、調侃的心態和胸懷，是無法做到自嘲的。自以為是、斤斤計較、尖酸刻薄的人更是難以望其項背。自嘲不傷害任何人，因而最為安全。你可用它來活躍氣氛，消除緊張；在尷尬中自找臺階，保住面子；在公共場合表現得更有人情味。

幽默地面對生活，借著笑的分享，就可以把細節性的問題擺在適當的位置，和整個生活相形之下問題就顯得很小了，這有助於我們輕鬆地獲得他人

的同情，也能使人重振精神。

有時候，我們也難免會撒謊或者欺騙他人。當我們偶爾犯了錯誤，受到譴責的時候，我們總是希望得到他人的諒解。我們相信，絕大多數人是誠實的、善良的，因而我們採取幽默的方式爭取他人的諒解。

一個婦人打電話給水電工：「喂，昨天請你來修門鈴，為什麼到今天還沒有來？」水電工答道：「我昨天去了兩次，每次按門鈴都沒有人出來開門，我只好走了。」人們聽後肯定會輕鬆地一笑，其意絕不在諷刺水電工的服務態度，水電工的愚笨反而使我們覺得可愛，進而諒解他的工作失誤。

有一位員工，上班時間趴在桌上睡著了，他的鼾聲引起了同事們的哄堂大笑。他被笑聲驚醒後，發現同事們都在笑他，有人道：「你的『呼嚕』打得太有水準了！」他一時頗不好意思，不過他立即接過話說：「我這可是祖傳祕方，高水準還沒發揮出來呢！」在大家的一片哄笑中，他為自己解了圍。

在幽默的領域裡笑自己是一條不成文的法則，你幽默的目標必須時刻對準你自己。這時，你可以笑自己的觀念、遭遇、缺點乃至失誤，也可以笑自己狼狽的處境。每一個邁入政界的人都得有隨時挨「打」的心理準備，如果缺乏笑自己的能力，那麼他最好還是去做其他事情。

把自己做為笑的目標，以豁達、幽默來做為溝通資訊、表達看法是最令人折服，最能獲得信賴的。以取笑自己來和他人一起笑，這能夠讓他人喜歡你、尊敬你，甚至欽佩你，因為你用你的幽默向他人展現了你善良大方的品格。

威廉對公司董事長頗為反感：他在一次公司職員聚會上，突然問董事長：「董事長，你剛才那麼得意，是不是因為當了公司董事長？」

這位董事長立刻回答說：「是的，我得意是因為我當了董事長，這樣就可以實現從前的夢想，親一親董事長夫人的芳容。」

董事長敏捷地接過威廉取笑自己的目標，讓它對準自己，於是他獲得了一片笑聲，連發難的人也忍不住笑了。

　　所以，有幽默感的人往往思路敏捷，反應迅速，在複雜的環境中從容不迫，妙語連珠，常常能夠憑藉幽默的力量化險為夷。

懂得轉彎，學會遺忘

　　前幾天，碰到一個老同學，說起社會上的很多不公平現象。老同學說，他是一個直爽的人，凡事愛說真話，所以在現實生活中總碰壁。我勸他：凡事想開些，能變通，別那麼較真，別做生活中的「二愣子」。

　　所謂「二愣子」，是形容一個人愣頭愣腦、性格倔強、不會變通、喜歡抬槓、做事考慮不周、不計後果，也就是不懂得靈活多變，不懂得轉彎。

　　有位哲人說：「做人要像山一樣，做事要像水一樣。山是挺拔巍峨的，水是靈活多變的。」這句話告訴我們，做人要有原則，做事要靈活多變，行不通時就要懂得轉彎。

　　小時候，父親曾講過這樣一個故事：以前有一位禪師對大夥兒說自己法力無邊，能將附近的一座大山在某年某月的某一天移到自己的跟前。大家雖都不信，但也想看看這位禪師究竟會怎樣做，於是很多人都去看禪師移山。此後每一天，大家看到禪師都對著山凝神運氣，口中念念有詞：「山過來，山過來，山過來……」

　　眼看著承諾的時間一天天逼近，大家依然沒看到山有一點前移的跡象，於是一個個離開了，很多人都覺得禪師欺騙了他們。此後的每一天，禪師依然努力地喊著，聲音更大了，也更虔誠了，但是山仍然沒有一絲一毫的移動。

　　最後一天終於來到了，絕大多數人都已經失望地離開了，最後只有一個年輕人依然堅守著，因為他相信老禪師一定會給他驚喜的。傍晚時分，禪師

突然大叫一聲：「山不過來，我過去！」隨即迅速向山腳下衝去。幾分鐘後，愣在那裡的年輕人驚呆了，因為他看到山雖然沒有移動，但分明已經在禪師的面前了。

這是一個不可思議的故事，老禪師說的那句「山不過來，我過去」的啟示：做事要靈活多變。

老禪師不是神仙，自然知道山不會跑到自己跟前。他這麼做其實就是要人們懂得，做事不能太死板，應該靈活多變，達到目的才是最重要的。

有一種以捕食魚類為生的鳥類 —— 鵜鶘，它嘴巴形狀，直直的，上下兩部分都又長又寬闊。吞嚥食物時，常常把捕到的魚兒往空中一拋，讓那條魚頭朝下尾朝上落下來，然後一口接住嚥了下去，這樣的吃法可以使魚在通過咽喉時，魚翅的骨頭由前向後倒，不會卡在喉嚨裡。

社會複雜多變，為人處世，求人辦事也一樣會碰到各種「釘子」，這時候便不能不知變通，應該想辦法繞個彎，避開釘子。這是做人應該具備的策略和手段。連鳥都會「把魚倒過來吃」，聰明的人更不會讓刺卡在喉嚨中。

很多時候，人不僅要懂得轉彎，而且要學會忘記，要學會記住該記住的，忘記該忘記的。

阿拉伯著名作家穆罕默德·阿里（Maulana Muhammad Ali），有一次和吉伯、馬沙兩位朋友一起旅行。三人行經一處山谷時，馬沙失足滑落。幸而吉伯拚命拉他，才將他救起。馬沙於是在附近的大石

頭上刻下了：「某年某月某日，吉伯救了馬沙一命。」

三人繼續走了幾天，來到一處河邊，吉伯跟馬沙為一件小事吵起來，吉伯一氣之下打了馬沙一耳光。馬沙跑到沙灘上寫下：「某年某月某日，吉伯打了馬沙一耳光。」

當他們旅遊回來後，阿里好奇地問馬沙為什麼要把吉伯救他的事刻在石上，將吉伯打他的事寫在沙上？馬沙回答：「我永遠都感激吉伯救我，我會

法則 10　隨時隨地播種幸福

記住的。至於他打我的事，我只隨著沙灘上字跡的消失，而忘得一乾二淨。」

　　這個故事告訴我們，牢記別人對你的幫助，忘記別人對你的不好，這才是做人的本分。

　　記得在佛經裡有這樣一個小故事：

　　小和尚和老和尚一起去化緣，小和尚畢恭畢敬，什麼事都隨著師父，走到河邊，一個女子要過河，老和尚背起女子過了河，女子道謝後離開了。小和尚心裡一直想著，師父怎麼可以背那個女子過河呢？但他又不敢問，一直走了 20 公里，他實在憋不住了，就問師父，我們是出家人，您怎麼能背那女子過河呢？

　　師父淡淡地說：「我把她背過河就放下了，可是你卻『背』了她 20 公里還沒放下。」

　　老和尚的話充滿禪意，也是人生的道理。人的一生像是一次長途跋涉，不停地行走，沿途會看到各式各樣的風景，歷經許許多多的坎坷，如果把走過去、看過去的都牢記心上，就會讓自己增加很多額外的負擔。閱歷越豐富，壓力就越大，還不如一路走來一路忘記，永遠輕裝上陣。過去的已經過去了，時光不可能倒流，除了吸取經驗教訓以外，大可不必耿耿於懷。

　　樂於忘懷是一種心理平衡，需要坦然真誠地面對生活。有些人能夠忘記失意時的尷尬和窘迫，卻對順境時的得意津津樂道，豈不知成功和失敗一樣會留在過去，老是沉湎於過去不能釋懷，常常說：「我年輕時如何如何？」拿明日黃花當眼前美景，讓過眼雲煙在心頭永駐，沾沾自喜，自鳴得意，讓自己陷於虛妄之中，不思進取，裹足不前。所以，英雄不提當年勇是有道理的。更別提反覆咀嚼過去的痛苦，讓自己深陷痛苦與仇恨了。

　　在我們的人生裡，記憶裝不下太多的往事，一路走來，我們注定要忘記許多。學會忘記就像「去蕪存菁」，只有忘記那些本該忘記的，需要牢記的才會在心底永存，人生才會輕裝上陣。

10 個與自己和解的幸福練習：

正因為人生無法盡善盡美，才會懂得珍惜每分每秒的小確幸！

編　　著：王郁陽，劉萍

發 行 人：黃振庭

出 版 者：崧燁文化事業有限公司

發 行 者：崧燁文化事業有限公司

E-mail：sonbookservice@gmail.com

粉 絲 頁：https://www.facebook.com/
　　　　　sonbookss/

網　　址：https://sonbook.net/

地　　址：台北市中正區重慶南路一段六十一號八
　　　　　樓 815 室

Rm. 815, 8F., No.61, Sec. 1, Chongqing S. Rd.,
Zhongzheng Dist., Taipei City 100, Taiwan

電　　話：(02)2370-3310

傳　　真：(02)2388-1990

印　　刷：京峯彩色印刷有限公司（京峰數位）

律師顧問：廣華律師事務所 張珮琦律師

定　　價：375 元

發行日期：2022 年 09 月第一版

◎本書以 POD 印製

國家圖書館出版品預行編目資料

10 個與自己和解的幸福練習：正因
為人生無法盡善盡美，才會懂得珍
惜每分每秒的小確幸！ / 王郁陽，
劉萍編著 . -- 第一版 . -- 臺北市：
崧燁文化事業有限公司 , 2022.09
　面；　公分
POD 版
ISBN 978-626-332-689-7(平裝)
1.CST: 生活指導 2.CST: 成功法
192.1　　111013133

電子書購買

臉書